Dietmar Pieper

Churchill und die Deutschen

DIETMAR PIEPER

Churchill und die Deutschen

Eine besondere Beziehung

Mit 16 Schwarz-Weiß-Abbildungen

PIPER

Mehr über unsere Autorinnen, Autoren und Bücher:
www.piper.de

Von Dietmar Pieper liegt im Piper Verlag vor:
Churchill und die Deutschen
Zucker, Schnaps und Nilpferdpeitsche

Unser Versprechen für mehr Nachhaltigkeit
• Klimaneutrales Produkt
• FSC®-zertifiziertes Papier
• Hergestellt in Deutschland

FSC www.fsc.org MIX Papier | Fördert gute Waldnutzung FSC® C014496

ISBN 978-3-492-07237-3

Satz: Uhl + Massopust, Aalen
Gesetzt aus der Garamond Premier Pro
Litho: Lorenz & Zeller, Inning am Ammersee
Druck und Bindung: GGP Media GmbH, Pößneck
Printed in Germany

Inhalt

Einleitung

Churchill, die Deutschen und ein fast gescheitertes Leben

Do I contradict myself?
Very well then I contradict myself,
(I am large, I contain multitudes.)

Walt Whitman, *Song of Myself*

Reisen, etwas erleben, andere Luft atmen, an die eigenen Grenzen gehen: Churchill hat das geliebt. Einem jungen, vor 150 Jahren geborenen Aristokraten der viktorianischen Epoche stand die Welt offen, und Winston Leonard Spencer-Churchill nutzte seine Möglichkeiten. Als Soldat und Kriegsreporter ritt, schoss und schrieb er für ein Empire, das die Erde umspannte und jederzeit kampfbereit war. Seine Verbindungen beim Militär sowie die glänzenden Beziehungen seiner Mutter öffneten ihm fast alle Türen, er lebte seinen Ehrgeiz auf vier Kontinenten aus.

Und was für einen Ehrgeiz: Wie in vielen Dingen hat Churchill auch darin alle Maßstäbe gesprengt. Dauernd wollte er sich beweisen, seine Gier nach Selbstentfaltung war unersättlich. Noch Jahrzehnte später, als er seine lodernde Energie im molligen Körper eines Zigarren rauchenden Patriarchen verbarg, nahm er ständig Risiken und Strapazen aller Art auf sich. Regieren war sein Leistungssport. Während des Zweiten Weltkriegs raste er nach Paris, Neufundland, Washington, Moskau, Casablanca, Adana, Algier, Québec, Kairo, Teheran, Rom, Athen, Jalta und Potsdam, oft unter Lebensgefahr. Mochten sich andere Staatenlenker am liebsten in ihren Machtzentralen verschanzen – Churchill wollte den Wind der Ereignisse, aus denen sich die Geschichte entwickelt, auf der eigenen Haut spüren. Er wollte ein Teil davon sein und die Richtung bestimmen.

Wie es dazu kam, dass dieser kleine, energische Mann mit der Vorliebe für seltsame Kopfbedeckungen und gepunktete Fliegen zu einem Giganten der Weltgeschichte wurde, werden die folgenden Seiten erzählen. Sie behandeln eine Vergangenheit, die genau genommen nicht vorbei ist – im Gegenteil. Einige der großen Fragen, die an Churchill gestellt wurden und die er auf seine Art beantwortet hat, beschäftigen die Menschheit zu ihrem Leidwesen immer noch.

Die wichtigste von allen dürfte sein: Welche Haltung ist die richtige gegenüber einem Machthaber, der seine Nachbarn drangsaliert, das Völkerrecht bricht, ein Regime der Angst errichtet und vor Krieg nicht zurückschreckt?

Das heutige Russland nach der Annexion der Krim 2014 ist nicht das Deutschland, das nach 1933 zuerst die Revision der Versailler Grenzen und dann die hemmungslose Expansion suchte. Aber es gibt Parallelen in der brutalen Entschlossenheit, mit der ein geopolitischer Herrschaftswille vertreten wurde und wird. Den nächsten Schlag könnte China führen, denn vermutlich ist es nur eine Frage der Zeit, bis die rote Autokratie ihren Anspruch auf Taiwan mit Waffengewalt vorbringt. Dass sich der persönlich bedrohte ukrainische Präsident Wolodymyr Selenskyi mehrmals auf Winston Churchill berufen hat, um den Kampfgeist seines Landes nach dem russischen Überfall zu stärken, ist mit Sicherheit kein Zufall. Genauso wenig wie die Entscheidung der »International Churchill Society«, Selenskyi mit ihrem Churchill-Preis zu dekorieren.

Kaum jemand hat die existenziellen Fragen von Krieg und Frieden durchdacht und durchlebt wie Winston Churchill. Hält der sagenumwobene Engländer also für uns heute Lehren bereit?

Vorsicht vor schnellen, steilen Thesen. Am Ende dieses Buchs wird sich darüber besser sprechen lassen als gleich zu Beginn. Dass Churchill uns vom Siegerpodest aus anblickt, bedeutet nicht, dass er mit seinem Leben, seinem ganz eigenen Weg zum Erfolg irgendwelche einfachen Rezepte liefern könnte.

Es war ein Leben wie ein Roman, packender und ereignisreicher als der eine, autobiografisch gefärbte, den er selbst geschrieben hat (*Savrola*, erschienen 1899). 1905, im Alter von dreißig Jahren, hatte er bereits in Indien, Südafrika, auf Kuba und im Sudan gekämpft und getötet, er hatte die USA, Kanada, Frankreich und die Schweiz bereist und einen Unterhaussitz erobert. Aber Deutschland, das vibrierende, dynamische Reich auf dem Kontinent, kannte er nicht, er hatte noch nie deutschen Boden betreten.

Der von Preußen geführte Nationalstaat war seit einiger Zeit der große Unruhestifter in Europa, ein Land, über das Benjamin Disraeli gesagt hatte, dass »die deutsche Revolution ein größeres politisches Ereignis« sei als die Französische Revolution. Vielleicht ein bisschen viel der Ehre für die kriegerische Reichsgründung von 1871? Disraelis Vergleich mit dem Umsturz von 1789 hört sich erst einmal weit hergeholt an, aber nach den beiden Weltkriegen des 20. Jahrhunderts wissen wir: In den Worten des britischen Premierministers steckte mehr düstere Vorahnung, als ihm und den Zeitgenossen bewusst sein konnte. Im deutschen Namen hat sich bekanntlich Unvorstellbares ereignet.

Churchill kannte seinen Disraeli, er bewunderte ihn und sah in dem großen Konservativen ein Vorbild. Was hatte es mit diesem merkwürdigen Deutschland auf sich? Im Sommer 1906 wollte er es endlich einmal kennenlernen, und da Churchill auch als Politiker im Herzen immer Soldat blieb, interessierte ihn nichts so sehr wie das Militär. »Kriege haben die Menschheitsgeschichte bestimmt«, glaubte er.

Seine Erfolgskurve wies steil nach oben. Mit Mitte Zwanzig hatte er sich als Neuling im Unterhaus schon einen Namen gemacht. Wenige im britischen Parlament wussten besser als er, wie man einen Minister in die Enge treibt. Mit Anfang Dreißig wurde er selbst Regierungsmitglied. Sein erstes von vielen Ämtern war das des Unterstaatssekretärs im Kolonialministerium – zweiter Mann nach dem Chef, dessen englischer Titel *Secretary* lautete. Keine geringe Aufgabe im größten Kolonialreich, das die Erde je gesehen hatte, aber für ihn nur ein Anfang. Auf seinen Schreibtisch stellte er als Erstes eine Bronzebüste von Napoleon.

Was hatte das *Colonial Office* mit dem deutschen Militär zu tun? Natürlich nichts, aber die eigenmächtige Überschreitung von Zuständigkeitsgrenzen sollte auf Churchills langem politischem Weg eines seiner Markenzeichen werden.

Eine besondere Beziehung beginnt

Wie von ihm gewünscht, erhielt er aus Berlin die Einladung, bei der alljährlichen Großübung des Reichsheeres dabei zu sein: Wilhelm II. werde ihn im September 1906 als seinen persönlichen Gast beim »Kaisermanöver« begrüßen. Was der Beobachter aus England auf seiner Deutschlandreise erlebte, worüber er mit dem Herrscher sprach und wie seine Gastgeber über ihn dachten, wird der **erste Teil** dieses Buchs berichten, gestützt auf zuvor nicht benutzte Archivquellen.[1] Wir werden sehen, wie er im Ersten Weltkrieg an der Front gegen das Kaiserreich kämpfte und als Politiker mit dessen Niederlage umging. Churchills Kindheit und Jugend, sein weiterer Aufstieg, gefolgt von einem tiefen Sturz, kommen dort ebenfalls in den Blick.

Churchill und die Deutschen: Das war in vieler Hinsicht eine besondere Beziehung. Weil das vorliegende Buch diese Beziehung in den Mittelpunkt stellt, muss manches andere unberücksichtigt bleiben. Wie er zu Irland stand; warum er als Finanzminister zum Goldstandard zurückkehrte; welche Spuren er in der arabischen Welt hinterließ; worüber er mit seinen Freunden Charlie Chaplin und Aristoteles Onassis redete – nur vier Beispiele aus seiner Vita, die jedes Interesse verdienen, hier aber nicht oder bloß flüchtig in den Blick kommen werden. In Churchills Leben ist die Fokussierung bereits angelegt: Obwohl er sich anderen Nationen näher fühlte, Frankreich vor allem, übte Deutschland den mit Abstand größten Einfluss auf seine Entwicklung als Politiker und Staatsmann aus.

---

1 Soweit ersichtlich sind die deutschen Archive für dieses Buch zum ersten Mal systematisch auf Churchill-Material hin ausgewertet worden (Fundstellen siehe Quellenverzeichnis).

Dass es so kommen würde, war für niemanden vorhersehbar, für Churchill selbst am allerwenigsten. Seine Neugier auf deutsche Geschichte und Kultur war begrenzt, Liebe war gewiss nicht im Spiel, höchstens Respekt, die Sprache fand er mühsam. Als er im Eliteinternat Harrow anfing, sie zu lernen, reichten ihm als Kommentar drei Buchstaben: »Ugh.« So schrieb es der 15-Jährige seiner Mutter. Weil er ein guter Sohn sein wollte, schob er noch hinterher: »Trotzdem hoffe ich, dass ich eines Tages in der Lage sein werde, zu ›sprechen ze Deutche‹.« Diese Hoffnung, falls er sie wirklich gehabt haben sollte, trog. Gut ein Jahr später ließ Churchill seine Mutter wissen, dass er nun Chemie statt Deutsch habe – »was für ein Glück«. Vor dem Ersten Weltkrieg knurrte er: »Ich werde die grässliche Sprache nie lernen, höchstens wenn der Kaiser auf London marschiert.«

Noch taugte das Schreckbild, die Insel könnte erobert werden, gerade so für einen kleinen Scherz. Der Krieg, der den Briten bis heute als *Great War* geläufig ist, änderte daran nichts. Im Schutz der rauen Gewässer auf allen Seiten fühlte sich die Nation sicher. War denn nicht sogar Napoleon auf dem Gipfel seiner Herrschaft mit seinem Invasionsplan gescheitert?

Als aber die Macht in Deutschland nicht mehr in den Händen eines Monarchen, eines Kanzlers oder Präsidenten lag, sondern in denen des nationalsozialistischen »Führers«, mussten sich die Inselbewohner auf eine neue Lage einstellen. Nur die wenigsten erkannten das. Der lauteste, hartnäckigste Mahner und Warner im Land war Winston Churchill. Er war nicht nur laut und hartnäckig, er stand auch ziemlich allein da. Denn von der Gefahr eines weiteren Weltkriegs, erst recht von einer drohenden Attacke auf ihre Heimat, wollten die Engländer am liebsten nichts hören. Appeasement war noch kein anrüchiges Wort.

Dass sämtliche Friedensbemühungen scheitern würden, weil Adolf Hitler unbeirrbar auf einen Krieg zusteuerte, hatte Churchill befürchtet und vorausgeahnt. Er hielt darüber flammende Reden, die ihm jedoch Spott und Unverständnis eintrugen.

Nach dem Überfall der Deutschen auf Polen war dieser viel belächelte Warner auf einmal der Mann der Stunde. Was gerade noch

Alarmismus zu sein schien, leuchtete auf einmal wie ein Feuerzeichen zwischen den Irrtümern all der anderen hervor.

Churchill hatte in den Jahren davor harte Zeiten durchlebt. Nach einem Karriereknick konnte er sich nur am Rand des politischen Spielfelds bewegen, in der »Wüste«, der »Wildnis«, wie er klagte, abgeschnitten von der Regierungsgewalt, nach der er sich immer sehnte. Was nutzten ihm frühere Triumphe, seine Unterhausreden, die öffentliche Aufmerksamkeit, der Erfolg als Journalist und Buchautor? Politische Entscheidungen trafen andere. In seinem 65. Lebensjahr schien alles darauf hinzudeuten, dass Winston Churchill als gescheiterter Mann mit gelegentlich grandiosen Zügen in die Annalen der britischen Politik eingehen würde, als einer, der eher früher als später dem Vergessen anheimfallen würde.

Stattdessen kehrte er ins Kabinett zurück. Dann rief ihn der König zu sich und machte ihn zum Premierminister: Churchills lang gehegter Traum ging an diesem Tag im Mai 1940 in Erfüllung, spät, doch mit umso größerer Wucht und Verantwortung. Denn nur die Engländer konnten damals noch verhindern, dass die Nazi-Deutschen und ihre faschistischen Verbündeten bald über ganz Europa herrschten – mit unabsehbaren Folgen für die Welt.

Als Churchill den Buckingham-Palast verließ und sich an die Arbeit machte, kam es ihm vor, als habe eine höhere Macht auf seinem Lebensweg Regie geführt: »Ich fühlte mich wie vom Schicksal geleitet«, schrieb er in seinem Monumentalwerk über den Zweiten Weltkrieg (sechs Bände, ein Denkmal seiner selbst). Seine christlichere Ehefrau sagte: »Als er Premierminister wurde, war er ganz sicher, dass Gott ihn zu diesem Zweck geschaffen hatte.« Tatsächlich schien sich in der Rückschau fast alles wunderbar zu fügen, bis hin zum Triumph über Hitler fünf Jahre nach Churchills Ernennung zum Regierungschef: »Mein ganzes bisheriges Leben war nichts als eine Vorbereitung für diese Stunde und für diese Prüfung … Ich war mir sicher, nicht zu versagen.« So schön ist die Geschichte, dass sie seit Jahrzehnten immer wieder erzählt wird.

Sie ist zu schön, um wahr zu sein. Weder war Churchills Ernennung alternativlos, noch konnte er seinen Erfolg wirklich für gesichert halten. In den weltpolitischen Schlüsseljahren ab 1939/40 ging es in seinem Leben genauso irdisch und menschlich zu wie vorher. Nur dass sein Scheitern ungleich größere Folgen gehabt hätte.

Sein riesiges Ego schützte ihn vor allzu starken Selbstzweifeln. Außerdem half ihm, dass er mit dem Soldatentod seit Langem vertraut war. Musste er darüber hinaus den massenhaften Tod von Zivilisten anordnen? Hat er geltendes Völkerrecht gebrochen? Die Städtebombardements in Deutschland und Frankreich fanden unter seiner Verantwortung, zum Teil auf seinen ausdrücklichen Wunsch hin statt. Deutsche Bomben lenkte er im Spätsommer 1940 auf London, damit militärische Anlagen verschont würden. Und noch ein Punkt, über den genauer zu reden sein wird: Die Eisenbahngleise, auf denen Waggons voller todgeweihter Menschen nach Auschwitz rollten, blieben unangetastet. Kein Bomberpilot bekam die Order, den Holocaust aufzuhalten.

Die hier über Churchills Leben erzählte Geschichte verläuft weniger glatt, aber kein bisschen weniger aufregend als das beliebte Melodram vom Schicksalsweg eines Auserwählten, wie es etwa Andrew Roberts in seiner viel gerühmten Churchill-Biografie – Untertitel: *Walking with Destiny* – oder der zeitweilige Premierminister Boris Johnson in *Der Churchill-Faktor* inszeniert haben. Auch die Abgründe und Widersprüche waren bei diesem Mann größer als gewöhnlich.

Deutschland machte Churchill zu Churchill

Die zweite Hauptrolle spielte, wie in jedem Krieg, der Feind: Ohne die Deutschen wäre Churchill nicht Churchill geworden.

Winston, der Kriegsheld; Winston, der Freiheitskämpfer; Winston, der Löwe, der den Faschismus besiegt hat; Winston Churchill, den die Briten laut einer BBC-Umfrage für die größte Persönlichkeit ihrer Geschichte halten – es war Deutschland, das durch den Absturz in die Dunkelheit diesen Mann, seine entscheidenden Taten und seinen Ruhm, erst hervorgebracht hat.

Genauso sicher ist: Ohne Churchill wäre Deutschland ein anderes Land, wäre Europa ein anderer Kontinent geworden. Sein unbedingter Freiheitswille war die Voraussetzung für den Sieg der Alliierten über das Nazireich, aus dessen Trümmern unsere heutige Demokratie gewachsen ist. Jene andere Welt, in der Hitler gewonnen hätte, mag man sich nicht vorstellen. Niemand kann genau sagen, welche Düsternis uns erspart blieb.

Churchill und Hitler haben sich aus der Ferne belauert, gehasst, beleidigt und sicher auch manchmal bewundert. Gesprochen haben sie nie miteinander, es gab zwischen ihnen keinen Handschlag, keine prüfenden Blicke, keinen direkten Austausch von Höflichkeiten oder Drohungen. 1932, während Churchills erster privater Deutschlandreise, wäre es beinah zu einem Gespräch gekommen. Die Begegnung in einem Münchner Hotel war bereits eingefädelt, doch Hitler ließ die Gelegenheit verstreichen.

Wäre die Weltgeschichte anders verlaufen, wenn sich die späteren Kriegsgegner persönlich kennengelernt hätten? Es bleibt Spekulation. Mit Churchills Reise beginnt der **zweite Teil** dieses Buchs, in dem dann die Vorkriegs- und die ersten Kriegsjahre aus britischer Sicht erzählt werden. Für leidenschaftliche Debatten sorgt bis heute der Versuch seines Vorgängers Neville Chamberlain, Hitler durch Verhandlungen und Zugeständnisse vom Kriegskurs abzubringen. Es lohnt sich, die Argumente der Appeaser und ihrer Gegner genauer zu betrachten, denn der damalige Streit um Aufrüstung, Militärhilfe und die Sicherheit des eigenen Landes führt mitten hinein in unsere Zeit.

Besiegter Sieger

Nach dem Aufenthalt in München vergingen wieder viele Jahre, bis Churchill eine deutsche Stadt besuchte. Der Krieg in Europa war vorbei, das gerade noch so mächtige Reich lag am Boden, als die Sieger 1945 in Potsdam zusammenkamen, um über die Zukunft der Besiegten und ihrer europäischen Nachbarn zu verhandeln. Ehe die Konferenz begann, fuhr Churchill durch das zerstörte Berlin und ging zwischen den Trümmern der Reichskanzlei umher, in deren Bunker Hitler sich das Leben genommen hatte. Verblüffte, neugierige Menschen eilten herbei, um den berühmten Engländer zu sehen. Zu seiner Überraschung freuten sich die meisten, sogar Jubel wird er später in Erinnerung haben. Plötzlich überkam ihn Mitleid mit diesen ausgemergelten Gestalten in ihrem zerbombten Land.

Auf dem letzten Gipfeltreffen der »Großen Drei« (Großbritannien, USA, Sowjetunion) konnte Moskaus Diktator Josef Stalin staunend beobachten, wie sich vor seinen Augen ein demokratischer Machtwechsel vollzog: Churchills überragender Ruf als Kriegspremier reichte nicht aus, um ihm das Amt des Regierungschefs zu erhalten, er verlor die Unterhauswahl. Mit der Potsdamer Konferenz setzt in dieser Darstellung der **dritte Teil** ein, der dann in einer Rückschau Churchill und die Alliierten auf ihrem Weg zum Sieg begleitet.

Nach seiner Niederlage bei der Parlamentswahl musste er den Platz am Konferenztisch für Clement Attlee von der Labour Party räumen. Äußerlich ließ Churchill sich nichts anmerken, doch er litt schwer. Trotzdem bestimmte er schon bald wieder die Schlagzeilen der internationalen Politik, indem er den Begriff des »Eisernen Vorhangs« aufgriff und die neue Weltlage im Kalten Krieg analysierte.

Friedenspläne und ein Vorwurf

So spektakulär Churchills Abwahl 1945 war, so erstaunlich erschien sein Comeback sechs Jahre später. Niemand hatte bei den Konservativen die Kraft aufgebracht, den monumentalen Alten von der Parteispitze zu verdrängen, der darum als 76-Jähriger zum zweiten Mal in 10 Downing Street einzog.

Allerdings war der Premier häufig nur noch ein Schatten seiner selbst. Die britische Innenpolitik interessierte ihn immer weniger. Verbissen bemühte er sich nach Stalins Tod um den einen großen Wurf: eine Initiative zur Beendigung des Kalten Krieges, die ihn, den Sieger über Nazi-Deutschland, auch noch zum globalen Friedensstifter gemacht hätte. Doch in den anderen Hauptstädten (und sogar in der eigenen Regierung) hielt man seine Ideen für nicht sehr bedeutend, wie Churchill schmerzlich erfahren musste.

Als Europapolitiker bekam er mehr Applaus. Überzeugend setzte er sich für die Versöhnung mit den Deutschen ein, denen er während des Krieges alles Mögliche an den Hals gewünscht hatte. Immer wieder beschwor er die Einheit des Kontinents. Aber was meinte Churchill konkret, wenn er von einer Union der Europäer sprach? Mit den Briten oder ohne sie? Dass ihn später die Brexit-Befürworter als ihren prominentesten Ahnherren vereinnahmt haben, war zugleich schlüssig und irritierend.

Während der Nachkriegsjahre betrachteten ihn die meisten Zeitgenossen noch als treibende Kraft der Einigung und grenzüberschreitenden Zusammenarbeit. Das EU-Parlament ehrt darum bis heute seinen Namen. Der **vierte Teil** wird von Churchills Friedensplänen und den Europa-Ideen erzählen, die ihm 1956 den Aachener Karlspreis und die Laudatio des kaum jüngeren Bundeskanzlers Konrad Adenauer eintrugen. Als die Bonner Republik ihn zu seinem 90. Geburtstag und kurz darauf als Verstorbenen offiziell ehrte, bekamen ihre Vertreter viele empörte Briefe. Die damalige deutsche Churchill-Kontroverse wird hier erstmals anhand der Quellen beschrieben. War der Premierminister ein Kriegsverbrecher? Es ist noch immer nicht leicht, auf diese Frage eine Antwort zu finden.

Wer war Winston Churchill?

Churchills Tod liegt nun bald 60 Jahre zurück. Von seinen Landsleuten wurde er zum Abschied geehrt wie nur ganz wenige in der langen Reihe ihrer Könige, Königinnen und Premiers. Im 21. Jahrhundert hat sein Nachruhm neue Höhen erreicht, besonders in den USA. Wer war dieser Mann? Viele Antworten sind auf diese Frage möglich.

Er liebte den Krieg und wünschte sich Frieden. Er konnte eiskalt und brutal sein, aber auch gefühlvoll und gerührt; bei öffentlichen Auftritten rollten ihm oft Tränen übers Gesicht. Er wechselte von den Tories zu den Liberalen und wieder zurück. Er wollte alles genau wissen und ließ sich gründlich informieren, um im nächsten Moment impulsiv und gegen den Rat der Experten zu handeln. Er spielte, manchmal va banque, oder plante, beides mit voller Überzeugung. Er war ein Demokrat und Parlamentarier, dem die Freiheit über alles ging. Gleichzeitig hatte er ein rassistisches Weltbild und hielt das Kolonialreich, in das er hineingeboren wurde, für den Höhepunkt der Menschheitsentwicklung.

Steht Churchill also für alles und nichts? Zeigen die Statuen und Porträtbüsten, die auf öffentlichen Plätzen, in den Arbeitszimmern von Regierungschefs und auf unzähligen Schreibtischen und Kaminsimsen stehen, bloß einen Opportunisten, der sich besonders gewitzt und erfolgreich nach oben geschlängelt hat? Das Bild, das auf den folgenden Seiten Farbe und Kontur annimmt, zeigt uns doch einen anderen Menschen: Am Ende ist es die kerzengerade Haltung unter dem Druck der deutschen Gefahr, die sein widersprüchliches, wechselvolles, von Niederlagen gezeichnetes und fast schon gescheitertes Politikerleben einzigartig und groß gemacht hat. Schauen wir uns an, wie es dazu gekommen ist.

Teil I

Der Unvollendete (1874–1931)

Wir haben keine ewigen Verbündeten und keine dauerhaften Feinde. Ewig und dauerhaft sind nur unsere Interessen, und diesen Interessen zu folgen ist unsere Pflicht.

Lord Palmerston, britischer Premierminister in der Mitte des 19. Jahrhunderts

1

»Ein Mann von wachsendem Einfluss«: Churchill lernt Deutschland kennen

Hätte Churchill bei seinem ersten Deutschlandbesuch die Zeit gehabt, in der Stadt, die damals Breslau hieß, die Steinstufen zum *Schweidnitzer Keller* hinabzusteigen und im Gewölbe des mittelalterlichen Lokals ein frisch gezapftes Bier zu trinken, sein Name wäre dort vermutlich heute auf der Bronzetafel neben der Treppe eingraviert, in einer Reihe mit berühmten Gästen wie Goethe, Lessing, Chopin und Kaiser Sigismund.

Aber Churchill hatte keine Zeit. Nirgends in der niederschlesischen Metropole sind noch Spuren von ihm zu finden; das Hotel *Zur Goldenen Gans*, in dem er logierte, brannte im Zweiten Weltkrieg aus und wurde nicht wieder aufgebaut. Dass die Stadt einmal polnisch werden sollte, ja dass sogar Churchill selbst an der Verwandlung von Breslau zu Wrocław beteiligt sein würde – zur damaligen Zeit wäre wohl niemand im Traum darauf gekommen.

Es ist der September des Jahres 1906, eines der ruhigeren Jahre für das Deutsche Reich. Noch ein paar Wochen, und in Berlin wird ein Schuster sich eine Uniform anziehen, im Rathaus eines nahen Städtchens die Kasse an sich nehmen und als »Hauptmann von Köpenick« in die Geschichte eingehen. Im englischen Portsmouth ist ein halbes Jahr vorher die 160 Meter lange, 23 000 PS starke *Dreadnought* vom Stapel gelaufen, ein neuartiges, schwer bewaffnetes Modell, die Mutter aller Schlachtschiffe des kriegerischen 20. Jahrhunderts. Die Flottenrüstung ist zu jener Zeit eines der heikelsten britisch-deutschen Themen und wird es bis zum Ersten Weltkrieg bleiben.

In Breslau geht es jedoch nicht um die Flotte, sondern um das Heer. Die Deutschen haben Churchill als Beobachter zum »Kaisermanöver« eingeladen, das dieses Jahr in Schlesien stattfindet. Chef des Generalstabs ist immer ein Preuße: Anfang des Jahres hat Helmuth von Moltke das Amt von Alfred Graf von Schlieffen übernommen. Schlieffen hat bis zuletzt an seinem Plan für den Zweifrontenkrieg gegen Frankreich und Russland gearbeitet, der jetzt auf dem Tisch seines Nachfolgers liegt. In nicht allzu ferner Zukunft wird der Schlieffen-Plan eine wesentliche Grundlage der deutschen Angriffsstrategie bilden.

Beim Kaisermanöver ist davon noch nichts zu erkennen. Dem 31-jährigen Besucher aus England steht eine anstrengende Woche bevor: In einem späteren Bericht klagt Churchill darüber, er habe »kaum jemals mit so wenig Schlaf auskommen müssen«. Abend für Abend sitzt er bis gegen Mitternacht an der kaiserlichen Festtafel, »um gegen drei oder vier Uhr morgens wieder geweckt zu werden«. Noch vor dem Morgengrauen muss er am Bahnhof sein, von wo aus ein Sonderzug ihn und die anderen Manöverbeobachter in das Gelände fährt, auf dem die Übungsschlacht stattfindet. Die rote Armee marschiert gegen die blaue, die ihre Stellungen ein gutes Stück nördlich von Breslau in einer Linie zwischen den Städten Glogau und Schrimm bezogen hat. Die Formationen erstrecken sich über Dutzende Kilometer.

Sobald der Zug die Beobachter am Schlachtfeld abgesetzt hat, steigen sie aufs Pferd und reiten zehn, zwölf Stunden umher. Dann geht es zurück nach Breslau, wo das nächste Bankett beginnt, gefolgt von der nächsten kurzen Nacht. Einige Mühe musste Churchill vorab auf die Frage der korrekten Kleidung verwenden. Der Militärattaché an der deutschen Botschaft in London hatte ihm übermittelt, er möge während des Manövers bitte Felduniform mit Schwert tragen, zur Parade und bei den Diners *levée dress* (Hofuniform). Zur Sicherheit konsultierte Churchill noch König Edward VII., der ihn wissen ließ, dass er mit seiner Kavallerieausstattung nichts verkehrt machen könne.

Churchill nimmt nach dem Ende seiner Militärlaufbahn regelmäßig an Reserveübungen teil, inzwischen im Rang eines Majors der

Queen's Own Oxfordshire Hussars. Allerdings ist seine Paradeuniform nicht mehr präsentabel, wie ihm sein Bruder Jack bedauernd mitteilt: Der Federbusch sei verschwunden, und das Leopardenfell diene seit sechs Jahren als Kaminvorleger. Churchill leiht sich beides von seinem Cousin »Sunny«, dem Herzog von Marlborough, erscheint dann aber doch ohne Leopardenfell zur kaiserlichen Truppenparade, da der Aufmarsch »in halber Manöverformation« abläuft, anstatt rein repräsentativ zu sein.

Über den Gast von der Insel ziehen die Deutschen selbstverständlich ihre Erkundigungen ein. Im Archiv des Auswärtigen Amts ist ein Schreiben vom 13. August 1906 aufbewahrt, in dem Botschafter Paul Graf Metternich aus London berichtet: »Unterstaatssekretär Winston Churchill ... erfreut sich bei seinen früheren konservativen Parteigenossen und auch innerhalb der hiesigen königlichen Familie, insbesondere dem Herzog von Connaught, geringer Beliebtheit. Er ist aber ein Mann von Einfluss und von wachsendem Einfluss, und es wäre daher politisch zweckmäßig, wenn wir uns durch etwaige abfällige Urteile seitens des Herzogs von Connaught nicht präjudizieren ließen. Es wäre vielleicht gut, wenn S.M. der Kaiser hiervon Kenntnis erhielte.« Der Herzog von Connaught, der als Lieblingssohn der einige Jahre zuvor verstorbenen Queen Victoria galt, ist ein naher Verwandter des Kaisers. Auch durch seine Ehefrau, eine preußische Prinzessin, verfügt er über Kontakte nach Deutschland. Es liegt daher nahe, dass Wilhelm II. bereits von seinem Verwandten über Churchill informiert worden ist.

Mag sein, dass die diplomatische Vorbereitung geholfen hat, jedenfalls gestalten sich die Begegnungen zwischen Seiner Majestät und dem »Mann von wachsendem Einfluss« rundum harmonisch. Draußen im Feld erklärt Wilhelm II. seinem Gast das Manövergelände und kümmert sich um sein Wohlergehen; beim Bankett nach der Truppenparade nimmt er sich 20 Minuten Zeit für ein Gespräch unter vier Augen. Churchill berichtet seinem Minister: »Er war sehr freundlich und ist gewiss eine überaus faszinierende Persönlichkeit.« Der Kaiser kommt auf den laufenden Kolonialkrieg zu sprechen, den die Deutschen in Südwestafrika gegen die Herero und Nama führen. In angeberischem Ton lobt er die Kampfkraft seiner

Truppen. Heute gilt die exzessive Gewalt gegenüber den Einheimischen als erster Völkermord des 20. Jahrhunderts.

In der britischen Politik kennt sich der deutsche Herrscher bestens aus, was daran liegt, dass er eng mit dem Königshaus verwandt ist und vorzüglich Englisch spricht. Edward VII., der als ältester Sohn den Thron von Queen Victoria geerbt hat, ist ein Bruder von Wilhelms Mutter. Die Rivalität der beiden Länder wird durch diese Nähe allerdings nicht gemildert, eher sogar gesteigert, da Neffe »Willy« zu »Onkel Bertie« (abgeleitet von dessen Taufnamen Albert) nicht gerade ein gutes Verhältnis hat. Erst streiten sie sich bei den sommerlichen Regatten, die sie mit ihren Segeljachten an der englischen Küste austragen, dann nennt der Deutsche den Briten einen »alten Pfau«. Es ist Abneigung auf Gegenseitigkeit: »Durch und durch falsch« sei der Kaiser, »der erbittertste Feind, den England besitzt«, behauptet der König.

Aufmerksam registriert Churchill, wie Wilhelm II. bei einem der abendlichen Diners die Leistungen seines Landes herausstreicht. Vor genau hundert Jahren, sagt der Monarch vor der versammelten Reichselite aus Adel und Militär, sei Deutschland »auf dem tiefsten Punkt des Elends angelangt«. Er meint die Niederlage der Preußen gegen die napoleonischen Truppen in der Schlacht bei Jena und Auerstedt 1806. Den Stolz des Herrschers auf den preußischen Wiederaufstieg und die nationale Einigung kann Churchill gut nachvollziehen: »Es schien unglaublich zu sein, dass ein einziges Jahrhundert, vier flüchtige Generationen, genügt haben sollte, das kraftstrotzende Gebäude von Macht und Reichtum, Energie und Organisation zu errichten, dessen staunende Beobachter wir waren.« Verglichen mit der deutschen Dynamik kommt ihm sein eigenes Land behäbig und zurückhaltend vor. Wie ein alter Wal vertraut England, die führende Seemacht der Erde, auf seine lange angesammelten Kräfte.

Ehe Churchill heimkehrt, fährt er über Wien nach Süden. Britische Politiker jener Zeit gönnen sich wochen-, manchmal monatelange Sommerpausen. Churchill hat seinen Urlaub dieses Jahr im normannischen Badeort Deauville begonnen (mit langen Abenden im Spielcasino), in den Schweizer Alpen fortgesetzt und für den Manöverbesuch unterbrochen. Jetzt begibt er sich auf Italienreise.

In Venedig steigt Churchill einige Tage im luxuriösen *Hotel Danieli* ab, dann schließt er sich seinem Freund Lionel Rothschild an, der ihn und zwei Freundinnen auf eine Autotour mitnimmt: Über Bologna, Rimini, Urbino und Perugia geht es nach Siena – mit beachtlichen 40 Meilen die Stunde, wie Churchill aus der Toskana seiner Mutter berichtet. »So viele Kirchen haben wir gesehen, dazu Heilige und Gemälde in Hülle und Fülle.« Am nächsten Tag stehe die Rückreise nach Venedig an, 330 Kilometer am Stück. Etwas gespreizt fügt der unverheiratete Sohn im Hinblick auf eine der beiden Reisegefährtinnen hinzu: »Nichts könnte die stille *banalité* übertreffen, die mein Verhältnis zu M auszeichnet.« Muriel Wilson, die schöne Tochter eines reichen Reeders, hat zwei Jahre zuvor seinen Heiratsantrag abgelehnt. Beide kennen sich seit ihrer Teenagerzeit. Einst hat sie ihm geholfen, seinen leichten Sprachfehler zu beherrschen, ein lispelndes, zum Sch tendierendes S. Ihr Übungssatz für ihn lautete: »The Spanish ships I cannot see, for they are not in sight.«

Wenn Churchill unterwegs ist, lässt er es an nichts fehlen. Seine Enkelin Celia Sandys, die den Spuren ihres Großvaters ausgiebig gefolgt ist und fünf Bücher über ihn geschrieben hat, fasst zusammen: »Er reiste immer standesgemäß – es wäre ihm nie in den Sinn gekommen, dritter Klasse zu reisen oder den Bus zu nehmen, um Geld zu sparen.«

Sein Leben lang hat Churchill Bedienstete um sich. Als er das erste Mal eigenhändig eine Telefonnummer wählt, ist er 73 Jahre alt (er ruft die automatische Zeitansage an und bedankt sich höflich für die Auskunft). Darum bezweifelt Sandys, dass ihr Großvater jemals selbst seinen Koffer gepackt hat. Schon in seiner Zeit als junger Leutnant steht ihm ein Offiziersbursche zur Seite, später ein Kammerdiener. Er habe es gehalten wie Oscar Wilde: »Meine Vorlieben sind schlicht. Mit dem Besten bin ich immer zufrieden.« Für seidene Unterwäsche, auf die er wegen seiner »sehr zarten und empfindlichen Haut« nicht verzichten mag, gibt er jährlich mehr aus, als ein Arbeiter im selben Zeitraum verdient.

2

»Ich liebte sie von Herzen – aber aus der Ferne«: Eltern, Kindheit, Jugend

Churchills Hang zum Luxus wurde ihm in die Wiege gelegt. Seine Mutter Jennie bringt ihn am 30. November 1874 in *Blenheim Palace* zur Welt, einem der größten und repräsentativsten Schlösser des Königreichs, 186 Zimmer über einer Grundfläche von 28 000 Quadratmetern. Als einziges Gebäude des Landes, das weder der Krone noch der Staatskirche gehört, darf es offiziell als Palast bezeichnet werden.

Jennie Spencer-Churchill wird von der Niederkunft anscheinend überrascht. Es heißt, sie sei kurz vorher während eines Jagdausflugs hingefallen, habe dann ihr Reitpferd oder eine arg holpernde Kutsche bestiegen und sich dann noch abends ins Tanzvergnügen gestürzt, was die vorzeitigen Wehen ausgelöst habe. Ihr Ältester wäre demnach ein Siebenmonatskind. Manche wollen jedoch wissen, dass nichts davon stimme und nur erfunden worden sei, um die uneheliche Zeugung des Jungen zu vertuschen.

Geheiratet haben Churchills Eltern am 15. April 1874 in der britischen Botschaft in Paris: die 20-jährige, in New York geborene und europäisch erzogene Tochter eines US-Börsenspekulanten, der Rennpferde, ein Opernhaus und Anteile an der *New York Times* besitzt; und der fünf Jahre ältere zweite Sohn des Herzogs von Marlborough, Absolvent der Universität Oxford, ein frisch gewählter Unterhaus-Abgeordneter, der entschlossen ist, sich in der Politik zu beweisen. Seine Ambitionen sind gewiss nicht kleiner als sein extrabreiter Schnurrbart.

Jennie Jerome und Lord Randolph Churchill haben sich ein Dreivierteljahr vorher bei einer Segelregatta an der englischen Südküste kennengelernt. Der Prince of Wales und spätere König Edward VII. hat sie einander vorgestellt. Drei Tage später beschließen die beiden zu heiraten. Was mit stürmischer Liebe beginnt, wird zu einem Gegenstand längerer Finanzverhandlungen zwischen den Vätern, ehe das Brautpaar offiziell Ja sagen kann. Vordergründig passen alter englischer Adel und neues amerikanisches Geld perfekt zusammen. Doch Jennies Vater ist nicht so reich, wie er tut, und Randolphs Vater will seinen zweitältesten Sohn unter allen Umständen abgesichert sehen. Nach den Usancen des Königreichs erbt dieser weder die Herzogswürde noch das Familienvermögen; seine Kinder werden keine Adelstitel tragen.

Die schließlich erzielte Einigung verschafft den Eheleuten zwar ein stattliches Jahreseinkommen, doch da beide den Luxus lieben und keinerlei Einschränkungen gewohnt sind, leben sie meist über ihre Verhältnisse. Ihr Sohn Winston wird es später ganz ähnlich halten.

In der viktorianischen Oberschicht kommt zwischen Eltern und Kindern wenig Nähe auf. Zuwendung wird an Nannys delegiert, im Fall der beiden Churchill-Söhne ist es Elizabeth Everest, die über viele Jahre zu einer außerordentlich wichtigen Bezugsperson wird. Im Haus von Lord Randolph liegt die familiäre Kälte noch einige Grad unter dem Durchschnitt, aus heutiger Sicht scheint sie an emotionale Misshandlung zu grenzen. Viele Briefe das Schülers Winston aus dem Internat sind Schreie nach Aufmerksamkeit: Er bittet die Eltern, ihn zu besuchen – sie kommen nicht. Er hofft auf gemeinsame Festtage und Ferien – die Eltern verreisen wochenlang zu zweit. Wenn seine Noten nicht den Erwartungen entsprechen, machen sie ihm bittere Vorhaltungen – in feiner Schrift auf feinem Briefpapier.

Die Eltern richten sich bequem auf dem Standpunkt ein, Winston sei eben »ein äußerst schwieriges Kind«. So hat es Jennie ihrer eigenen Mutter geschrieben, als der Junge fünf Jahre alt ist, und bei dieser Meinung bleibt es. Für das Mutter-Sohn-Verhältnis findet Churchill später die vielsagenden Worte: »Sie strahlte für mich wie der Abendstern. Ich liebte sie von Herzen – aber aus der Ferne.«

Näher kommen sie sich erst, als er bereits erwachsen ist. Lady Randolph, wie sie als Ehefrau des Lords genannt wird, gehört zum innersten Kreis der englischen Society, berühmt für ihre Schönheit, geschätzt wegen ihres Esprits und ihrer Intelligenz, glamourös durch viele Liebesaffären, unter anderem mit dem Thronfolger, dem »Onkel Bertie« des deutschen Kaisers. Gemälde und Porträtfotos, auf denen ihre dunklen Augen zu leuchten scheinen, lassen ihre Ausstrahlung erahnen. Wie selbstverständlich geht sie davon aus, »immer die schönste Frau im Raum« zu sein. Die Familienlegende besagt, sie habe einen irokesischen Vorfahren gehabt, aber einen Beleg gibt es dafür genauso wenig wie für die blaue Schlange, die sich angeblich als Tätowierung um ihr Handgelenk ringelt.

Die gesellschaftlichen Verbindungen nutzt Lady Randolph, um ihrem Ältesten die von ihm begehrten Posten und Einsätze beim Militär zu verschaffen. Winston beweist ihr seine liebe- und respektvolle Zuwendung auch dann, als sie im Jahr 1900 nach dem frühen Tod des Vaters einen Offizier der *Scots Guards* heiratet, der bloß zwei Wochen älter ist als er selbst und finanziell nicht viel zu bieten hat. Der Ton zwischen Mutter und Sohn gleicht nun dem von Geschwistern oder guten Freunden. Mit 64 Jahren gibt die mittlerweile geschiedene Jennie 1918 dem dritten Ehemann das Ja-Wort, einem 41-jährigen Kolonialoffizier.

Drei Jahre später stolpert sie in neuen, hochhackigen Schuhen bei einer Freundin auf der Treppe, stürzt die Stufen hinunter und zieht sich einen komplizierten Knöchelbruch zu, der sich böse entzündet. Die Ärzte amputieren ihr das halbe Bein, eine schwere Blutung führt zu ihrem Tod. Auf das Kondolenzschreiben des Premierministers David Lloyd George antwortet Churchill: »Meine Mutter besaß die Gabe, im Geiste ewig jung zu bleiben.«

Dem hochtalentierten, charakterlich schwierigen Vater gelingt während Churchills Schulzeit der ersehnte Aufstieg in der Politik. Mit dem Namen Lord Randolph verbindet sich eine neue, zukunftsweisende Spielart des Konservatismus: die *Tory Democracy*, durch die sich die Partei – das Herrschaftsinstrument des adligen und bürgerlichen Establishments – für Wähler aus der Arbeiterklasse öffnet. Die Hinwendung zu sozialen Themen ist für Churchills Vater und seine Mitstreiter keine Herzensangelegenheit, sondern eine Strategie im Wettbewerb der Tories mit den Liberalen, die seit der Mitte des 19. Jahrhunderts mehrmals das Land regieren. Wahlrechtsreformen haben Millionen Männern aus den unteren Schichten während dieser Zeit die politische Teilhabe erlaubt. Warum sollte es nicht möglich sein, sie mit paternalistischen Zugeständnissen und geschickter Propaganda für die Konservativen zu gewinnen, statt sie den fortschrittlichen Liberalen zu überlassen? Die Labour Party formiert sich erst im Februar 1900. In Deutschland stellen die Sozialdemokraten da schon seit einem Jahrzehnt die stärkste Fraktion im Reichstag.

Auf Lord Randolph kommt schließlich das erste Regierungsamt zu: Mit 36 Jahren wird er Minister für Indien, den größten und wertvollsten Besitz des Empire. Nur ein Jahr später steigt er zum Finanzminister auf (*Chancellor of the Exchequer*), verbunden mit der Hoffnung, eines nicht allzu fernen Tages Regierungschef zu werden.

Doch dann schreibt er einen fatalen Brief. Im Streit um Haushaltskürzungen, die er dem Militär auferlegen will, erklärt er seinen Rücktritt, weil er fest davon überzeugt ist, unentbehrlich zu sein. Zur großen Überraschung des hochfahrenden Lords nimmt der Premierminister sein Gesuch an. Der Mann, dem gerade noch die Zukunft zu gehören schien, hat sich blitzartig ins Aus manövriert.

Winston ist zu dieser Zeit zwölf Jahre alt und müht sich in seinem Grundschul-Internat in Brighton mit Geometrie, Latein und Griechisch ab. Französisch und Geschichte gefallen ihm besser, Reiten und Schwimmen mag er am liebsten.

Obwohl sein Körperbau eher schmächtig ist, erweist sich der Junge als talentierter Sportler (allerdings nicht beim Fußball, für den er auch später wenig übrig hat). Als Jugendlicher tut er sich beim Fechten hervor, auf seinen Sieg 1892 bei der Fechtmeisterschaft der Privatschulen wird er sein Leben lang stolz sein. Er reüssiert als exzellenter Reiter und Polospieler, der sein Militärteam zu glanzvollen Turniersiegen führt. Erst mit Anfang fünfzig gibt er das Polospielen auf. Für den angeblichen Churchill-Ausspruch, das Geheimnis seines langen Lebens sei »no sports«, liegt nicht der geringste Beleg vor; das Pseudozitat kursiert fast nur im deutschen Sprachraum und wurde wohl in den Siebzigerjahren von einem *Zeit*-Redakteur erfunden.

An Brighton hat Churchill später gute Erinnerungen – vor allem im Kontrast zu seiner ersten Schule, der *St George's School* in Ascot, auf die er als Siebenjähriger geschickt wurde, nachdem er sich schweren Herzens von seinen »ganz wunderbaren Spielsachen« verabschieden musste, »einer echten Dampfmaschine, einer magischen Laterne und einer fast schon 1000 Köpfe zählenden Sammlung von Soldaten«. Gegossen und bemalt wurden viele davon in den Werkshallen der Dresdner Firma Heyde, dem weltweit größten Hersteller von Zinnsoldaten. Winston liebt es, historische Schlachten nachzustellen. Als der unnahbare Vater ihm einmal 20 Minuten dabei zusieht, ist das für den Jungen ein unvergessliches Erlebnis.

Über das Institut in Ascot urteilt Churchill in seinem autobiografischen Bericht *My Early Life* (dem zugänglichsten seiner Bücher) voller Bitterkeit: »Die Züchtigung mit der Rute war ein bedeutender Bestandteil seines Lehrplans.« Sicher, auch die Zöglinge in Eton und Harrow lernen damals die Rute kennen. »Aber ich bin überzeugt, kein Etonschüler und ganz gewiss kein Harrowschüler wurde zu meiner Zeit jemals so grausam verprügelt wie von jenem Schulleiter, der sich gewohnheitsmäßig die kleinen Jungen vorknöpfte, die er in seiner Obhut und Gewalt hatte.« Vermutlich aus Sorge vor einem Rechtsstreit nennt er die Anstalt in seinem Buch *St James's School*. Nichts scheint vergessen, als der viereinhalb Jahrzehnte älter gewordene Memoirenschreiber ausstößt: »Wie habe ich diese Schule gehasst, in welcher Angst lebte ich dort mehr als zwei Jahre lang.« Er habe die Tage gezählt, die einzelnen Stunden und kaum etwas gelernt.

Unter dem harten Regime zu kuschen ist nicht die Art des jungen Churchill. Als er in *St George's* vom Direktor gezüchtigt wird, weil er in der Vorratskammer Zucker stibitzt hat, zahlt er es seinem Peiniger heim, indem er sich dessen »geheiligten Strohhut« (Zitat eines Mitschülers) schnappt und das gute Stück zertrampelt. Da Winston im verhassten Ascot häufig krank ist, schicken ihn die Eltern auf Anraten ihres Hausarztes schließlich nach Brighton auf die Schule – der heilsamen Seeluft wegen.

Seine nächste Bildungsetappe ist Harrow, eine jener renommierten Privatschulen, in denen die Söhne der Oberschicht lernen sollen, im Empire Verantwortung zu übernehmen. An der Schwelle zur Pubertät betritt Churchill nun, wie er schreibt, »das unwirtliche Gebiet der Prüfungen, welches zu durchqueren mir in den nächsten sieben Jahren bestimmt war«. Latein und Mathematik liegen ihm nicht – doch gerade darauf sei es in Harrow angekommen, während seine guten Aufsätze, seine Kenntnisse der Geschichte und Dichtkunst kaum jemanden interessiert hätten. Rückblickend malt Churchill seine angeblich schlechten Schulleistungen effektvoll aus, Erfolge lässt er beiläufig einfließen: Als 14-Jähriger gewinnt er einen Preis, weil er ein episches Gedicht von 1200 Versen aus *Lays of Ancient Rome* von Macaulay aus dem Kopf fehlerfrei aufsagen kann.

Mit seinem fabelhaften Gedächtnis sorgt Churchill immer wieder für Erstaunen: Komplette Shakespeare-Szenen gibt er anscheinend mühelos wieder und scheut sich nicht, Irrtümer in den Zitaten seiner Lehrer zu korrigieren. Noch im hohen Alter kann er lange Textpassagen, die er sich irgendwann einmal gemerkt hat, nach Belieben abrufen. Diese Fähigkeit nutzt und schult er auch als Parlamentarier; gerade während seiner Anfangsjahre in der Politik bereitet er seine Reden bis aufs Komma vor und lernt sie auswendig. Die meisterhafte Rhetorik, die zu Churchills Ruhm viel beigetragen hat, beruht nicht nur auf seinem Naturtalent, sondern auch auf harter Arbeit seit der Schulzeit.

Umso bedrückender ist die eisige Strenge, die ihm aus Briefen von daheim entgegenschlägt. Der Vater, der kaum zu wissen scheint, ob er seinen Sohn nach Eton oder Harrow geschickt hat, faucht ihn einmal an, Winston drohe »ein gesellschaftlicher Nichtsnutz« zu werden, »einer von Hunderten von Privatschul-Versagern, und du wirst zu einer schäbigen, unglücklichen und nutzlosen Existenz verkommen«. Der Ton der Mutter ist manchmal kaum milder.

Lord Randolph stirbt, als Churchill 20 ist. Schon eine Weile hat er an geistigen Ausfällen und unkontrollierten Bewegungen gelitten, die Ärzte behandeln ihn anscheinend wegen Syphilis. Heutige Experten bezweifeln diese Diagnose, von der offenkundig auch die Familie überzeugt war. Unklar bleibt, ob stattdessen ein Hirntumor oder eine seltene Nervenkrankheit den 45-Jährigen dahingerafft hat.

Die harte, abweisende Haltung des Vaters treibt den Sohn nicht dazu, rebellisch zu werden, im Gegenteil. Churchill verehrt diesen Mann und will ihm gefallen, weit über dessen Tod hinaus. Als Politiker knüpft Churchill immer wieder dort an, wo sein Vater aufgehört hat. Ganze Parlamentsreden seines toten Vorbilds lernt er auswendig. Er schreibt eine zweibändige Biografie über ihn (*Lord Randolph Churchill*, 1906), die vom Verlag gut honoriert und von Kritikern gelobt wird. Sein einziger Sohn bekommt den Namen Randolph.

Violet Bonham Carter, eine langjährige, vertraute Freundin Winstons, drückt es so aus: »Am Altar seines unbekannten Vaters hielt er Gottesdienst.« Was könnte nach zwei Jahrzehnten in einer Familie trauriger sein? Gelegentlich blickt Churchill selbst in diesen Abgrund seiner Kinder- und Jugendjahre, doch dem Sog des Selbstmitleids widersteht er. Die Geschichte, die er stattdessen erzählt, ist die vom starken Charakter, der durch Entbehrungen und gegen Widerstände gewachsen sei. Als er in einem vierbändigen Werk das Leben seines bedeutendsten Vorfahren, des ersten Herzogs von Marlborough beschreibt, bringt er darin die wie auf sich selbst gemünzten Sätze unter: »Man sagt, dass berühmte Männer gewöhnlich durch eine unglückliche Kindheit geprägt sind. Der harte Druck der Umstände, die Stachel der Widrigkeiten, der Ansporn durch Hänseleien und Spott in frühen Jahren sind notwendig, um die eiserne Zielstrebigkeit und den unbeugsamen Mutterwitz hervorzurufen, ohne die große Taten nur selten vollbracht werden.« In einem anderen Buch schreibt er über einen bedeutenden Mann, der früh den Vater verlor: »Einsame Bäume wachsen, wenn überhaupt, dann kräftig.«

Als er 73 Jahre alt ist, beschwört Churchill in einem enigmatischen kleinen Text den Geist seines Vaters herauf und beginnt ein Gespräch mit ihm. Lord Randolph will wissen, was sich seit seinem Tod verändert hat und wie es in der Welt von 1947 zugeht. Sein Sohn antwortet geduldig: Er ist verheiratet, hat vier Kinder und vier Enkelkinder. Die Monarchie besteht noch und wird sogar von den regierenden Sozialisten unterstützt. Frauen dürfen jetzt wählen. In *Blenheim Palace* residiert neben der herzoglichen Familie auch der Geheimdienst *MI5*. Die Briten haben in sämtlichen Kriegen gewonnen. Viele Millionen sind darin umgekommen. Die Deutschen haben »Schlachthäuser für Menschen« gebaut. Europa liegt in Trümmern. Der nächste Krieg könnte noch schrecklicher werden als alle bisherigen.

Nach einer langen Reihe solcher Aperçus steuert der Dialog auf seine Pointe zu: »Ich hätte nie erwartet, dass du dich so gut und gründlich entwickeln würdest«, sagt der Vater. »Wenn ich dich reden höre, wundere ich mich wirklich, dass du nicht in die Politik gegangen bist. Du hättest bei vielem helfen können. Du hättest dir sogar einen Namen machen können.« Und indem sich die Erscheinung eine Zigarette anzündet, verschwindet sie wieder.

Über die Geschichte seiner postumen Anerkennung durch den Vater setzt Churchill die Überschrift »Privater Artikel«, zu lesen nur im Familienkreis. Veröffentlicht wird der Text erst nach seinem Tod unter dem mehrdeutigen Titel »Der Traum«. Ob der schriftlich fixierte Tagtraum einen therapeutischen Sinn erfüllt hat? Der Kunstgriff, dass der Vater seinen Sohn endlich zu würdigen weiß, obwohl er dessen größte Leistung als Kriegspremier und Sieger über Nazi-Deutschland noch nicht einmal kennt, macht die Versöhnung auf dem Papier jedenfalls perfekt.

3

»Wie leicht es ist, einen Menschen zu töten«: Soldat und Kriegsreporter

Im September 1893 beginnt der 18 Jahre alte, 1,68 Meter große Harrow-Absolvent seine Ausbildung an der Militärakademie Sandhurst. Die Eingangsprüfung hat er erst im dritten Anlauf geschafft, weil er zunächst nur in Englisch und Chemie auf die erforderliche Punktzahl kam. Zum großen Ärger seines Vaters muss der Offiziersanwärter zur Kavallerie, was wegen der Unterhaltskosten für die Pferde teuer ist. Um sich der billigeren Infanterie anzuschließen, die als anspruchsvoller gilt, reicht sein Prüfungsergebnis nicht.

Churchill ist damit jedoch zufrieden, ja glücklich; den Umgang mit Pferden bezeichnet er als sein »größtes Vergnügen in Sandhurst«. Auch sonst ist das Militär seine Welt. Anders als während der Schulzeit schließt er jetzt einige feste Freundschaften. Der Unterrichtsstoff – Taktik, Festungsbau, Kartenzeichnen, Kriegsrecht – interessiert ihn, die Praxis noch mehr. Er lernt, wie man Bahngleise zerstört und Brücken sprengt. Nach anderthalb Jahren ist seine Offiziersausbildung beendet; unter den 130 Kadetten erreicht er Platz 20, in der Reitprüfung Platz 2.

Sein Ziel ist die große Politik, aber vorher will er sich als Soldat beweisen. Außerdem braucht er Geld, denn das väterliche Erbe von 54 237 Pfund (nach heutigem Wert mehrere Millionen Euro) reicht für ein sorgloses Luxusleben der drei Hinterbliebenen auf Dauer nicht aus. Fast alles, was der junge Mann sich vornimmt, wird er bald erreichen.

Als englischer Aristokrat und Offizier gehört Churchill am Ende des 19. Jahrhunderts zu den privilegiertesten Menschen der Welt. Persönliches Scheitern ist zwar niemals ausgeschlossen, aber seine Startbedingungen sind glänzend, denn das britische Empire befindet sich auf dem Höhepunkt seiner Dominanz. London ist die größte und reichste Stadt, die es je gegeben hat. Mehr als ein Fünftel der Erdoberfläche wird von der Themse aus regiert. Mit gehörigem Abstand folgen als Kolonialmächte Frankreich, Deutschland, Russland und andere. Die USA sind bei aller wirtschaftlichen Stärke noch kein weltpolitischer Akteur. Die alte Großmacht China wurde von den Briten in zwei perfiden Opiumkriegen niedergekämpft und gedemütigt. Und in dieser mächtigsten Nation der Erde gehört Churchill zur winzigen Oberschicht.

Den Impuls, die globale Ordnung jener Zeit mit kritischer Distanz zu betrachten, verspürt er nie. Für Churchill ist sie die beste aller möglichen Welten, um die er trauert, als sie untergeht. Er ist, kurz gesagt, durch und durch Imperialist und stolz darauf.

Nach der Zeit in Sandhurst schließt er sich einem Husarenregiment an, das von einem Freund seiner Mutter kommandiert wird. Die Ausstattung inklusive Pferd und Paradeuniform kostet ihn das Fünffache seines Jahressolds. Zeitweilig dient er bei den Kolonialtruppen in Indien. Sein Bild vom Krieg, wie er es später beschreibt, ist ebenso romantisch wie rassistisch: Britische Soldaten haben zu seinem Bedauern schon lange, seit dem 1856 beendeten Krimkrieg, nicht mehr »auf weiße Truppen« geschossen. »Zum Glück gab es immerhin noch Wilde und barbarische Völker.« Doch verglichen mit einem »echten europäischen Krieg« erscheinen ihm Gefechte gegen Afrikaner, Inder oder Afghanen bloß wie eine halbe Sache.

Für seinen kurzen Einsatz an der Seite spanischer Truppen im Kolonialkrieg gegen kubanische Freiheitskämpfer bekommt Churchill einen Orden (es ist die erste von 37 staatlichen Auszeichnungen, die er im Lauf seines Lebens erhalten wird). Um das Abenteuer zu finanzieren, verfasst er für die *Daily Graphic*, Englands erste illustrierte Tageszeitung, Berichte über das Kampfgeschehen. Damit beginnt seine lange und äußerst erfolgreiche Karriere als Journalist und Schriftsteller. Für die Erwartungen der Leser hat er ein sicheres Gespür: »Ich halte nichts davon, Bücher zu schreiben, die sich nicht verkaufen.«

Dass ein Offizier nebenher Kriegsreportagen veröffentlicht, wird von der Militärführung zwar nicht gern gesehen, ist damals aber auch nicht verboten. Churchill geht ganz bewusst in diese Grauzone, indem er sich gegen manche Widerstände mithilfe seiner Mutter zu spannenden, berichtenswerten Einsätzen meldet.

Als 22-Jähriger nimmt er an Kämpfen im afghanisch-indischen (heute pakistanischen) Grenzgebiet teil und schreibt darüber. Ein Jahr danach berichtet er aus dem Sudan. Muslimische Truppen unter Führung des »Mahdi« hatten dort in einem »Heiligen Krieg« die Briten zurückgeschlagen – mit dem Ziel, das nilabwärts gelegene Ägypten von der Kolonialherrschaft zu befreien und ein Reich des Islam zu errichten. Die Gefolgsleute des Mahdi werden von den Europäern abschätzig »Derwische« genannt. Während der Anreise auf dem Nil schreibt Churchill seiner Mutter: »Tief in mir spüre ich den starken Wunsch, mehrere dieser widerlichen Derwische umzubringen.« Er freue sich schon sehr darauf.

In der legendären Schlacht von Omdurman begegnen sich am 2. September 1898 nicht nur zwei Armeen, zwei Religionen, zwei Kontinente, sondern auch moderne und vormoderne Militärtechnik, Maschinengewehr und Kampfschwert. Selbst die Briten, deren automatische *Maxim gun* die fürchterlichste Waffe jener Zeit ist, sind für den Nahkampf noch wie eh und je mit Schwertern ausgerüstet. Churchill vertraut allerdings lieber auf seine neue deutsche *Mauser*-Pistole, da seine Schulter seit einem Bootsunfall leicht auskugelt. Als er im Getümmel auf einmal von seiner Einheit abgeschnitten ist und die Feinde auf ihn zustürzen, feuert er mehrere Kugeln auf sie ab. Einen Verwundeten, der plötzlich seinen Speer schwingt, erschießt er aus nächster Nähe. Er sei »kein bisschen nervös« gewesen und habe mindestens fünf Gegner getroffen; allerdings könne er sich nicht mehr an alles genau erinnern, teilt er zwei Tage später seiner Mutter mit. In *My Early Life* sinniert er lange danach: »Wie leicht es ist, einen Menschen zu töten.«

Seine Zeitungsartikel und weiteres Material verarbeitet er zu Büchern, die eine große Leserschaft finden. Vor allem das Sudan-Buch *The River War* erregt Aufsehen, da Churchill den Krieg packend zu beschreiben versteht, ihn aber auch realistischer schildert als üblich.

Außerdem nimmt er sich die Freiheit, seine Vorgesetzten, ihre Arroganz und ihre Propagandafloskeln in klaren Worten zu kritisieren. Seine naive Kriegsbegeisterung verflüchtigt sich.

Das Schreiben fällt ihm leicht, und es wird gut bezahlt. Vor seiner Abreise in den Sudan hat er mit der *Morning Post* ein Honorar von 15 Pfund pro Artikel vereinbart (in heutigem Geld rund 2000 Euro). Als er ein Jahr später nach Südafrika aufbricht, um über den Burenkrieg zu berichten, zahlt ihm die Zeitung den enormen Betrag von 250 Pfund monatlich plus Spesen. Mit Mitte 20 ist Churchill der bestbezahlte Kriegsreporter der Welt.

Das Geld braucht er nicht nur für Bedienstete, Pferde, Champagner und kubanische Zigarren, sondern auch, um sein Lebensziel zu erreichen: den Erfolg als Politiker. Großbritannien versteht sich zwar schon lange als Demokratie, folgt aber den harten Regeln einer Klassengesellschaft, in der ein Prozent der Einwohner über zwei Drittel des Vermögens verfügt. Die meisten, die in der nationalen Politik mitreden, zählen zu jener kleinen Oberschicht. Bis 1911 ist ein Unterhaus-Mandat ein reines Ehrenamt; wer sich das nicht leisten kann, muss draußen bleiben.

Im Burenkrieg darf sich Churchill dem Militär anschließen, allerdings gehört er nicht mehr zur Truppe. Nach seinen kritischen Berichten unterliegen Soldaten jetzt einem Publikationsverbot. Doch wo verläuft die Grenze zwischen Reporter und Kombattant? Als die Einheit, die er im November 1899 begleitet, in einen Hinterhalt gerät, organisiert er die Verteidigung und gibt Kommandos wie ein Vorgesetzter. »Bleibt ruhig, Männer«, ruft er, »das hier wird für meine Zeitung interessant sein.« Schließlich gewinnen die Buren die Oberhand, Churchill gerät in Kriegsgefangenschaft.

Etwas Besseres hätte ihm kaum passieren können, aber noch weiß er das nicht. Er findet es unerträglich, die Tage tatenlos dahinbringen zu müssen. An seinem 25. Geburtstag beklagt er sich bei einem Freund: »Mein Geist ist so träge wie mein Körper eingepfercht, während sich große Dinge ereignen und die Geschichte voranschreitet.« Nicht zum letzten Mal zeigt er sich besorgt, sogar gewiss, dass er kein langes Leben haben werde: »Daran zu denken, wie wenig Zeit noch bleibt, ist schrecklich!«

Bald danach gelingt ihm eine sensationelle Flucht. Bei dem oft reproduzierten Fahndungsplakat, das für seine Festnahme – »tot oder lebendig« – 25 Pfund Belohnung verspricht, handelt es sich jedoch um eine spätere Fälschung. Versteckt in einem Güterzug schafft es Churchill, sich nach Norden bis auf portugiesisch beherrschtes Gebiet im heutigen Mosambik durchzuschlagen. Der britische Konsul in Lourenço Marques, heute Maputo, lässt ein warmes Bad für ihn einlaufen und wirft seine schmutzstarrende Kleidung ins Feuer. Voller Tatendrang schließt sich der Reporter, der durch Glück und eigene Kraft dem Gefangenenlager entkommen ist, wieder den britischen Truppen an.

Nach seiner Heimkehr wird Churchill gefeiert. Seine aufsehenerregende Flucht, sein Mut und seine Ausdauer verschaffen ihm das Image eines jungen Helden. Mehr denn je fühlt er sich zu Höherem berufen: »Wir alle sind Würmchen«, sagt er einmal beim Diner zu seiner Tischdame, »aber ich glaube fest daran, dass ich ein Glühwürmchen bin.«

Von Niederlagen lässt er sich nicht beirren. Vor seiner Abreise nach Südafrika hat er gleich zwei einstecken müssen, eine private und eine politische. Die Konservativen in Oldham bei Manchester haben ihn für ihren Unterhaus-Wahlkreis nominiert, doch im Juli 1899 verliert Churchill gegen die beiden Kandidaten der Liberalen, die knapp vor ihm liegen. Nach den damaligen Regeln schickt der Wahlkreis zwei Abgeordnete nach London. Ungefähr zu dieser Zeit lehnt Pamela Plowden, die er während seiner Stationierung in Indien kennengelernt hat, seinen Heiratsantrag ab. Sie bleiben gut befreundet. Die nächste Absage erteilt ihm die erfolgreiche und glamouröse US-Schauspielerin Ethel Barrymore. Dass er mehrere Anläufe braucht, bis schließlich eine Ehekandidatin zu seinem Antrag Ja sagt, scheint ihn nicht sonderlich zu bedrücken.

4

»Diese Angelegenheit habe ich geerbt«: Aufstieg in der Politik

Im Herbst 1900 wird in Oldham wieder gewählt, und diesmal gelingt es Churchill mit hauchdünner Mehrheit, ein Mandat zu erobern. Er weiß, dass er den Erfolg nur seiner »persönlichen Popularität durch den jüngsten Krieg in Südafrika« verdankt. Dem britischen Parlament wird er mehr als sechs Jahrzehnte angehören, länger als alle anderen Abgeordneten des 20. Jahrhunderts. Im *House of Commons* findet er seine politische Heimat, seine Bühne, seinen Kampfplatz. Von Angeboten, ins beschaulichere Oberhaus der Lords zu wechseln, will er noch im hohen Alter nichts wissen.

Ehe er sich zum ersten Mal auf die grünen Lederbänke des Unterhauses setzt, nutzt er sein Renommee als Abenteurer und Kriegsheld, um Geld zu verdienen. Eine einmonatige Vortragsreise bringt ihm, seiner peniblen Buchführung zufolge, 3782 Pfund, 15 Schillinge und 5 Pennys ein, ein kleines Vermögen.

Gleich danach reist er in die USA, um auch dort vor zahlendem Publikum über seine Kriegserlebnisse zu berichten. Die Dollars fließen allerdings weniger reichlich als erhofft. Besser läuft es in Kanada, das dem Empire als weitgehend unabhängige *dominion* verbunden ist. Die Weihnachtstage verbringt Churchill im Haus des Generalgouverneurs in der Hauptstadt Ottawa, den er aus Indien kennt. Pamela Plowden ist ebenfalls gerade dort, »sehr hübsch und anscheinend ganz glücklich«, wie er seiner Mutter schreibt. »Wir hatten keine schmerzlichen Diskussionen, doch hege ich keinerlei Zweifel, dass sie die einzige Frau ist, mit der ich jemals glücklich zusammenleben könnte.« Aber da täuscht er sich.

Nach seiner Heimkehr macht er rasch auf sich aufmerksam. Schon in seiner zweiten Parlamentsrede, an der er wochenlang feilt, ehe er sie Wort für Wort auswendig lernt, zeigt sich der ganze Churchill. Sachkundig und scharfzüngig attackiert er den Kriegsminister, der die Armee reformieren und deutlich vergrößern will. Aber schlägt Churchills Herz denn nicht für alles Militärische? Obwohl das so ist und bleibt, unterstützt er als Politiker keineswegs jede Form der Aufrüstung. Seine Motive wechseln; mal will er Geld sparen oder die Mittel anders verteilen, dann wieder fürchtet er einen unkontrollierten Rüstungswettlauf. Oder er nutzt, wie nun im Mai 1901, einfach die Gelegenheit zur Selbstdarstellung: Dass er einen Mann seines eigenen politischen Lagers angreift, unterstreicht die Unerschrockenheit des Neulings, der sich ausdrücklich auf seinen Vater beruft: »Diese Angelegenheit habe ich geerbt.« Nach der frechen Attacke muss der Kriegsminister seinen Plan überarbeiten.

Auf charakteristische Weise nutzt Churchill die tagespolitische Auseinandersetzung, um sich zu einer kühnen These aufzuschwingen. Der nächste Krieg auf dem Kontinent werde »ein grausames, herzzerreißendes Kräftemessen« sein, prophezeit er in seiner Rede. Die kommende Entgrenzung des Militärischen scheint er bereits vorauszuahnen: »Enden kann ein europäischer Krieg nur im Ruin der Besiegten und in der kaum weniger fatalen wirtschaftlichen Verwerfung und Erschöpfung der Eroberer. ... Die Kriege der Völker werden fürchterlicher sein als die der Könige.«

Nicht lange danach zeichnet Helmuth von Moltke, der wie erwähnt zum deutschen Generalstabschef aufsteigt, ein ganz ähnliches Bild des nächsten Großkonflikts: »Es wird ein Volkskrieg werden, der nicht mit einer entscheidenden Schlacht abzumachen sein wird, sondern der ein langes mühevolles Ringen mit einem Lande sein wird, das sich nicht eher überwunden geben wird, als bis seine ganze Volkskraft gebrochen ist, und der auch unser Volk, selbst wenn wir Sieger sein sollten, bis aufs äußerste erschöpfen wird.« In Churchills und Moltkes Prognosen liegt etwas Tragisches – weil sie sich als zutreffend erweisen. Hellsichtig deuten sie auf das voraus, was 1914 und noch einmal 1939 beginnt, aber sie halten das Verhängnis nicht auf.

Anders als die meisten britischen Abgeordneten und Regierungsmitglieder hat Churchill nie eine Universität besucht. Er ist Autodidakt und beneidet seinen jüngeren Bruder Jack um dessen akademische Bildung. Mit Anfang 20, vor allem während seiner Zeit in Indien, verschlang er in einem langen Anfall von Lesewut ein Buch nach dem anderen. Mit den 4000 Seiten über den *Verfall und Untergang des Römischen Imperiums* von Edward Gibbon fing er an, dann stürzte er sich auf Platon und Schopenhauer, Darwin, Adam Smith und viele andere. Zur aristotelischen Ethik bemerkte er einem Freund gegenüber: »Es ist erstaunlich, wie viel davon ich mir bereits selbst ausgedacht hatte.« Das hört sich hochmütiger an, als es wohl gemeint war.

Wundersamerweise stellt er die Biografie seines Vaters unter ein Motto aus der deutschen Literatur, die ihm sonst wenig bedeutet. Er zitiert die beiden letzten Strophen aus dem Goethe-Gedicht »Symbolum« in der Übersetzung von Thomas Carlyle. Eingeweihte unter seinen Lesern dürften wissen, dass Goethe das kleine Werk um 1815 für seine Weimarer Freimaurerloge *Anna Amalia zu den drei Rosen* geschrieben hat. Der Dichter beschwört in seinen Versen »Die Stimmen der Geister/Die Stimmen der Meister« und endet mit den Worten: »Wir heißen euch hoffen« (übersetzt etwas zupackender: »Work, and despair not«). Wie sein Vater und andere Männer seiner Familie ist Churchill selbst Freimaurer. 1901 hat er sich in London der *Studholme Lodge* angeschlossen. 1912 erklärt er seinen Austritt und kümmert sich danach nur noch selten um freimaurerische Angelegenheiten. Als während des Zweiten Weltkriegs eine Loge nach ihm benannt werden soll, lehnt er das Ansinnen freundlich ab. In den Fünfzigerjahren bezeichnet er sich aber gegenüber seinem neuen Privatsekretär weiterhin als Freimaurer.

Der nahezu manische Zugriff des jungen Churchill auf den Bildungskanon gehört zu den wenigen Dingen, die er mit Adolf Hitler gemeinsam hat. Über dessen Lektüreleidenschaft bemerkt ein Jugendfreund: »Bücher, immer wieder Bücher! Ich kann mir Adolf gar nicht ohne Bücher vorstellen.« Hitler, der ohne Abschluss von der Realschule in Steyr abgegangen ist, interessiert sich auch für Romane, Theaterstücke, Opern und Sinfoniekonzerte – mit all dem kann der 14 Jahre ältere Engländer nur wenig anfangen. Er mag die

Unterhaltungskunst der *music halls* und die Lieder, die er aus seiner Schulzeit und dem Militär kennt.

Großen Einfluss auf Churchills politische Ansichten hat für einige Jahre ein Buch des Sozialwissenschaftlers und Industriellen Benjamin Seebohm Rowntree, das die Ergebnisse einer umfangreichen Untersuchung zur Armut in der Industriestadt York ausbreitet (*Poverty: A Study in Town Life*, 1901). Danach leben 28 Prozent der Einwohner in katastrophaler Armut, sie hausen in Slums und können sich kaum etwas zu essen kaufen. In der Hälfte dieser Fälle hat der familiäre Hauptversorger oder die Hauptversorgerin zwar eine Arbeitsstelle, erhält aber bloß einen Hungerlohn. Durch seine empirischen Daten widerlegt Seebohm Rowntree die damals gängige Ansicht, die meisten Armen seien selbst an ihrem Schicksal schuld. Sein Buch und seine Vortragsreisen stoßen auf große Resonanz und tragen dazu bei, dass die liberalen Regierungen ab 1906 eine Reihe von Sozialreformen anpacken: Sie führen ein staatliches Rentensystem und kostenlose Mahlzeiten für Schulkinder ein, verbessern die Krankenversorgung und anderes.

Churchill wird ein Teil dieser Reformbewegung, anfangs noch in der Tradition der *Tory Democracy* seines Vaters. »Haarsträubend« seien die Erkenntnisse aus York, »eine furchtbare und schockierende Sache«, ruft er bei einem Vortrag in den Saal. Einem führenden Konservativen in Birmingham, der mit Lord Randolph befreundet war, schreibt er: »Für meinen Teil sehe ich wenig Ruhm in einem Empire, das die Ozeane beherrscht, aber sein Abwasser nicht beseitigen kann.«

Da ist sie wieder, die Sorge um das Weltreich. Mitgefühl mit den Menschen spielt in Churchills Überlegungen eine untergeordnete Rolle; was ihn wirklich umtreibt, ist die künftige Stärke seines Landes. Ehe »die einfachen Leute so verkümmert und körperlich deformiert sind«, dass sie nicht für den Militärdienst taugen, müsse etwas geschehen, meint er.

Wie ein großer Teil der gebildeten Frauen und Männer jener Zeit ist er ein Anhänger der Eugenik, der Erforschung und Steuerung menschlicher Reproduktion mit dem Ziel, die »guten Gene« zu fördern und andere zu unterdrücken. Kurz vor Beginn seiner politischen Laufbahn schreibt er: »Die Verbesserung der britischen Rasse (*breed*) ist mein Lebensziel.«

Einige, die den jungen Politiker kennenlernen, finden ihn zugleich faszinierend und abstoßend, und sie suchen nach den richtigen Worten, um ihren Eindruck zu beschreiben. Leicht ist das nicht, wie die zeitgenössische Charakterskizze von Beatrice Webb zeigt, einer bedeutenden Sozialwissenschaftlerin und Sozialistin: »Rastlos, egoistisch, aufgeblasen, oberflächlich und reaktionär« sei dieser Mann, allerdings verfüge er über »eine gewisse persönliche Anziehungskraft, großen Schneid und einige Originalität«. Wegen seiner unangenehmen Eigenschaften werde er nie beliebt sein. Trotzdem könne er es weit bringen.

Dass Churchill sich allmählich von den regierenden Konservativen entfremdet, liegt unter anderem an seinen sozialreformerischen Neigungen. Ausschlaggebend ist indes ein quälend langer, parteiinterner Streit um Schutzzölle, in dem er sich auf die Seite des Freihandels schlägt und den unentschlossenen Premierminister verspottet. Im Mai 1904 wechselt er spektakulär die Seiten: Im Parlamentssaal geht er nicht zu seinem Platz bei den Tories, sondern überquert den Flur, der die Fraktionen trennt, und setzt sich in die Reihen der Liberalen, neben David Lloyd George aus Wales. Zu ihm hat er Vertrauen gefasst, ihn sogar in den Blenheim-Palast eingeladen und seinen Rat eingeholt.

In seiner bisherigen Partei gilt Churchill nun als Verräter und Opportunist, zumal sich bald herausstellt, dass er machtpolitisch einen guten Riecher bewiesen hat: Nach der nächsten Wahl übernehmen die Liberalen für mehr als 16 Jahre die Regierung. Und der Überläufer rückt in die erste Reihe der britischen Politiker auf. Zunächst wird er Unterstaatssekretär für die Kolonien.

5

»Das starke, geduldige, fleißige Volk«: Was ihn im Deutschen Reich interessiert

Solange sich die Nationen auf dem europäischen Kontinent gegenseitig in Schach halten, können die Briten ruhig schlafen. Wenn die Balance jedoch zu kippen droht, weil ein Land überproportional an Stärke zulegt, machen sie sich Gedanken. Was sollen sie von den Deutschen und ihrem großspurigen Kaiser halten? Für weniges begeistert sich Wilhelm II. so sehr wie für den Ausbau der Flotte. »Deutschlands Zukunft liegt auf dem Meer«, hat er 1896 verkündet. Damit bringt der Monarch die Stimmung in seinem Land auf eine einprägsame Formel. Imperialistische Ideen finden in allen gesellschaftlichen Schichten großen Anklang, der Zeitgeist will kolonisieren und herrschen.

Den Zusammenhang zwischen wirtschaftlichen und machtpolitisch-militärischen Interessen fasst der Soziologe Max Weber in deutliche Worte: Für alle »bürgerlich organisierten Kulturvölker« sei die Zeit gekommen, »wo *nur die Macht* über das Maß des Anteils der Einzelnen an der ökonomischen Beherrschung der Erde und damit über den Erwerbsspielraum ihrer Bevölkerung, speziell auch ihrer Arbeiterschaft, entscheiden wird«.

Ganz im Sinne dieser Expansionslust treibt Marinechef Alfred von Tirpitz die maritime Aufrüstung voran. Seine Devise lautet: »Deutschland muss eine so starke Schlachtflotte besitzen, dass ein Krieg auch für den seemächtigsten Gegner mit derartigen Gefahren verbunden ist, dass seine eigene Machtstellung infrage gestellt wird.« In London versteht man sofort, wer gemeint ist.

Aber es gibt ja noch Frankreich, das man für die Balance gut brauchen kann. Mit Blick auf die deutsche Dynamik räumen Briten und Franzosen einige der Differenzen aus, die sie da und dort auf dem Erdball haben, und verkünden, dass sie gute Freunde sein wollen (*Entente cordiale*). Ein formelles Bündnis ist das nicht, eher ein fester Händedruck, aus dem ein Pakt werden könnte – falls nötig. Denn was genau Wilhelm II. vorhat, weiß niemand, nicht einmal er selbst.

Um Worte ist der Kaiser jedoch nie verlegen, und so philosophiert er bei seinem Englandbesuch 1902 munter über den Sinn der deutschen Flotte: Im erstmalig geeinten Deutschland mit seinen ganz unterschiedlichen Traditionen sei die Kriegsmarine ein »lebendiges Beispiel für die Einheit des Reiches« mit ihm als Oberbefehlshaber. Niemand möge bitte »die törichte Legende« glauben, »als bauten wir eine Flotte, um über andere herzufallen«. Allerdings ist kaum zu übersehen, dass die Deutschen sehr viel mehr Stahl zum Schwimmen bringen, als für ein Symbol der Reichseinheit nötig wäre. Bald haben sie die zweitgrößte Flotte auf den Weltmeeren, noch vor den USA, Frankreich und Japan.

Die traditionelle Stärke der deutschen Landstreitkräfte ist in Europa ohnehin bekannt und gefürchtet, das kommt noch dazu. Nach seinem Manöverbesuch in Schlesien (siehe Kapitel 1) schreibt Churchill in einem Brief, er sei »dankbar, dass zwischen jener Armee und England das Meer liegt«. Ernsthafte Sorgen macht er sich noch nicht. »Wir haben allen Grund, uns zur gegenwärtigen Lage in Europa zu beglückwünschen«, sagt er wenige Wochen später bei einer Rede in Glasgow. Der Liberalismus, seine neue politische Heimat, sei in besonderer Weise auf Frieden angewiesen, und genau dafür stehe die Freundschaft mit Paris ein. Churchill versäumt es 1906 in Glasgow nicht, eine beruhigende Bemerkung an die Adresse des Kaiserreichs einzuflechten: Das gute Verhältnis über den Ärmelkanal hinweg stelle »für die Großmacht Deutschland« keine Bedrohung dar. Sein Signal kommt an: Gleich am nächsten Tag verfasst Graf Metternich, der deutsche Botschafter in London, einen zweiseitigen Vermerk, den er nach Berlin schickt: »Die Aufrechterhaltung des Friedens in Europa, so führte Herr Churchill aus, sei unerlässliche Bedingung für eine fortschrittliche Weiterentwicklung.«

Geradezu überschwänglich spricht Churchill zwei Jahre später in Swansea über die deutsch-britischen Beziehungen. Jüngste »sprachliche Ausfälle« gegen das Reich missbillige er auf das Schärfste. Von einem unvermeidlichen Krieg zwischen beiden Ländern zu reden sei »vollkommener Unsinn«. Ausführlich wendet er das Thema hin und her, indem er auf die Handelsbeziehungen zu den Deutschen eingeht (»sie gehören zu unseren besten Kunden«), die Konkurrenz um Kolonien klein redet (»vielleicht ein paar tropische Plantagen«) und sogar, ganz im Geist seiner sozialpolitischen Agenda, das verbindende Interesse der Arbeiterklasse rühmt: »Das, was man die internationale Arbeitersolidarität nennt, vermag nach meiner Überzeugung ein großer Segen für alle zu sein.«

Churchill kann es gar nicht genug loben, »das starke, geduldige, fleißige deutsche Volk, das als Opfer der europäischen Machtkämpfe viele Jahrhunderte lang zersplittert war«. Was für Deutschland gut sei, das sei auch gut für Großbritannien. Dass er das Kaiserreich in so günstigem Licht sieht, hat viel mit seinem anhaltenden Interesse an Reformprogrammen zu tun; von Rüstungsprojekten hält er bisher noch wenig, weil sie Geld kosten, das er für seine Zwecke braucht. Die deutsche Sozialpolitik gilt international als vorbildlich, seit Reichskanzler Otto von Bismarck grundlegende Neuerungen wie Krankenversicherung, Unfallversicherung, Alters- und Invalidenrente eingeführt hat – mit dem Ziel, die Arbeiterschaft dadurch von sozialistischen Umtrieben abzuhalten.

Während er als Vize-Kolonialminister fünf Monate lang in Afrika unterwegs ist (inklusive Großwildjagd), bringt Churchill seine sozialreformerischen Gedanken zu Papier und schickt sie an das für solche Fragen zuständige Handelsministerium. Das Gute am deutschen System sei: »Es fängt jeden auf.« Das britische habe leider große Lücken, und jene, die durch die Maschen fallen, »landen zerschmettert auf dem Pflaster«. Schon ein Vierteljahr nach seiner Rückkehr aus Afrika bekommt er die Gelegenheit, seine Vorschläge zu verwirklichen: Im Zuge einer Regierungsumbildung steigt er im April 1908 zum Handels- und Wirtschaftsminister auf (*President of the Board of Trade*). Er ist 33 Jahre alt, strotzt vor Energie, hat manchmal das Gefühl, er könne »die ganze Welt« auf seinen Schultern tragen, und darf jetzt endlich im Kabinett mitreden.

Dem neuen Premierminister Herbert Henry Asquith hat er sich unter anderem durch den Vorschlag empfohlen, in Großbritannien »nach deutschem Muster eine Art Netzwerk staatlicher Interventionen und Regulierungen« aufzubauen. »Deutschland, mit seinem härteren Klima und weniger aufgehäuftem Reichtum, hat es geschafft, erträgliche Grundbedingungen für die Bewohner zu schaffen. Das Land ist nicht nur für den Krieg organisiert, sondern auch für den Frieden, während wir bei uns für nichts anderes organisiert sind als für Parteipolitik.« Auf Übertreibungen zu verzichten fällt ihm schwer.

Churchills politische Verbindung zu David Lloyd George – seinem Vorgänger als Handelsminister, der bereits seinen Parteiwechsel unterstützt hat – ist jetzt enger denn je. Beide begeistern sich für neue Ideen, beide sind enorm selbstbewusst, beide lieben es, rhetorisch zu brillieren. Am Rednerpult ist der aus kleinbürgerlichen Verhältnissen stammende Lloyd George dem elf Jahre jüngeren Aristokraten an Talent noch überlegen, scheinbar mühelos schlägt er die Zuhörer in seinen Bann. Dem Charisma des Walisers erliegt auch Churchill. Violet Bonham Carter zufolge ist Lloyd George »die einzige Führungspersönlichkeit, die von Winston in seiner gesamten politischen Laufbahn bedingungslos akzeptiert wurde«.

Eines seiner ersten Projekte als Minister ist die Begrenzung der Arbeitszeit für Bergleute in den Kohlegruben auf acht Stunden täglich. Es sei in einer demokratischen Industriegesellschaft nicht hinnehmbar, erklärt Churchill, dass die Arbeiter nur zwischen Bett und Fabrik pendeln. »Sie brauchen Zeit für sich selbst, Zeit, um ihre Häuser bei Tageslicht zu sehen, ihre Kinder zu sehen, Zeit zum Nachdenken und Lesen und für die Gartenarbeit – mit einem Wort: Zeit zum Leben.« Die nächsten Reformvorhaben sind eine Arbeitslosen- und eine Krankenversicherung, die Einführung einer staatlichen Arbeitsvermittlung, eines Mindestlohns und des Rechts auf Tee- und Essenspausen während der Arbeit.

Lloyd George, im Amt des Schatzkanzlers die informelle Nummer zwei der Regierung, treibt die neuen Sozialgesetze mit gleicher Entschlossenheit und noch größerem Einfluss voran. Als habe er selbst kaum etwas damit zu tun gehabt, wird Churchill ihn später rühmen: »Er war es, der dem orthodoxen Liberalismus die ganz neue Wendung zu einer wirklichen Sozialpolitik gab. Alle großen Versicherungssysteme, die für immer ein Teil des Lebens der britischen Nation geworden sind, stammen von ihm oder sind von ihm ausgegangen.«

Das Zeitalter Edwards VII. (König 1901–1910) gilt in der britischen Geschichtsschreibung als eine kurze, aber bemerkenswerte Ära des Friedens und Wohlstands. Für die Millionen Armen, deren Elend die Untersuchung von Seebohm Rowntree aufgezeigt hat (siehe Kapitel 4), ist Wohlstand allerdings nur ein ferner Traum, während die Oberschicht in grandiosem Luxus lebt. Adlige und Großbürger kommen an den von Freitag bis Montag dauernden Wochenenden zu Festen und Jagdpartien in ihren weitläufigen *country houses* zusammen, darunter manches veritable Schloss. Sie reisen mit Wagenladungen von Koffern und Hutschachteln an, nicht selten ziehen sich die Damen dreimal täglich um, umsorgt von ihren Dienerinnen, die unablässig mit dem Waschen, Stärken, Nähen, Bügeln und Plissieren der Kleidung beschäftig sind. Nicht zu reden von der Sorge um Frisuren und Körperpflege, Kinder und Haustiere, Einkäufe und Mahlzeiten.

Als die Liberalen den Staatshaushalt 1909 ausdrücklich in den Dienst ihrer Wohlfahrtsprogramme stellen und als »Haushalt des Volkes« anpreisen, kommt es zum Eklat. Die Lords im Oberhaus weigern sich, das Budget gegenzuzeichnen. Lloyd George und Churchill, die bei den Konservativen ohnehin schon als gefährliche Radikale gelten, wollen das Adelsparlament im Gegenzug entmachten oder gleich ganz abschaffen.

Als würde er nicht selbst zur Oberschicht gehören, empört sich Churchill über das parasitäre Dasein der Reichen, die von ihren Bediensteten abhängig seien, sowie über die »hochadligen Tattergreise« im *House of Lords* – »eine elende Minderheit von Titelträgern, die niemanden repräsentieren, niemandem verantwortlich sind und bloß schnell nach London huschen, um im eigenen Interesse, dem Interesse ihrer Partei und ihrer Klasse abzustimmen«. Nach einigen Monaten lenken die Lords ein, sie verlieren ihr Vetorecht und damit einen erheblichen Teil ihrer parlamentarischen Macht. Der König, und nicht nur er, findet den Churchill jener Zeit »sehr sozialistisch«. Aber das legt sich wieder: Die klassenkämpferischen Anklänge verschwinden aus Churchills Rhetorik. Zwischen Sozialismus und Liberalismus klaffe ein Abgrund, erklärt er: »Der Sozialismus will den Reichtum schmälern, der Liberalismus dagegen die Armut verringern.« Attacken auf jede Art von Sozialismus werden bald zu einem seiner politischen Markenzeichen.

Im Sommer 1909, während es im Streit um den »Haushalt des Volkes« hoch hergeht, bereitet Churchill seinen zweiten Deutschlandbesuch vor. Botschafter Metternich informiert die Reichsregierung am 14. Juli darüber, dass der Handelsminister »beabsichtige, im September Deutschland zu bereisen, um ... die dortigen Arbeitsvermittlungsverhältnisse zu studieren«. Bekanntlich habe »Mr. Churchill im englischen Unterhause eine Gesetzesvorlage über die Gründung staatlicher Arbeitsvermittlungsstellen eingebracht und wünscht zur Ausarbeitung der Ausführungsbestimmungen die deutschen Einrichtungen dieser Art kennenzulernen«. Außerdem wolle er, wie schon vor drei Jahren, beim Kaisermanöver zuschauen. Metternich bittet um Weisung, wie er dem Minister antworten soll, und fügt an: »Ich darf dazu bemerken, dass Mr. Churchill nahezu der einzige der bekannteren englischen Staatsmänner ist, der selbst in den letzten Zeiten bemüht gewesen ist, in den deutsch-englischen Beziehungen beruhigend zu wirken. Ich halte daher eine tunlichste Erfüllung seiner Wünsche politisch für erwünscht.« Ein Durchschlag des Schreibens geht an den Kaiser persönlich.

Zwischen Botschaft, Reichskanzlei, kaiserlicher Entourage, Militärdienststellen und Innenministerium entspinnt sich in den nächsten Wochen ein reger Austausch von Briefen und Telegrammen, in dem unter anderem durch »die Allerhöchsteigenhändigen Randbefehle seiner Majestät des Kaisers und Königs« die Frage aufkommt, ob Churchill wieder als persönlicher Gast Wilhelms II. zum Manöver eingeladen werden soll. Das wird er.

Auch der Staatssekretär des Innern bereitet sich auf den Besuch vor: Der Vorsitzende des Verbandes Deutscher Arbeitsnachweise und des Zentralvereins für Arbeitsnachweise zu Berlin werde »in der Lage sein, dem englischen Handelsminister Winston Churchill über die deutschen Arbeitsvermittlungsverhältnisse vollständige Auskunft zu geben«. Nur stellt sich dann heraus, dass Berlin nicht auf Churchills Reiseroute liegt, weil er, aus Frankreich kommend, mit dem Auto über Straßburg, Mannheim und Frankfurt nach Würzburg fahren will, wo die Manöverbeobachter in diesem Jahr Quartier beziehen. Der Minister, heißt es aus London, »möchte keinerlei besondere Arbeit verursachen, er wünscht nur den gewöhnlichen Betrieb der betreffenden Stellen einsehen zu können und jemand vorzufinden, der in der Lage ist, über Einzelheiten Auskunft zu geben«. Aber wie es so geht, die deutschen Stellen lassen es sich nicht nehmen, allerhand Vorbereitungen zu treffen.

Metternich stiftet vorübergehend Verwirrung. Unter Berufung auf eine zuverlässige Quelle teilt der Botschafter aus London mit, »dass die Ernennung des Handelsministers Winston Churchill zum Vizekönig von Indien in kürzester Zeit bevorstehe«. Eine überraschende Wendung. Wird die Deutschlandreise vielleicht gar nicht stattfinden? Wie sich bald herausstellt, ist der Diplomat falsch informiert worden. Allerdings stimmt es, dass Churchill den prestigeträchtigen Posten in Indien attraktiv findet, als Zwischenstation auf dem Weg zur Erfüllung seiner Träume: der Ernennung zum Premierminister.

Vor seiner Abreise auf den Kontinent führt er ein längeres Gespräch mit Metternich, über das er den Außenminister schriftlich unterrichtet: Hauptthema beim ausgiebigen Mittagessen ist die deutsche Flottenrüstung, die bekanntlich unter den Briten »erhebliche Unruhe« hervorgerufen habe. Solange das Reich »eine derart expansive Flottenpolitik« verfolge, werde man auf der Insel misstrauisch bleiben. Im Fall eines Kurswechsels sei dagegen, bildlich gesprochen, »sofort eine sehr reiche Ernte in England« zu erzielen. Metternich habe unter anderem deutlich gemacht, dass die Deutschen mit einigem Argwohn auf die britisch-französische Freundschaft blickten.

Auf dem Weg durch Frankreich inspiziert Churchill das Schlachtfeld von Sedan und andere Schauplätze des deutsch-französischen Krieges von 1870/71. Er reist zusammen mit seinem Privatsekretär und einem Cousin in dessen Wagen, was ihm wegen des »starken Gefühls der Unabhängigkeit« viel besser gefällt als Bahnfahren. In Frankfurt übernachtet er in der Villa des britischen Generalkonsuls Francis Oppenheimer und lässt sich von Oberbürgermeister Franz Adickes die Arbeitsvermittlung erklären. »Zweifellos habe ich in diesen Vermittlungsstellen etwas Großartiges zu fassen bekommen«, ist sich der Besucher aus England sicher. In seinem Wahlbezirk (mittlerweile das schottische Dundee) berichtet er Ende des Jahres darüber: »Mein Herz war voller Bewunderung für die schöpferische Ausdauer, mit der die Deutschen den Ruhm ihrer Nation um diese sozialen Bastionen vermehrt haben, und zugleich erfüllte mich die Hoffnung, wir könnten bald in unserem eigenen, viel reicheren Land ein umfassendes und dauerhaftes Versicherungssystem aufbauen, das die in Deutschland erworbenen Erfahrungen aufgreift und weiterentwickelt.« Einige Wochen danach öffnen die ersten britischen Arbeitsämter ihre Türen.

Am 14. September erreichen Churchill und seine kleine Reisegruppe Würzburg, wo er sein Zimmer im *Hotel Kronprinz* bezieht (das Gebäude und fast die ganze Altstadt werden 1945 von britischen Bombern zerstört werden). Tags darauf erhält er »ein sehr schönes Pferd aus dem kaiserlichen Marstall«, um nach Belieben auf dem ausgedehnten Manövergelände umherzureiten. Sein Cousin wird allerdings schlecht behandelt, denn auf dessen Besuch sind die Gastgeber nicht eingestellt: »Sie vergrößern nur die Schwierigkeiten und sind tatsächlich im Herzen zutiefst beunruhigt, wenn andere den vorbereiteten Ablauf nicht für heilig halten.« Beim Bankett in der von Tausenden Kerzen erleuchteten Würzburger Residenz fühlt sich Churchill an die Zeit erinnert, als Napoleon über Deutschland herrschte. Das berühmte riesige Deckenfresko des italienischen Barockmalers Tiepolo findet er kitschig: »Für mich sieht es nach der Stilrichtung Biskuitkuchen mit Schlagsahne aus.«

In den Tagen, in denen Winston Churchill von den Deutschen als »Exzellenz« hofiert wird, ist Adolf Hitler in Wien gerade wohnungslos geworden. So lange wie möglich sitzt der Zwanzigjährige im Kaffeehaus und schläft mehrere Nächte auf einer Parkbank. Zu essen bekommt er in der Armenküche. Dann zieht er in ein Obdachlosenasyl und verdient etwas Geld als Kofferträger am Wiener Westbahnhof. Die gesellschaftlichen Sphären, in denen sich die späteren Kriegsgegner bewegen, könnten nicht weiter voneinander entfernt liegen.

Churchill trifft bei seinem Manöverbesuch zweimal mit dem Kaiser zusammen. Wie schon in Schlesien ist Wilhelm II. sehr freundlich (»mein lieber Winston«), hat aber weniger Zeit für ihn, da sein Hauptquartier ein gutes Stück südlich von Würzburg in Bad Mergentheim liegt. Aus dem kurzen Geplauder erfährt Churchill nichts Neues, doch was er während der Truppenübungen zu sehen bekommt, beeindruckt ihn. »Diese Armee ist eine fürchterliche Maschine. Sie marschiert bis zu 35 Meilen am Tag. Sie zählt Köpfe wie Sand am Meer und verfügt über alle modernen Errungenschaften.« Eine gewisse grimmige Bewunderung ist ihm regelmäßig anzumerken, wenn er auf die Kampfkraft der Deutschen und die strategischen Fähigkeiten ihrer Generäle zu sprechen kommt. Und wieder einmal beschäftigt ihn in Würzburg die Frage, was ein hochgerüsteter Militärapparat auszurichten vermag: »So sehr mich Krieg durch seine ungeheuren Ereignisse lockt und fasziniert – immer deutlicher spüre ich, zumal ich hier von Waffen umgeben bin, was für eine abscheuliche und böse Torheit und Barbarei das alles ist.«

Die zuletzt zitierten Bemerkungen stehen in langen Briefen, die er aus Deutschland nach England schickt. Churchill ist inzwischen junger Familienvater und schreibt an die Frau, die er ein Jahr zuvor geheiratet hat: »my darling Clemmie«, »my lovely white pussycat«, »my own darling Clem-puss-bird«. Kosenamen für ihn, mit denen er auch Briefe an Clementine unterschreibt, sind »pug« (Mops) »puggy wow« und später »pig«. Seine Selbstironie zeigt sich auch, als bei einem Abendempfang 1933 in London der deutsch-amerikanische Bankier James P. Warburg einen Gast begrüßt, der ihm bekannt vorkommt. Der Mann sagt, es müsse sich um eine Verwechslung handeln, nennt zwei Namen und fügt hinzu: »Wir sehen alle aus wie rosa Schweinchen, aber ich bin Winston Churchill.«

Um die Hand von Clementine Hozier hat er bei einem gemeinsamen Besuch in Blenheim angehalten – vor lauter Schüchternheit (und schließlich gedrängt vom Schlossherrn, seinem Cousin Sunny) erst am dritten Tag. Sie ist 23 Jahre alt, zehn Jahre jünger als Churchill, und hat bereits drei Verlobungen aufgelöst, zwei davon mit demselben Mann. Zeitgenössische Beschreibungen rühmen ihre klassische Schönheit. Sie spielt gut Tennis, gilt als intelligent und gebildet; manche, darunter Premierminister Asquith, finden sie dagegen hochnäsig, übertrieben moralisch und »unfassbar langweilig«. Als Schülerin hat sie in einem landesweiten Sprachwettbewerb eine Silbermedaille in Französisch gewonnen. Um etwas Geld zu verdienen, gibt sie Französischstunden. Ihre Eltern gehören zwar der gehobenen Gesellschaft an, sind jedoch nicht gerade wohlhabend und leben seit Langem getrennt. Die Mutter hat viele Liebhaber. Clementine muss sich damit abfinden, dass sie das Kind einer außerehelichen Affäre ist. Wer ihr Vater gewesen sein könnte, ist bis heute Stoff für Spekulationen.

Kennengelernt haben sich Clementine und Winston sozusagen zweimal: das erste Mal 1904 bei einem Sommerball, bei dem er sie bloß peinlich anstarrt, kein Wort herausbringt und es einem anderen Mann überlässt, sie zum Tanz aufzufordern. Dann vier Jahre später auf einer *dinner party*, zu der sie in letzter Minute eingeladen wird, weil sich sonst 13 Gäste um den Tisch versammelt hätten. Nach ihrer Erinnerung sind seine ersten Worte: »Haben Sie mein Buch gelesen?« Er meint das Buch über seinen Vater, das sie nicht kennt. Nach dem etwas mühsamen Auftakt bleibt er entschlossen an ihrer Seite und begleitet sie noch bis zu ihrer Haustür. Mary Soames, die jüngste Tochter der Churchills, bemerkt dazu in der Biografie, die sie über ihre Mutter schreibt: »Winston war nie, weder damals noch später, ein ›Liebling der Damen‹.« Aber an jenem Abend hat er sich etwas in den Kopf gesetzt. Es ist der Beginn einer sehr stabilen Beziehung, die ohne größere Eintrübungen mehr als 56 Jahre lang halten wird, bis zu seinem letzten Lebenstag. Zusammen haben sie vier Töchter (eine stirbt als Kleinkind) und einen Sohn.

Die Hochzeit in der Kirche *St Margaret's* in Westminster, dem Londoner Regierungsviertel, ist ein gesellschaftliches Ereignis. 1300

Gäste sind zum Empfang geladen, bei *Madame Tussaud's* wird an diesem 12. September 1908 eine lebensgroße Wachsfigur von Winston Churchill enthüllt. Der König schenkt ihm einen edlen Gehstock mit goldenem Knauf. Von Ernest Cassel, einem Freund seines Vaters, erhält er die erhebliche Summe von 500 Pfund. Der in Köln geborene Cassel stammt aus einer jüdischen Bankiersfamilie, unterhält beste Beziehungen in der englischen und deutschen Führungsschicht und dient Churchill viele Jahre als persönlicher Berater in finanziellen und anderen Fragen.

Vor dem großen Tag kommen der Braut allerdings noch Bedenken; erst nach dem Tod beider Eltern (Clementine stirbt 1977) macht Mary Soames die Einzelheiten publik. Ihre Mutter habe in jenen Tagen an Winstons Liebe gezweifelt. Auf einmal muss sie »ins Gesicht der einzigen wirklichen Rivalin« blicken und ahnt, wie stark diese Konkurrentin sein wird – die Politik mit all ihren Reizen. Vorhaltungen ihres Bruders Bill sowie Winstons festes Vertrauen in die gemeinsame Zukunft halten sie davon ab, schon wieder eine Verlobung aufzukündigen. Es ist dann doch, der Tochter zufolge, »wahre Liebe«.

6

»Winston in voller Kriegsbemalung«: Deutschland als Rivale, Gegner, Feind

Warum wächst sich eine Balkankrise, die mit der Ermordung des österreichischen Thronfolgers durch serbische Nationalisten beginnt, zum Ersten Weltkrieg aus? Am 28. Juli 1914 erklärt der in seiner Ehre verletzte Kaiser Franz Joseph Serbien den Krieg. Zur Wahrung seiner geopolitischen Interessen antwortet Zar Nikolaus mit der Generalmobilmachung der russischen Armee. Die britische Regierung versetzt die *Royal Navy* in Kampfbereitschaft. Berlin unterstützt Wien und verfolgt außerdem eigene Ziele.

Am 3. August fallen die ersten deutschen Truppen in Belgien ein, um weiter nach Frankreich zu marschieren. Am 4. August erklärt London dem Aggressor den Krieg. Viereinhalb Jahre später sind rund zehn Millionen Soldaten und vielleicht noch mehr Zivilisten tot. Deutsche, Österreicher und Russen haben ihre Monarchen vom Thron gejagt. US-Truppen sind zum ersten Mal nach Europa gekommen, um dort zu kämpfen. In vielen Regionen der Erde werden die Grenzen bald neu gezogen. Politiker verhandeln über Friedensverträge, die keinen Frieden stiften.

Was diese gewaltigen Kräfte in Bewegung gesetzt hat, gibt immer noch Rätsel auf. Seit über hundert Jahren streiten Historiker über Kriegsschuld und Kriegsursachen. Einen prominenten Platz in der Debatte nimmt weiterhin die These von der Hauptschuld des Kaiserreichs ein, das damals die Gelegenheit gesehen habe, seine Weltmachtträume zu verwirklichen, so der Historiker Fritz Fischer. Die für das deutsche Nationalgefühl freundlichere Betrachtung sieht die

Schuld dagegen auf viele Schultern verteilt; »wie Schlafwandler« seien Gegner und Verbündete ins Verderben getaumelt, wie es Christopher Clark beschrieben hat.

Churchill wäre nicht Churchill, hätte er nicht in Windeseile seine eigene historische Analyse der Kriegsursachen parat gehabt. Briten und Deutsche kämpfen jetzt, im September 1914, auf Leben und Tod. Und Churchill, noch einige Jahre zuvor der große Germanophile der Londoner Politik, hat eine scharfe Kehrtwende vollzogen. Nach einem Zwischenspiel als Innenminister gehört er dem Kabinett seit 1911 als Marineminister an (*First Lord of the Admiralty*). Wenige andere Aufgaben in seinem Leben liebt er so sehr wie die Oberhoheit über die größte Flotte der Welt, die er weiter ausbaut, um die kaiserliche Marine in Schach zu halten. Dass sich Großbritannien auf den Kampf zur See gut vorbereitet hat, ist nicht zuletzt sein Verdienst.

Kurz nach Kriegsbeginn schildert er bei einem Auftritt in Liverpool seine Sicht der Dinge; 15 000 Menschen wollen ihn in der *Tournament Hall* sehen und hören. Churchill rühmt die Stärke der britischen Truppen, bittet seine Landsleute um tatkräftige Unterstützung, appelliert an ihre Ausdauer und führt ihnen den Hauptfeind vor Augen: das Deutsche Reich. »Um auf die Ursache dieses Krieges zu stoßen«, erklärt er, »müssen wir auf die Zeit zwischen 1860 und 1870 zurückblicken, als die Deutschen durch drei von Bismarck herbeigeführte Kriege auf die erste Stelle in Europa vorrückten.« Haben die Sieger ihre gewaltsam errungene Spitzenposition genutzt, um sich in eine Friedensmacht zu verwandeln? Haben sie wenigstens versucht, glücklich und zufrieden ihren Erfolg zu genießen? Nein, sagt Churchill, im Gegenteil. »Sie waren bestrebt, Frankreich zu demütigen und zu terrorisieren.« Ohne Rücksicht auf die Interessen anderer Länder habe die Reichsführung »immer nur das Evangelium der Stärke gepredigt« und gewaltig aufgerüstet – »zur Melodie von ›Deutschland über alles‹«. Seine Rede wird wiederholt von Beifall und Jubelrufen unterbrochen.

Es ist eine teils agitatorische, teils analytische und im großen Ganzen zutreffende Gesamtschau, in der Churchill auch auf das britisch-deutsche Verhältnis näher eingeht. Die Londoner Politik habe stets versucht, gut mit Berlin zusammenzuarbeiten. »Aber dann, während wir weiterhin ein freundschaftliches Verhältnis pflegten, begann Deutschland mit dem Aufbau einer großen Marine, die niemals ein anderes Ziel verfolgte ... als unser Verderben.«

Die niederen Motive, die er der deutschen Führung zuschreibt, kontrastiert er mit seinem Bild von britischer Fairness und Humanität. »Wir kämpfen für die grundlegenden Rechte der zivilisierten Menschheit. Wir werden sie selbst in der bittersten Niederlage nicht aufgeben, und sogar nach unserem vollständigsten Sieg werden wir an ihnen festhalten.« Die Unterdrückung der Deutschen und Österreicher sei kein Kriegsziel. Frieden mit ihnen werde eines Tages wieder möglich sein. »Aber Frieden mit dem preußischen Militarismus? Selbst mit einem Fuß im Grab niemals Frieden mit dieser abscheulichen Tyrannei.« Es sind Gedanken, die Churchill in Variationen immer wieder aufgreifen wird.

Schmissige Sprüche kann er sich nur selten verkneifen. Als stolzer *First Lord* beklagt er es, dass die kaiserliche Flotte noch im Hafen liege, anstatt sich der Seeschlacht zu stellen. »Wenn sie nicht herauskommen und in diesem Krieg kämpfen, werden wir sie ausgraben wie Ratten, die in ihren Löchern sitzen.« Dann aber, nur einen Tag nach seiner Liverpooler Rede, feuert ein deutsches U-Boot seine Torpedos auf drei Panzerkreuzer der *Royal Navy*, die in der Nordsee versinken. 1459 Seeleute, hauptsächlich Reservisten, kommen ums Leben. Die Briten sind schockiert. »Die Ratten sind aus eigenem Antrieb und auf unsere Kosten herausgekommen«, bemerkt der König sarkastisch. Churchill sieht sich genötigt, seinen »sehr törichten Satz« öffentlich zu bedauern.

Dass er den begehrten Posten des Marineministers bekommen hat, verdankt er den Deutschen. Genauer gesagt: einer von den Deutschen ausgelösten Krise. Im Sommer 1911 erhält das kaiserliche Kanonenboot *Panther*, das auf dem Heimweg von der deutschen Kolonie Kamerun nach Norden dampft, einen Befehl aus Berlin: Es soll die marokkanische Hafenstadt Agadir anlaufen und Flagge zeigen. Europäische Vormacht in Marokko sind die Franzosen. Sie und die freundschaftlich mit ihnen verbundenen Briten verstehen sofort, was das deutsche Manöver bedeutet: Es ist eine Drohgebärde, ein typischer Fall von Kanonenbootpolitik zur Durchsetzung territorialer und wirtschaftlicher Interessen – wobei im Kaiserreich Wilhelms II. die rationale Interessenvertretung oft von vagen Ideen wie »Weltgeltung« und »Prestige« überlagert wird. Unglücklicherweise führt bald eine direkte Linie vom Weltgeltungsanspruch zum Weltkrieg.

Ehe es in der Marokkokrise doch noch zu einer deutsch-französischen Einigung kommt, hält der »Panthersprung nach Agadir« halb Europa in Atem. Kriegsgefahr liegt bereits in der Luft. Die Londoner Regierung lässt keinen Zweifel daran, dass sie im Fall des Falles fest an der Seite von Paris stehen würde, und mobilisiert ihre Flotte. In einem Brief an Clementine schreibt Churchill: »Gegenüber diesen tückischen Deutschen werden wir hoffentlich hart bleiben.«

Als Innenminister weist er den Geheimdienst an, in der Korrespondenz zwischen Deutschland und Großbritannien zu schnüffeln. Aus den geöffneten Briefen gehe hervor, wie er dem Außenminister berichtet, »dass uns die deutschen Marine- und Militärbehörden zum Gegenstand einer gründlichen wissenschaftlichen Untersuchung gemacht haben und dass kein anderes Land der Welt uns mit so viel Aufmerksamkeit bedenkt«.

Die Marokkokrise ist zu groß und zu aufregend, als dass sich Churchill noch an die Grenzen seiner Ressortzuständigkeit halten könnte. Unter dem Titel »Militärische Aspekte des kontinentalen Problems« verfasst er ein Memorandum, das er im verteidigungspolitischen Beraterkreis des Premierministers (*Committee of Imperial Defence*) verteilt. Punkt für Punkt malt er darin ein Szenario des künftigen Krieges aus: Die deutsche Armee wird in das neutrale Belgien einfallen, um Frankreich zu erobern. Nach 20 Tagen wird sie die Maas überqueren und die französischen Truppen dadurch zum Rückzug auf Paris zwingen. Die Briten greifen mit 100 000 Mann ein, während Russland von Osten her Druck auf das Kaiserreich ausübt. Allmählich verlieren die Deutschen durch die militärische Ausdehnung an Kraft. »Am 40. Tag sollte Deutschland sowohl im Inneren als auch an seinen Fronten unter voller Anspannung stehen, und diese Anspannung wird von Tag zu Tag heftiger und schließlich überwältigend groß werden.« Der deutsche Vormarsch gelangt nun, dem Szenario zufolge, an sein Ende.

Als das Verteidigungskomitee zusammentritt, kann niemand wissen, wie verblüffend präzise Churchill in seinem Memorandum den Kriegsverlauf des Jahres 1914 vorhersagt. Aber auch so hat seine Stimme Gewicht. Während der ganztägigen Konferenz stellt sich heraus, dass es riesige Abstimmungsprobleme zwischen der Marine und den Landstreitkräften gibt. Der Flottenchef macht einen dermaßen abgehobenen Eindruck, dass Churchill seine Chance gekommen sieht. In mehreren Schreiben an Premier Asquith und den mächtigen Finanzminister Lloyd George, seinen engsten politischen Verbündeten, verstärkt er die Zweifel an der Navy-Führung.

Ende September 1911 lädt Asquith die Churchills ein, einige Tage mit ihm an der schottischen Küste nahe Edinburgh zu verbringen. Nach einer abendlichen Golfpartie macht er seinem Innenminister das Angebot, an die Spitze des Marineressorts zu wechseln. »Die Sache ist wirklich groß«, schreibt Churchill danach, »die größte Sache, mit der ich je zu tun hatte.«

Komfortable Seiten hat das Leben als *First Lord* ebenfalls zu bieten. Als Wohnsitz steht ihm das prächtige *Admiralty House* in Westminster zu, als Dienstschiff die *Enchantress*, eine knapp hundert Meter lange Jacht. Insgesamt acht Monate wird er während der nächsten drei Jahre auf der *Enchantress* verbringen, Urlaubsreisen im Mittelmeer mit Familie und Freunden eingerechnet. Den Umzug ins *Admiralty House* zögert er lange hinaus, weil er für die Bezahlung des dort tätigen Personals selbst aufkommen muss. Zwölf Bedienstete gelten als angemessene Besetzung für die Residenz. Erst nach anderthalb Jahren ziehen die Churchills dort ein; weil sie auf die Nutzung der größten Empfangsräume verzichten, reichen neun Bedienstete aus.

Wie üblich stürzt sich Churchill mit Verve in seine neue Aufgabe. Er treibt den Umbau der Flotte von Kohle- auf Ölfeuerung voran – das erhöht Reichweite und Geschwindigkeit der Schiffe – und verhandelt langfristige Lieferverträge mit *Shell Oil* und der *Anglo-Persian Oil Company*. (Zehn Jahre später, als er für kurze Zeit weder ein öffentliches Amt noch ein Mandat hat, lässt er sich als gut bezahlter Öl-Lobbyist einspannen.) Sein besonderes Interesse gilt der Luftfahrt. Er ordnet den Aufbau eines Marineflieger-Kommandos an und nimmt mit großer Leidenschaft Flugstunden, was ziemlich gefährlich ist. Den konkreten Nutzen der Luftflotte sieht er vor allem in Bombenangriffen auf militärische Anlagen in Deutschland, zum Beispiel Zeppelinhallen. Für wissenschaftlich-technische Fortschritte begeistert er sich sein Leben lang, wobei ihn die praktische, am besten kriegstaugliche Nutzanwendung mehr interessiert als alles andere.

Die kaiserliche Regierung verfolgt jeden seiner Schritte mit höchster Aufmerksamkeit. Für Wilhelm Widenmann, Marineattaché in London, ist der neue *First Lord of the Admiralty* »ein skrupelloser, ehrgeiziger und unzuverlässiger Demagoge« und »eine Gefahr für Deutschland«. Man müsse jederzeit mit einem britischen Angriff rechnen. Botschafter Metternich hält das für stark übertrieben und meldet nach Berlin, London sei im Gegenteil an einer Entspannung der Lage interessiert. Widenmanns und Metternichs Depeschen gehen auch an Wilhelm II., der impulsive Notizen an den Rand kritzelt. »Falsch«, »Quatsch!«, »unglaubliches Blech!« sind Bemerkungen, mit denen er die Berichte Metternichs bedenkt. »Ich stimme den Ausführungen des Botschafters nicht bei! Der Marineattaché hat recht!« Zu Deutschlands Unglück hat die Meinung des Monarchen oft größeres Gewicht als die politische Expertise der Reichsregierung.

Für Aufregung sorgt Churchill mit seiner ersten großen Rede als Marineminister im Februar 1912. Erst versucht er, den Deutschen zu schmeicheln, ihrem »großen und wohlwollenden Reich«. Dann erklärt er, was der fundamentale Unterschied zwischen den maritimen Ambitionen beider Länder sei: »Für uns ist die britische Flotte eine Notwendigkeit, für die Deutschen ist ihre Flotte in gewisser Hinsicht eher ein Luxus. … Für uns geht es um die Existenz; für sie geht es um Expansion.« Geostrategisch betrachtet spricht Churchill die reine Wahrheit, denn Großbritannien braucht für den Schutz der Verbindungen innerhalb seines weltumspannenden Empire seine starke Flotte. Doch davon wollen die meisten im Kaiserreich nichts wissen. Sie hören »Luxus« und glauben, eine Ohrfeige zu spüren.

Es ist die Zeit der Matrosenanzüge und prachtvoll inszenierten Schiffstaufen. Der Deutsche Flottenverein, 1898 als Lobbyorganisation für den Ausbau der Marine gegründet, hat mehr als eine Million Mitglieder, kein Verein im Land ist mächtiger. Im Reichstag kommt der nationalliberale Abgeordnete Johannes Junck auf Churchills Rede zu sprechen und bemerkt pikiert: »Unbedingt muss von englischer Seite auf die Empfindungen des deutschen Volkes mehr Rücksicht genommen werden.« Die nationale Ehre erscheint der Mehrheit im Land so unentbehrlich wie die Luft zum Atmen.

Aller Propaganda zum Trotz, und obwohl die deutschen Stahlwerke längst einen größeren Ausstoß haben als die britischen, bleibt die Vorstellung, das Kaiserreich könne den maritimen Rüstungswettlauf gewinnen, eine Illusion. Churchill reibt es dem Rivalen unter die Nase: »Wir können Schiffe schneller, billiger und in viel höheren Stückzahlen bauen als jede andere Macht der Welt.« Dennoch sei Großbritannien offen für eine ernst gemeinte Abrüstungsinitiative.

Versuche, die kostspieligen Schiffbauprogramme einvernehmlich zu reduzieren, gibt es immer wieder. Einen Monat nach seiner Rede schlägt Churchill für das kommende Jahr ein Moratorium (*Naval Holiday*) vor, das lang und breit diskutiert wird. Für informelle Kontakte ins Reich bedient er sich der Hilfe seines Freundes und Beraters Ernest Cassel. In der britisch-deutschen Diplomatie genießt Cassel das Vertrauen beider Seiten, er hat persönlichen Zugang zum englischen König wie zum deutschen Kaiser. Dennoch führt seine halb private Entspannungspolitik genauso wenig zu konkreten Ergebnissen wie Churchills offizieller Vorschlag. Viele in Berlin halten es mit Marineattaché Widenmann: »Mir scheint geboten, allen von Mr. Churchill ausgehenden Ouvertüren mit äußerstem Misstrauen und mit größter Vorsicht zu begegnen.«

Ein weiterer deutsch-englischer Mittelsmann bleibt trotzdem optimistisch: Albert Ballin. Der Schifffahrtsmanager, der die Hamburger *Hapag* zur größten Reederei der Welt ausgebaut hat, stimmt sich eng mit Cassel ab und kennt Wilhelm II. gut. 1914 schlägt er vor, Churchill zur Kieler Woche einzuladen, doch der Kaiser findet das protokollarisch unpassend. Ein letztes Mal vor dem Krieg bieten die Schiffsparaden, Regatten und Manöver in der Kieler Bucht und auf der Unterelbe ein prachtvolles Schauspiel. Unter den Augen des deutschen Herrschers läuft am 20. Juni die *Bismarck* vom Stapel, seinerzeit der größte Dampfer auf den Weltmeeren. Am nächsten Morgen gibt Ballin für Wilhelm ein Galafrühstück in seiner Hamburger Stadtvilla.

Als einen Monat später die Balkankrise eskaliert, reist Ballin unter dem Vorwand, über Ölverträge zu verhandeln, in geheimer Mission nach London. Erst trifft er sich mit dem Außenminister und dem Lordkanzler, dann mit Churchill. Ballin will herausfinden, ob und unter welchen Umständen die Briten neutral bleiben würden, sollte es auf dem Kontinent zu Kampfhandlungen kommen. Anscheinend hört er vor allem das, was er hören will, nämlich die Zusicherung der Neutralität, sofern Deutschland nicht anfange, große Teile Frankreichs zu annektieren.

Churchill warnt noch, sein Land werde »zu etwa eintretenden Ereignissen von Fall zu Fall Stellung beziehen«, doch Ballin nimmt das nicht ernst genug. Geradezu mit Tränen in den Augen habe ihn der *First Lord* zum Abschied beschworen: »Mein lieber Freund, lassen Sie uns keinen Krieg führen.« Der Deutsche glaubt nun, Churchill sei »billig zu haben«.

Als die Briten zu seiner Überraschung dann doch nicht neutral bleiben, beklagt er sich bei Großadmiral Tirpitz: »Ich weiß, liebe Exzellenz, Sie mögen Churchill nicht! Ich bin auch der Ansicht, dass er ein unzuverlässiger Mann ist ... Sein Wesen ist mir erst klar geworden, seit man mir von glaubwürdiger Seite gesagt hat, er sei Morphinist. Das halte ich für möglich, sogar für wahrscheinlich. Seine jämmerlich blasse Gesichtsfarbe und der schnelle Wechsel seiner Stimmungen lässt darauf schließen.« Woher das Gerücht stammt, Churchill nehme Drogen, bleibt schleierhaft.

Kein Geheimnis ist, dass er gern trinkt: Champagner (bevorzugt *Pol Roger*), Brandy, Scotch mit reichlich Sodawasser, Wein – neben feinem Bordeaux auch die damals international geschätzte Liebfrauenmilch oder Hochheimer Riesling. Als er mit 24 Jahren zur Kriegsberichterstattung nach Südafrika abreist, hat er kistenweise Wein und 18 Flaschen alten Whisky dabei. Viereinhalb Jahrzehnte später verblüfft er eine Krankenschwester, während er mit Lungenentzündung das Bett hüten muss. Kopfschüttelnd vermerkt sie in der »Tabelle der Flüssigkeitsaufnahme« ihres Patienten: 280 Milliliter Champagner, knapp 60 Milliliter Brandy, 230 Milliliter Orangensaft und noch einmal dieselbe Menge Whisky Soda.[1] Manchmal gibt er regelrecht an mit seinem Alkoholkonsum, der beim Frühstück beginnen kann. Macht ihn das zum schweren, womöglich unzurechnungsfähigen Trinker, wie seine Gegner behaupten? »Ich habe aus dem Alkohol mehr herausgeholt als der Alkohol aus mir«, lautet sein Konter. Jedenfalls scheint er das für ihn zuträgliche Maß zu kennen. Selten hat jemand in seiner Umgebung den Eindruck, er sei betrunken.

Allerdings haben drei seiner Kinder – Diana, Sarah und Randolph – mit schweren Alkoholproblemen zu kämpfen. Ein gutes Vorbild kann er ihnen im Hinblick auf seine Trinkgewohnheiten nicht gewesen sein. Ob er im Übrigen ein guter Vater ist? Ein besserer als sein eigener bestimmt, nach heutigen Maßstäben keinesfalls. Kaum anders als zu viktorianischen Zeiten laufen die Kinder bei den Churchills nebenher mit. Über die familiäre Grundhaltung der Mutter sagt später eine gute Freundin: »Clemmie stellte ihren Mann über ihre Kinder, ihre Interessen und die ganze Welt.«

Die Frage der britischen Neutralität beschäftigt in den aufgewühlten Sommertagen des Jahres 1914 das Londoner Kabinett intensiv; aus den europäischen Hauptstädten gehen unablässig Depeschen ein, die interpretationsbedürftig sind. Obwohl Großbritannien keine formellen Bündnisverpflichtungen erfüllen muss, hat es sich seit Jahren an der Seite von Frankreich und Russland positioniert. Was bedeutet das im Ernstfall? Wenig überraschend wirbt Churchill dafür, sofort einsatzbereit zu sein, doch noch am 27. Juli plädieren die meisten Minister für Zurückhaltung, im Einklang mit der Mehrheit der Liberalen. Im eigenen nationalen Sicherheitsinteresse macht die Londoner Regierung allerdings auch deutlich, dass sie einen deutschen Angriff auf die nordfranzösische Küste nicht tatenlos hinnehmen würde.

---

1 Im Original notiert Doris Miles die Mengen in der üblichen Maßeinheit *fluid ounces*: 10, 2, 8, 8.

Wo die Trennlinie zwischen Interessenwahrung und Kriegstreiberei verläuft – selbst aus dem historischen Abstand lässt sich das nicht klar erkennen. Churchill scheint auf dieser Linie zu tänzeln. Am liebsten wäre ihm sicherlich eine friedliche Lösung, von der Mobilisierung der Flotte erhofft er sich eine abschreckende Wirkung. In seiner Gesamtdarstellung der Ereignisse gesteht er sogar Wilhelm II. zu, der deutsche Kaiser habe sich »alle erdenkliche Mühe« gegeben, »Österreich zur Vernunft zu bringen und dadurch den Krieg zu verhindern«. Andererseits hält Churchill Krieg mit dem Deutschen Reich seit dem Panthersprung nach Agadir wohl für fast unvermeidlich und findet ihn aufregend. Einem liberalen Abgeordneten schreibt er: »Ich glaube wie Sie, dass wir neutral bleiben sollten. Streitigkeiten auf dem Balkan gehen uns nichts an. Wir haben alles getan, den Frieden zu wahren, und werden dies weiterhin tun. Aber die Dinge nehmen einen unheilvollen Verlauf.« Mit anderen Worten: Die militärische Logik werde sich durchsetzen. Passiv bleiben will er dabei nicht. Weil sein politischer Weggefährte Lloyd George noch unentschlossen ist, schiebt Churchill ihm in den Kabinettssitzungen aufmunternde Zettelchen zu: »Zusammen können wir eine umfassende Sozialpolitik machen … wie Du sie mir beigebracht hast. Der Flottenkrieg wird billig sein, höchstens 25 Millionen im Jahr.« Nicht alle seine Prognosen sind richtig, diese geht völlig fehl.

Als die Deutschen am 3. August in das neutrale Belgien einfallen, bekommen sie tags darauf aus London die Kriegserklärung. Formal beruht die britische Entscheidung auf einer Beistandsgarantie von 1839; ausschlaggebend ist jedoch die Sorge, das Kaiserreich könne übermächtig werden. Premierminister Asquith schreibt seiner jungen Geliebten, die er permanent über die Regierungsinterna auf dem Laufenden hält: »Winston ist in voller Kriegsbemalung und wünscht sich eine Seeschlacht gleich morgen früh.« Ihn selbst erfülle dies alles dagegen »mit Traurigkeit«.

Traurig ist Churchill ganz bestimmt nicht. Mit Feuereifer treibt er seine Schiffe in den Kampf, auf seine Anweisung hin erhält die Flotte das Signal: »Feindseligkeiten gegen Deutschland eröffnen.« Umgehend begibt er sich dann nach 10 Downing Street, um Asquith Bericht zu erstatten. Lloyd George, der ebenfalls dort ist, bemerkt nicht frei von Ironie: »Winston stürmte ins Zimmer, strahlend, mit froher Miene und klarem Blick. Die Worte sprudelten nur so aus ihm heraus, über Telegramme, die er ins Mittelmeer, in die Nordsee und Gott weiß wohin schicken werde. Für jeden erkennbar war er rundum glücklich.«

Der kleine Junge, der seine Armee von Zinnsoldaten aufmarschieren ließ, kommt in diesem Mann immer wieder zum Vorschein. Nach einem geselligen Abendessen schiebt er gelegentlich Karaffen, Weingläser, Salzstreuer und Silberbesteck auf dem Tisch hin und her, um eine historische Schlacht nachzustellen. Zwei Stunden kann das so gehen, in denen er lautmalerisch Kanonendonner imitiert und Zigarrenrauch als Pulverdampf über die Szenerie bläst. Man kann Churchill zugutehalten, dass er seine kindliche Freude an den aufregenden Seiten des Krieges immerhin reflektiert. Clementine vertraut er solche Gedanken an: »Ist es nicht schrecklich, so veranlagt zu sein?« Das Militärische habe für ihn »eine abscheuliche Faszination«. Er bete zu Gott, dass der ihm verzeihen möge.

Die Berufung auf Gott dürfte eine rhetorische Floskel sein, denn vom christlichen oder einem anderen Glauben finden sich wenig Spuren bei ihm. Manchmal spricht er von einem unbestimmten »Schicksal«, einer »Vorsehung«, die das Leben der Menschen lenke und die Hand über ihn halte.

Mit seinen euphorischen Gefühlen ist Churchill im Sommer 1914 nicht allein. Überall in Europa marschieren die Soldaten singend, lachend, geschmückt mit Blumenkränzen und von Jubel begleitet an die Front. Dass sich die Millionen, die ihren Vaterländern dienen wollen, einem riesigen Mord- und Selbstmordunternehmen angeschlossen haben, ahnen in ihrem patriotischen Rausch die wenigsten Zeitgenossen. Noch erscheint ihnen der Waffengang als ein glorreiches, vielleicht sogar ritterliches Gefecht. Den maschinellen Krieg des Trommelfeuers, der Luftangriffe und Giftgasattacken, der »Blutpumpe« in den Schützengräben kann sich kaum jemand vorstellen. Wie im 19. Jahrhundert ziehen die deutschen Truppen mit ihren aus Leder gepressten Pickelhauben in die Schlacht, die gegen Granatsplitter fast keinen Schutz bieten. Erst 1916 wird die Armee mit Stahlhelmen ausgerüstet.

Einer von denen, die sich jetzt freiwillig melden, ist Adolf Hitler. Er ist nach München umgezogen, wo er in Cafés und Biergärten seine naturalistischen, häufig von Postkarten abgemalten Bilder verkauft. Einsam und perspektivlos geht sein Leben dahin. Im Februar hat ihn das österreichische Militär zur Musterung nach Salzburg bestellt. Ergebnis: »zum Waffen- und Hilfsdienst untauglich, zu schwach«. Als der Krieg heraufzieht, fühlt sich der 25-Jährige wie Abertausende andere in München »überwältigt von stürmischer Begeisterung«. Obwohl er Österreicher ist, meldet er sich beim bayerischen Heer, wo man im allgemeinen Trubel anscheinend versäumt, seine Staatsangehörigkeit zu überprüfen. Er wird für tauglich befunden und am 16. August dem 2. Bayerischen Infanterie-Regiment zugeteilt. Damit hat Hitler den Ausweg aus seiner biografischen Sackgasse gefunden: »Die unvergesslichste und größte Zeit meines irdischen Lebens« habe begonnen, schreibt er zehn Jahre später – als Soldat in einem Krieg, ohne den es seinen Aufstieg vom Niemand zum Diktator nicht hätte geben können.

7

»Der tödliche Wille, Deutschland zu bekämpfen«: Krieg – und Frieden

Wenn Churchill ein Abenteuer erlebt, ist die Welt für ihn so gut wie perfekt. Das gilt sogar dann, wenn dieses Abenteuer nur durch einen vorhergehenden Absturz ermöglicht wird. Im November 1915 zieht er seine Majorsuniform an und meldet sich zum Fronteinsatz. Er macht sich mit dem Schlamm und der ewigen feuchten Kälte in den Schützengräben vertraut, sieht »riesige Ratten« davonhuschen und ist glücklich, wie er Clementine schreibt. Seine Frau sorgt dafür, dass ihm *Fortnum & Mason* regelmäßig Präsentkörbe mit feinen Lebensmitteln und Alkoholika aus London schickt, von seiner Mutter bekommt er warme Strümpfe. Der britische Oberbefehlshaber auf dem Kontinent stellt seinem prominentesten Offizier einen Posten als Brigadegeneral in Aussicht, Kommandogewalt über 5000 Mann.

Doch der Plan zerschlägt sich. Premier Asquith legt sein Veto gegen Churchills steile militärische Beförderung ein, weil er politische Probleme fürchtet: Mehr als ein Bataillon (rund 1000 Mann) sei für den Ex-Minister seines Kabinetts nicht drin. Churchill akzeptiert. Im Januar 1916 übernimmt er den Befehl über die *6th Royal Scots Fusiliers*, die an einem Abschnitt der britisch-deutschen Front in Belgien stationiert sind. 13 Kilometer weiter südlich, auf französischem Gebiet, versieht der Gefreite Hitler seinen Dienst als Meldegänger.

Die Soldaten des britischen Bataillons staunen nicht schlecht, als ihr neuer Kommandeur anrückt: In Churchills Gepäck entdecken sie eine Badewanne und einen Heißwasserboiler. So sehr hat er sich daran gewöhnt, morgens ein Bad zu nehmen, dass er auch an der Front nicht ganz darauf verzichten möchte. Die Hygiene seiner Leute liegt ihm ebenfalls am Herzen. Seine ersten Worte an die Truppe lauten: »Wir führen jetzt Krieg, meine Herren – gegen die Läuse.« Es folgt ein Vortrag über die Eigenheiten und Verbreitungsgebiete des Ungeziefers sowie dessen Bedeutung für die Kriegsgeschichte. Wenn harte Einsätze anstehen, muntert er die Soldaten mit dem Spruch auf: »Krieg ist ein Spiel, an dem man mit einem Lächeln teilnimmt.« Manche im Bataillon mögen das, andere nicht.

Wie ist es zu Churchills militärischem Einsatz gekommen? Vorausgegangen ist eine politische Niederlage, vielleicht die schwerste, die er im ganzen Leben einstecken muss. Als ihn der Rückschlag trifft, betrachtet er sich zwar als Opfer. Aber genau genommen ist er ganz allein selbst schuld: durch seinen entfesselten Tatendrang, sein maßloses Selbstvertrauen, seine Angriffslust, seine Sprunghaftigkeit.

Im Oktober 1914 hat er seinen Ministerposten in London verlassen, um die Belgier bei der Verteidigung von Antwerpen zu unterstützen. Im offenen Rolls-Royce, eine Seglermütze auf dem Kopf, fährt er durch die von deutschen Truppen belagerte Hafenstadt und reißt de facto das Kommando an sich. Dass Antwerpen drei Tage länger durchhält, als dies ohne den *First Lord* und seine Marinesoldaten wohl gelungen wäre, mag man ihm anrechnen. Politisch zahlt sich die Eskapade für ihn nicht aus. Die Zweifel an seinem Charakter verstärkt Churchill noch dadurch, dass er dem Premierminister anvertraut, er habe »Blut geleckt« und wolle lieber »militärischen Ruhm« erwerben als weiter in der Politik zu bleiben.

Gleich anschließend legt er dem Kriegskabinett einen Plan zur Eroberung von Sylt vor. Die deutsche Nordseeinsel sei ideal, um dort eine britische Luftwaffenbasis einzurichten. Von Sylt aus, argumentiert er, ließen sich die feindlichen Truppenbewegungen gut beobachten, und über deutschem Gebiet könnten die Piloten »alle paar Tage ihre Bomben abwerfen«. So sprunghaft geht es weiter: Eignet sich Borkum vielleicht noch besser als Sylt? Für die ostfriesische Insel interessieren sich die Briten schon länger, 1910 wurden dort zwei Offiziere der Marineinfanterie festgenommen und vom Reichsgericht wegen Spionage zu mehrjährigen Haftstrafen verurteilt. Im

Januar 1915 erhält Churchill grünes Licht für den Angriff auf Borkum. Doch daraus wird nichts, denn inzwischen beschäftigt ein anderer Plan seine Fantasie noch stärker. Nebenher treibt er die Entwicklung von Panzern voran, die ersichtlich nicht in sein Ressort fallen, weshalb er sie als »Landschiffe« bezeichnet.

Der Plan, der zu einer Katastrophe wird, ist ein Militärschlag gegen das Osmanische Reich, das an der Seite Deutschlands und Österreich-Ungarns kämpft. Im Erfolgsfall wäre nicht nur den Russen geholfen, sondern vielleicht auch das neutrale Griechenland als weiterer Bündnispartner für die britisch-französisch-russische Entente zu gewinnen. Die Operation ist strategisch kühn und militärisch anspruchsvoll, also ganz nach Churchills Geschmack.

Schauplatz sind die Dardanellen, die Meerenge zwischen der zu Europa gehörenden Halbinsel Gallipoli und dem asiatischen Hauptgebiet der Türkei. Weil die Osmanen die Schiffspassage durch die Dardanellen gesperrt haben, sind die russischen Häfen am Schwarzen Meer von Lieferungen aus dem Mittelmeer abgeschnitten. Diese Blockade will Churchill brechen und danach Istanbul erobern oder jedenfalls den Sultan zum Einlenken zwingen. Die britische Regierung macht sich seinen Plan nach anfänglicher Skepsis zu eigen, Frankreich zieht mit. Was allerdings fehlt, ist eine klare Kommandostruktur, um die oft selbstherrlichen Generäle und Admiräle auf eine gemeinsame, schlagkräftige Linie zu bringen.

Beinah zwangsläufig ziehen die Angreifer nun ins Verderben. Weil die Türken ihre Meerenge gut gesichert haben und stärker sind als angenommen – nicht zuletzt dank deutscher Hilfe –, wird die Schlacht von Gallipoli zu einem fürchterlichen Blutbad. Zu Wasser und zu Land stehen sich 800 000 Soldaten gegenüber, 113 000 kommen ums Leben, mehr als die Hälfte der Männer erleidet Verletzungen. Zu einem besonderen Trauma wird Gallipoli für die erstmals in einem großen Krieg kämpfenden Australier und Neuseeländer (65 000 Mann im *Australien and New Zealand Army Corps*, kurz *ANZAC*). In beiden Ländern ist der *ANZAC day* heute noch ein nationaler Gedenktag.

Für das Dardanellen-Desaster sind viele verantwortlich, alle Finger zeigen jedoch auf Churchill. Da er sich im Kollegenkreis unbeliebt gemacht hat, eignet er sich ideal als Sündenbock. In den Reihen der Konservativen, die seinen Parteiwechsel und seine parlamentarischen Attacken nicht vergessen haben, ist er ohnehin immer noch verhasst.

Als Asquith und Lloyd George unter dem Druck der Kriegsereignisse beschließen, die Opposition an der Regierung zu beteiligen, sind Churchills Tage als Marineminister gezählt. Die Tories bestehen auf seinem Rücktritt. Er sträubt sich mit allen Mitteln, schickt fordernde, werbende, bittende und schließlich sogar demütige Briefe. Vehement setzt sich Clementine für ihn ein: Winston möge vielleicht seine Fehler haben, schreibt sie Asquith, »doch er besitzt die vorzüglichsten Eigenschaften, über die, so wage ich zu behaupten, nur sehr wenige in Ihrem jetzigen oder künftigen Kabinett verfügen: die Kraft, das Vorstellungsvermögen, den tödlichen Willen, Deutschland zu bekämpfen«. Es nützt alles nichts, Ende Mai 1915 muss er den Posten des *First Lord of the Admiralty* räumen, die Aufgabe, die er bis dahin mehr als jede andere geliebt hat.

Als eine Art Minister ohne Geschäftsbereich darf Churchill zwar weiterhin an den Sitzungen des Kriegskabinetts teilnehmen, aber das ist nur ein schwacher Trost. Er sieht sich als Intrigenopfer und klagt: »Ich bin erledigt.« In der Öffentlichkeit wird er noch lange als der Mann gelten, der die Toten von Gallipoli auf dem Gewissen hat. Nach außen wahrt er sein Gesicht; wie er wirklich fühlt, vertraut Clementine viel später dem offiziellen Churchill-Biografen Martin Gilbert an: »Ich glaubte, er würde sich von den Dardanellen niemals erholen. Ich glaubte, er würde vor Kummer sterben.« An den schlimmsten Tagen macht sie sich Sorgen, ihr Mann sei dem Selbstmord nahe.

Ein Schlag, wie er ihn gerade erlebt hat, kann selbst ein sehr robustes Gemüt hart treffen. Aber Clementines Bemerkungen muss man in einen Kontext stellen. Churchills psychische Verfassung ist in der biografischen Literatur zu einem eigenen Thema geworden, beinah losgelöst von allen anderen Aspekten seines langen Lebens. Leidet er an Depressionen? Hat er womöglich, wie manchmal behauptet wird, eine bipolare Störung? Die verfügbaren Quellen ergeben kein eindeutiges Bild. Nur wenige Male benutzt er darin selbst die Formulierung, die durch ihn gewisse Berühmtheit erlangt: dass er vom *Black Dog* heimgesucht werde. Die Metapher vom schwarzen Hund hat er nicht erfunden, sie ist eine Redewendung aus der Nanny-Sprache seiner Kindheit und bezeichnet eine trübselige Stimmung.

In einem Brief an Clementine erwähnt er 1911 ein Tischgespräch bei einem Abendessen. Die Frau eines Cousins sei durch einen Arzt in Deutschland vollständig von ihrer Depression geheilt worden. »Ich glaube, dieser Mann könnte hilfreich sein, wenn mein schwarzer Hund zurückkehrt. Momentan scheint er weit weg zu sein, es ist solch eine Erleichterung. Alle Farben sind wieder da.« Zu der Zeit ist Churchill Innenminister. Das Amt bedrückt ihn, weil er persönlich entscheiden muss, ob Todesurteile vollstreckt werden oder nicht. Ungefähr zweimal im Monat kommt ein solcher Fall auf seinen Schreibtisch, und er prüft genau; er lernt Täter wie Opfer aus den Akten kennen, vertieft sich in ihre Geschichten, hat Gesichter vor Augen. Auf diese Weise Herr über Leben und Tod zu sein, sei »ein Albtraum« für ihn, sagt er damals. Gut möglich, dass ihn die Verantwortung nervlich stark belastet.

Mehr als drei Jahrzehnte später taucht der »schwarze Hund« wieder auf, in einer Äußerung gegenüber seinem Leibarzt Lord Moran (dessen Buch auf eigenen Aufzeichnungen und Angaben Dritter beruht). 1944 habe sich Churchill an eine lange zurückliegende Zeit erinnert, möglicherweise seine Zeit als Innenminister: »Schwarze Depression kam über mich. Es half mir, mit Clemmie darüber zu sprechen.« In einer Fußnote notiert der Leibarzt: Churchill habe an »längeren Anfällen von Depression« gelitten und sie *Black Dog* genannt.

Es ist ein gewichtiger Satz, der allerdings isoliert und unerklärt im Raum steht. Wann, unter welchen Umständen haben sich die »längeren Anfälle« ereignet? Lord Moran ist überzeugt, sein Patient leide an einer Art Erbkrankheit, »der angeborenen Schwermut des Churchill'schen Blutes«. In einer Passage seines Buchs erwähnt er, Churchill habe 1944/45, nach vier Jahren als Kriegspremier, über Erschöpfung geklagt und »beinah ausgebrannt« gewirkt. Während der zweiten Amtszeit hält ein anderer naher Beobachter, Churchills Privatsekretär John Colville, an mehreren Tagen fest, der Regierungschef sei ihm *depressed* vorgekommen. Aber was heißt das? *Depressed* kann sowohl depressiv als auch niedergeschlagen bedeuten. Gemessen an der Dauer und Intensität seines Lebens sind die Indizien, die auf eine psychische Erkrankung Churchills hindeuten, eher spärlich. Wer mag, kann ihn zu den Depressiven unter den Großen der Menschheit zählen, aber es überzeugt nicht ganz.

Churchill ist jedenfalls gut darin, sich abzulenken, Anspannungen zu lösen und – bei aller Arbeitswut – manches unerledigt zu lassen. Er spielt gern Karten, am liebsten Bezique, besucht seinen Club, wettet auf alles Mögliche, schaut sich viele Filme an, füttert seine Hunde, Katzen, Schweine, Fische, Vögel und zieht auf seinem Landsitz Chartwell mit solcher Leidenschaft Backsteinmauern hoch, dass er eingeladen wird, einer Maurergewerkschaft beizutreten. Zögernd nimmt er die Ehre an.

Sein bevorzugtes Hobby wird die Malerei. Im Sommer nach seinem erzwungenen Rücktritt teilen sich die Familien der Churchill-Brüder Winston und Jack ein Landhaus. Als Winston seiner Schwägerin beim Malen zuschaut, will er es selbst versuchen und entdeckt sein bis dahin verborgenes Talent. Erst greift er zu einem Malkasten für Kinder, dann lässt er sich Ölfarben, Staffelei und Leinwand bringen. Seine anfängliche Scheu vor der weißen Fläche überwindet er schnell, als ein Sommergast ihn ermutigt. Churchill erinnert sich: »Der Bann war gebrochen. Die kränklichen Hemmungen fielen von mir ab. Ich ergriff den größten Pinsel und stürzte mich mit berserkerhafter Wut auf mein Opfer. Seitdem habe ich nie wieder Ehrfurcht vor einer Leinwand empfunden.« Er nimmt Unterricht und kann sich ein Leben ohne Malerei, diese »vollständige Ablenkung«, bald nicht mehr vorstellen. »Was auch immer die Sorgen der Stunde oder die Bedrohungen der Zukunft sein mögen, sie verschwinden von der geistigen Bildfläche, sobald das Werk im Fluss ist.«

Mit sicherer Hand malt er Landschaften, Stadtansichten, Stillleben, gelegentlich Porträts; er ist Amateur, aber kein Dilettant. Die *Royal Academy* ernennt ihn 1948 zu ihrem Ehrenmitglied. Churchill liebt das Spiel der Farben im Sonnenlicht und orientiert sich stilistisch an den Impressionisten. Die moderne Malerei lehnt er ab, seinem berühmten Zeitgenossen Pablo Picasso würde er gern einmal »in den Hintern treten«. Als sein bedeutendstes Werk gilt das Panorama von Marrakesch, das er 1943 nach der Konferenz von Casablanca malt.

Ein halbes Jahr lang erträgt Churchill sein Dasein als nahezu machtloses Regierungsmitglied. Dann, im November 1915, bewirbt er sich um den Posten als Generalgouverneur in Britisch-Ostafrika, doch Asquith lehnt ab. Als Churchill kurz danach auch noch seinen Platz im Kriegskabinett räumen muss, reicht es ihm. »Ich bin Offizier und stelle mich ohne jede Einschränkung dem Militär zur Verfügung«, schreibt er dem Premier in seinem Entlassungsgesuch. Kurz danach reist er nach Flandern an die Front, wie wir zu Beginn des Kapitels gesehen haben.

Die Politik lässt ihn allerdings nicht los. Zweimal unterbricht er im Frühjahr 1916 seinen Einsatz bei den *6th Royal Scots Fusiliers*, um im Unterhaus, dem er weiterhin angehört, eine Rede zu halten. Im Mai fällt die Entscheidung, sein Bataillon mit einem anderen zu fusionieren, und Churchill nutzt die Gelegenheit: Er quittiert den Dienst und kehrt heim.

Wie immer sehnt er sich nach Einfluss und Gestaltungsmacht. Als sein alter Weggefährte Lloyd George gegen Asquith putscht und zum Regierungschef aufsteigt, wächst Churchills Hoffnung; er muss sich aber noch gedulden. Dem neuen Premier teilt er mit: »Ich bin bereit, jedes Amt zu übernehmen, in dem ich meinem Land dienen kann. Mein einziges Ziel besteht darin, den Hunnen zu besiegen.« Die Abwertung als Hunnen geht auf die »Hunnenrede« zurück, mit der Wilhelm II. im Jahr 1900 deutsche Soldaten in den Feldzug gegen chinesische Freiheitskämpfer (»Boxer«) geschickt hat.

Wie in Kriegen üblich, wird der militärische Feind auch an der Heimatfront zum Feindbild. Touristen, Arbeitskräfte, Exilanten, Spione, Saboteure, reale und eingebildete Gefahren, wer will das alles unterscheiden? Schon im August 1914 beginnen die Briten, deutsche Männer im wehrfähigen Alter, die sich auf der Insel aufhalten, in Internierungslager zu stecken. In mehreren Städten kommt es zu Ausschreitungen gegen Deutsche und Menschen deutscher Herkunft. Churchill hält es für geboten, seinen wichtigsten Admiral

Ludwig von Battenberg abzulösen, der aus einem hessischen Fürstenhaus stammt und Englisch mit deutschem Akzent spricht.

Die anti-deutsche Stimmung eskaliert im Frühjahr 1917, als Langstreckenbomber des Typs *Gotha G.IV* ihre Sprengladungen über London und Südengland abwerfen. Durch Treffer auf eine Schule kommen 18 Kinder ums Leben. König George V. aus dem Haus Sachsen-Coburg und Gotha kann natürlich nichts dafür, dass er wie das Flugzeug heißt, trotzdem gerät er unter Druck, sich demonstrativ von seinen deutschen Verbindungen loszusagen. Im Juli erklärt er, dass seine Familie ab sofort den Namen Windsor tragen werde. Herzog Adolphus von Teck, der Bruder von Königin Mary, geborene Teck, bekommt den Titel des 1. Marquess von Cambridge. Die dem Königshaus nahestehenden Battenbergs müssen sich ebenfalls umbenennen und heißen seither Mountbatten. Das Luxushotel *Coburg*, in dem Churchill gern diniert, wählt den neuen Namen *The Connaught*.

Zu dieser Zeit kann Churchill schließlich sein Comeback feiern. Gegen den Widerstand des konservativen Koalitionspartners überträgt ihm Lloyd George das Ministerium für Kriegsmunition, das zweieinhalb Millionen Arbeiterinnen und Arbeiter administrativ steuert. Churchills größte Hoffnung ruht auf den US-Amerikanern, die inzwischen ebenfalls gegen die Deutschen kämpfen. »Die Intervention Amerikas bedeutet, dass sich praktisch die ganze Welt mit all ihren Ressourcen gegen die Macht Deutschlands zusammenschließt. Dies wird am Ende zweifellos den Ausschlag geben.«

In einer Rede zum US-Unabhängigkeitstag ein Jahr später rühmt er die britisch-amerikanische Freundschaft, die der wichtigste Garant individueller Freiheit sei. Unter Jubelrufen hämmert er seinen Zuhörern zudem ein: »Deutschland muss geschlagen werden. Deutschland muss wissen, dass es geschlagen ist, muss fühlen, dass es geschlagen ist.« Die Niederlage müsse deutlich ausfallen, damit »andere für alle Zeit von ähnlichen Verbrechen abgeschreckt werden«.

Schneller, als er vermutet, ist der Krieg vorbei. Wilhelm II. flieht in die Niederlande und kehrt nie mehr nach Hause zurück. Die Monarchie ist am Ende, wie in vielen Ländern Europas kommt es zu einer Revolution. In Deutschland beginnt mit ihr die Weimarer

Republik. Im Gegensatz dazu bleiben die staatlichen Verhältnisse in Großbritannien außerordentlich stabil (auch während des Zweiten Weltkriegs und bis in die heutige Zeit, was man angesichts des Brexits und der turbulenten Regierungswechsel leicht übersehen kann).

Die neue Berliner Regierung muss am 11. November 1918 ein von den Siegern bestimmtes Waffenstillstandsabkommen unterschreiben. Eine der Bedingungen ist, dass die britische Seeblockade andauert, die Hunger und Mangelernährung in Deutschland verursacht. Die Blockade gehörte gleich nach Kriegsbeginn zu den Maßnahmen, die für Churchill und die Admiralität höchste Priorität hatten. Rückblickend erklärt er, das Feindesland sei »wie eine belagerte Festung« behandelt worden, mit dem erklärten Ziel, »die gesamte Bevölkerung – Männer, Frauen und Kinder, Alte und Junge, Verletzte und Gesunde – durch Aushungern zu unterwerfen«.

Im Moment des militärischen Triumphs wechselt Churchill seine Position. War er eben noch hart gegen die Feinde, zeigt er nun Milde gegenüber den Besiegten. Es mag wieder sprunghaft erscheinen, aber eigentlich ist er nur beweglich genug, sich schnell auf eine neue Lage einzustellen. Am Tag des Waffenstillstands lädt ihn Lloyd George zum Abendessen in 10 Downing Street ein. Das Gespräch, notiert Churchill später, kreist »um die großen Qualitäten der Deutschen, um den gewaltigen Kampf, den sie gegen drei Viertel der Welt geführt haben, und um die Unmöglichkeit, Europa ohne ihre Hilfe wieder aufzubauen«. Was soll aus dem Kaiser werden? Der Premier würde ihn am liebsten kurzerhand erschießen lassen. Churchill ist dagegen: Wilhelm II. trage keine größere Schuld als viele andere in seinem Reich; die ganze Nation habe den brutalen Angriffskrieg geführt oder mitgetragen. Als jemand am Tisch die Hungersnot in Deutschland erwähnt, schlägt er vor, sofort »ein Dutzend große Schiffe vollgepackt mit Versorgungsgütern« nach Hamburg zu schicken.

Mitleid dürfte dabei nur eine untergeordnete Rolle spielen. Eher schon sein Gespür für Fairness: »Es ist nicht die britische Art, einen am Boden liegenden Gegner zu treten«, sagt er später in seinem Wahlkreis. Den Ausschlag gibt wohl Churchills Sinn für klassische

Interessenpolitik. Ein schwaches Deutschland ist für ihn ein gefährliches Deutschland, aus zwei Gründen: Schwäche in der Mitte des Kontinents bedeutet eine Anomalie im Gleichgewicht der Mächte und führt potenziell zur übermäßigen, bedrohlichen Stärke eines anderen Landes. Aus seiner Kenntnis der Geschichte zieht er außerdem die Lehre, dass Besiegte, die nicht wieder auf die Beine kommen, erbittert auf Rache sinnen – so lange, bis sie ihre Stunde gekommen sehen. »Macht und Barmherzigkeit bilden die beste Paarung der Welt«, erklärt er den Abgeordneten im Unterhaus.

Als geborener Realpolitiker hat Churchill keine Mühe, sich in die Lage eines Gegners hineinzuversetzen. Er pflegt seine Überzeugungen, ist aber weder Moralist noch Ideologe. Es gehört zu seinen parlamentarischen Ur-Erlebnissen, dass politische Kontrahenten gute Freunde sein können und selbst hitzige Rededuelle ihr Verhältnis nicht nennenswert belasten. Er versteht sich hervorragend mit F. E. Smith von den Tories, der die nationale Bühne zu der Zeit betritt, als Churchill sich gerade bei den Liberalen profiliert. Bis zu seinem frühen Tod wird Smith – 1919 zu Lord Birkenhead geadelt – Churchills engster Freund sein. Gemeinsam haben sie 1911 eine parteiübergreifende Tafel-Gesellschaft gegründet, weil sie in die Traditionsrunde *The Club* nicht aufgenommen worden sind. Ihren eigenen, bald schon renommierten Kreis nennen sie *The Other Club*. Bei den Zusammenkünften im Luxushotel *Savoy* wird nicht nur gegessen, getrunken und lebhaft diskutiert, sondern häufig auch mit hohem Einsatz gewettet.

An den Pariser Friedensverhandlungen ist Churchill nur am Rande beteiligt, auf britischer Seite dominiert Lloyd George, der Premier. Sein Minister, vor Kurzem noch der führende Scharfmacher, tritt daheim jetzt als Fürsprecher der Deutschen auf: Es sei ein Fehler, der Berliner Regierung keinen Verhandlungsspielraum zu gewähren. Nur wenn ihre Vorschläge ernsthaft geprüft würden, könnten die Deutschen einen aus ihrer Niederlage resultierenden Friedensvertrag »wirklich akzeptieren«. Andernfalls drohten »neue Gefahren unermesslicher Art«. Churchills gut begründete Mahnungen bleiben folgenlos. Den Versailler Vertrag, der Deutschland demütigt und eine französische Handschrift trägt, findet er »bösartig und dumm«. Noch viele Jahre später, in seiner Gesamtdarstellung des Zweiten Weltkriegs und dessen Vorgeschichte, gibt er dem Kapitel über die »Idiotie« von Versailles die Überschrift: »Die Torheit der Sieger«. Der zweite Kardinalfehler sei damals die Zerschlagung des Habsburgerreichs gewesen, wodurch eine Art natürlicher Gegenpol zum Deutschen Reich weggefallen sei. Dieses Argument wirkt indes eher konstruiert als überzeugend; zumal in den Gedanken, die Churchill mit dem Untergang Österreich-Ungarns verknüpft, allzu viel imperiale Nostalgie mitschwingt.

Zum Ausgleich für die Härte des Vertrags versucht er nach dem Abschluss, einerseits den britisch-deutschen Handel zu beleben und andererseits Paris eine beruhigende Beistandsgarantie zu gewähren. »Die Befriedung (*appeasement*) und Konsolidierung der europäischen Familie« müsse das politische Ziel der Londoner Außenpolitik sein. Der Vorschlag findet kein nennenswertes Echo. Die Zukunft Deutschlands beschäftigt ihn noch aus einem weiteren Grund: Er macht sich Sorgen wegen Russland. Seit der Oktoberrevolution von 1917 sieht er im Regime Wladimir Iljitsch Lenins eine Gefahr für die liberal verfassten, kapitalistisch wirtschaftenden Länder Europas. Nach Kriegsende wird Churchill zu einem der lautesten Warner vor der bolschewistischen Bedrohung: Deutschland werde als Bollwerk gegen die Roten gebraucht und müsse stark genug dafür sein, argumentiert er. Seine saloppe Kurzfassung lautet: »Kill the Bolshie, kiss the Hun.« Manchmal packt ihn die Lust, geopolitische Varianten durchzuspielen. Dann sagt er zum Beispiel voraus, wenn die Deutschen zu mächtig würden, könnten sie danach trachten, Russland zu unterjochen. Oder aber, falls beide Länder eher schwach blieben, könnten sie ihr Heil in einem Zweier-Bündnis suchen. Das eine wie das andere wird die Europäer später einmal beschäftigen.

Konsequent bleibt er für lange Zeit in seinem Kreuzzug gegen die Bolschewisten. Ihre Diktatur sei »schlimmer, zerstörerischer, erniedrigender als jede andere Tyrannei der Geschichte«, grausamer als die Zarenherrschaft und »viel übler als der deutsche Militarismus«. Nur ein Regimewechsel in Moskau könne den Frieden dauerhaft sichern. Lloyd George ist überzeugt: »Er will einen Krieg gegen die Bolschewisten führen.« Das allerdings hält der Premier für politischen Selbstmord, weshalb er Churchill bremst.

Für die deutschen Nationalisten bedeuten Niederlage und Versailler Vertrag eine schwere Kränkung, die zu einer unerschöpflichen Quelle destruktiver Energie wird. Im Kampf gegen die Demokratie richtet kaum etwas so großes Unheil an wie die Verschwörungserzählung vom angeblichen Dolchstoß in den Rücken der Armee (» im Felde unbesiegt «). Die » Vaterlandsverräter « – Demokraten, Linke, Juden – hätten mit dem Feind gemeinsame Sache gemacht und das habe zum » Diktatfrieden « von Versailles geführt, der mit allen Mitteln zu bekämpfen sei.

Adolf Hitler erfährt vom Kriegsende, während er sich in ärztlicher Therapie befindet. Nach einem britischen Angriff mit Senfgas wird er zunächst wegen einer als » leicht « eingestuften Verletzung an der Front behandelt und dann nach Pommern ins Reservelazarett Pasewalk verlegt. In *Mein Kampf* berichtet er von seiner zeitweiligen Erblindung, die er auf das Gas zurückführt. Bis heute folgen die meisten Hitler-Biografien dieser Darstellung, obwohl sie irreführend oder vielleicht sogar völlig falsch ist. Die Ärzte in Pasewalk haben dem eingelieferten Soldaten eine andere Diagnose gestellt: Sie weisen Hitler nicht in die Augenabteilung ein, sondern in die Psychiatrie, da er unter » hysterischer Blindheit « leide. Manches spricht dafür, dass er hauptsächlich durch eine Hypnose therapiert wird. Hitlers Krankenakte ist verschollen, doch ein führender deutscher Neurologe hat zwei amerikanischen Kollegen in den Dreißigerjahren darüber berichtet. Während der NS-Zeit lag das für den » Führer « unangenehme Dokument wahrscheinlich unter Verschluss auf dem Obersalzberg; der dort errichtete Gebäudekomplex wurde kurz vor Kriegsende bei einem britischen Bombenangriff zerstört.

Seine Empfindungen in der Stunde der Niederlage hat Hitler zu einem Erweckungserlebnis stilisiert. » Während mir um die Augen wieder schwarz ward, tastete und taumelte ich zum Schlafsaal zurück, warf mich auf mein Lager und grub den brennenden Kopf in Decke und Kissen … Es war also alles umsonst gewesen. « Hass sei in ihm aufgestiegen, Hass gegen die vermeintlichen Verräter. » Ich aber beschloss, Politiker zu werden. « Jedes Kind in Deutschland wird später diesen Satz aus *Mein Kampf* kennen.

8

»Churchill hat das Land entwaffnet«: Autor, Schatzkanzler, Rebell

Im September 1924 veröffentlicht Churchill in *Nash's Pall Mall Magazine* einen Essay, der bereits durch seinen Titel heraussticht: »Sollen wir alle Selbstmord begehen?« Darin denkt er über die Frage nach, wie der Krieg, den er in der Tradition von Thomas Hobbes als eine Konstante des menschlichen Zusammenlebens beschreibt, durch die technische Hochrüstung des 20. Jahrhunderts unvorstellbare Kräfte entfesselt. Zum ersten Mal in ihrer Geschichte sei die Menschheit in der Lage, sich komplett selbst zu zerstören. Knapp 21 Jahre sollte es nach Churchills Veröffentlichung dauern, bis die erste Atombombe explodiert. Er nimmt diese Waffe mit den Worten vorweg: »Könnte vielleicht eine Bombe, die nicht größer ist als eine Orange, insgeheim die Macht besitzen ... eine ganze Stadt mit einem Schlag in die Luft zu jagen?« (Vor ihm hat der Schriftsteller H. G. Wells etwas Ähnliches schon in einem Science-Fiction-Roman dargestellt.) Churchill leitet aus der dunklen Vision einen Appell an die Vernunft der Regierenden ab: Die größte aller technisch herbeiführbaren Katastrophen müsse unbedingt verhindert werden. Noch heute, genau ein Jahrhundert danach, ist es unmöglich, die Aktualität seiner Mahnung zu übersehen. Dass er 1945 mit den US-Atombombenabwürfen über Hiroshima und Nagasaki völlig einverstanden war, gehört allerdings zur Wahrheit über Churchill dazu.

In den Magazin-Aufsatz fließen Gedanken ein, die auf den in Oxford lehrenden Physiker Frederick Lindemann zurückgehen.

Lindemann ist gerade in Churchills Orbit eingetaucht; er wird zu seinem wichtigsten wissenschaftlichen Berater, begleitet ihn auf Reisen und zählt zum engsten Kreis seiner Entourage, beinah zur Familie. Gewöhnlich wird er einfach »Prof« genannt, da er als quasi allwissend gilt. Außerdem spielt er ausgezeichnet Tennis und Klavier.

Churchill befragt ihn zu Waffentechnik, naturwissenschaftlichen Theorien, Weltgeschichte oder der Wasserzufuhr für seinen Swimmingpool in Chartwell; er bittet ihn um Argumente gegen den Sozialismus, gibt ihm seine Manuskripte zu lesen und will von ihm Ideen und Entwürfe für seine Zeitungsbeiträge haben. Besonders schätzt er es, dass der Prof komplexe Sachverhalte anschaulich zusammenfassen kann. Als Churchill Ende 1931 in New York von einem Taxi angefahren wird, berechnet Lindemann, dass die Aufprallenergie einem Sturz aus einer Höhe von 30 Fuß gleichgekommen sei. Die wohlproportionierte »Dicke des das Skelett umgebenden Polsters« habe den Verletzten vor Schlimmerem bewahrt, schreibt er in einem Telegramm, verbunden mit einem Glückwunsch zur erfreulich guten Genesung.

Während des Zweiten Weltkriegs und Anfang der Fünfzigerjahre beschäftigt Churchill den Prof offiziell als Regierungsberater und Generalzahlmeister (*Paymaster General,* ein Traditionsamt im Ministerrang). Dessen größtes Interesse gilt dem Luftkrieg gegen das Nazireich. Als führende Atomwissenschaftler ihm die Möglichkeit einer nuklearen Bombe erläutern, haben sie allerdings den Eindruck, ihr Kollege erfasse die physikalischen Grundlagen bloß oberflächlich. Lindemann stammt aus einer deutsch-amerikanischen Familie, kam in Baden-Baden zur Welt, hat in Berlin studiert, ist ultrakonservativ, raucht nicht, trinkt keinen Alkohol, ernährt sich vegetarisch, verachtet alle Nicht-Weißen und hasst die Deutschen. 1941 wird er zu Baron Cherwell geadelt.

Aufschlussreich sind die Einblicke, die Churchill 1924 in seinem Essay in die britische Militärplanung gegen Ende des Ersten Weltkriegs gewährt. Hätten die Deutschen ein weiteres Jahr durchgehalten, wären sie mit aller Macht attackiert worden: Im Sommer 1919 »hätten Tausende von Flugzeugen ihre Städte zerschmettert«. Kampfgas von »unglaublicher Bösartigkeit« wäre an der Front zum

Einsatz gekommen. Als Munitionsminister hat er sich persönlich um diese Dinge gekümmert. Auf sein Betreiben ist ein Drittel der britischen Artilleriegranaten im letzten Kriegsjahr mit Senfgas bestückt worden, jener Substanz, auf die Hitler seine vorübergehende Erblindung zurückführt. Beide Kriegsparteien setzen Chemiewaffen ein. Im April 1915 sind es die Deutschen, die erstmals das potenziell tödliche Chlorgas verschießen. Churchill betrachtet Gas generell als legitime Waffe, und zwar auch zur Bekämpfung von Rebellen, die gegen das britische Kolonialregime aufbegehren. Bis heute wird ihm dies aus verständlichen Gründen angekreidet. Allerdings fehlen Belege dafür, dass es unter seiner Verantwortung im Empire zum Einsatz chemischer Kampfstoffe gekommen ist.

Seinen Plan, im Ersten Weltkrieg das strategische Bombardement deutlich auszuweiten, hat Churchill schon im August 1918 dem französischen Rüstungsminister mitgeteilt: »Der Zeitpunkt ist gekommen, den Feind anzugreifen, den Krieg in sein eigenes Land hinein zu tragen.« Die französische Luftflotte sollte nachts bombardieren, die britische tagsüber. Ehe es dazu kommen konnte, gaben die Deutschen auf. Im Zweiten Weltkrieg werden es die US-Amerikaner sein, die hauptsächlich bei Tageslicht einfliegen, während die *Royal Air Force* in den Nächten zuschlägt.

Als Churchills »Selbstmord«-Essay erscheint, beginnt in Deutschland die beste Zeit der Weimarer Republik, eine ziemlich kurze Zeit von gerade einmal fünf Jahren. Die Hyperinflation ist besiegt, die Industrieproduktion wächst, die Menschen amüsieren sich, tanzen Charleston, himmeln Kinostars an, schütteln Traditionen ab und feiern das Leben. Es sind die »Goldenen Zwanzigerjahre«, in der angloamerikanischen Welt die *Roaring Twenties*, das *Jazz Age*.

Churchill, der Traditionen schätzt und nicht gern tanzt, bleibt von alldem unbeeindruckt und verbreitet seine düsteren Analysen. »Keinen Augenblick lang sollten wir glauben, dass die Gefahr einer weiteren Explosion in Europa gebannt sei.« Die Ursachen des vergangenen Kriegs seien nicht beseitigt, in mancher Hinsicht hätten die Spannungen sogar noch zugenommen. »Glühender Hass auf Frankreich eint alle Deutschen von einem Ende des Landes zum anderen... In der deutschen Seele schwelen Träume von einem

Befreiungs- oder Rachefeldzug.« Frankreich sei »bis an die Zähne bewaffnet«, Deutschland einstweilen noch ohnmächtig. Im heutigen Europa der deutsch-französischen Freundschaft ist es schwer, den Abgrund der damaligen Feindschaft zwischen den Nachbarn zu ermessen. Eines von vielen Zeugnissen dafür sind die Gedanken, die ein junger Hauptmann aus Lille kurz vor Ende des Ersten Weltkriegs in Gefangenschaft notiert hat. Charles de Gaulle, der spätere General und Staatspräsident, kann sich einen Frieden, einen wirklichen Frieden mit Deutschland nicht vorstellen: »Werden die weinenden Mütter plötzlich ihre Tränen trocknen? Werden die Waisen keine Waisen, die Witwen keine Witwen mehr sein?« Noch für Generationen werde die Erinnerung an den Krieg »die unzerstörbaren Keime des Hasses säen«, schreibt de Gaulle nach seinem fünften Fluchtversuch, ehe die Deutschen ihn schließlich freilassen müssen.

Auf Churchills langer Reise durch die britische Politik ist 1924 ein weiteres Wendejahr: Er schließt sich wieder den Tories an. Und ihm gelingt das zweite große Comeback. Normalerweise bedeutet das *crossing the floor* den politischen Tod des Parteiwechslers. Churchill überlebt sogar den Wechsel zurück – mehr noch, er steigt in seiner neuen alten Partei wieder auf. Viele, darunter Churchill selbst, sind überrascht, als ihm der konservative Wahlsieger Stanley Baldwin im November das Finanzministerium anbietet. Seine Freude wird noch dadurch vergrößert, dass er zu feierlichen Anlässen nun die sorgfältig aufbewahrte Amtsrobe seines Vaters anziehen kann. David Lloyd George spöttelt, sein Ex-Parteifreund sei »der lustigste Steuereintreiber seit Robin Hood«.

Zwei Jahre lang hatte Churchill davor weder Amt noch Mandat. Wie es dazu kam? Kurz und der Reihe nach: Als der Krieg vorbei war, übernahm er zunächst als Kriegsminister die Aufgabe, die britischen Soldaten nach Hause zu holen, die Armee zu verkleinern und die Kriegsgefangenenlager aufzulösen. Ein Truppenbesuch führte ihn 1919 für einige Tage nach Köln. Danach wechselte er an die Spitze des Kolonialministeriums, wo ihn vor allem der Nahe Osten beschäftigte.

Das Königreich Transjordanien, heute Jordanien, entstand unter seiner Patenschaft, auch an der Erfindung des Königreichs Irak war er maßgeblich beteiligt. Außerdem versuchte er, die Fehler der Palästinapolitik nicht noch weiter zu vergrößern. Die Briten hatten sowohl Arabern als auch Juden große Hoffnungen auf territoriale Selbstbestimmung gemacht, dabei allerdings ein und dasselbe Stück Land zweimal versprochen. Seine persönlichen Sympathien lagen aufseiten der Juden, er rühmte sie als »das eindrucksvollste und bemerkenswerteste Volk, das jemals in der Welt erschienen ist«. Mit Chaim Weizmann, dem Präsidenten der Zionistischen Weltorganisation und späteren ersten Staatsoberhaupt Israels, war er schon seit Längerem gut bekannt.

Das Goldene Zeitalter der britischen Liberalen ging 1922 zu Ende. Die Konservativen stürzten die Regierung von David Lloyd George, und Churchill verlor nicht nur seinen Ministerposten, sondern auch sein Abgeordnetenmandat. Dass die Liberalen nun auf die Linken zugingen, wollte der entschiedene Anti-Sozialist nicht mitmachen. Die Wende rückwärts erschien ihm schließlich als beste Option, obwohl er nicht damit rechnen konnte, bei den Tories sofort wieder einen hohen Regierungsposten zu bekommen. Aber tatsächlich passiert genau das.

Während seiner fünfjährigen Amtszeit als Finanzminister beobachtet er Deutschland eher aus dem Augenwinkel. Er schreibt weiter an seiner Darstellung des Ersten Weltkriegs (mehr als 3200 Seiten), über die ein prominenter Konservativer ironisch sagt, es handle sich um »Winstons brillante Autobiografie, getarnt als Geschichte des Universums«. Das viele Geld, das er damit verdient, steckt er in den Ausbau seines Landguts Chartwell in den grünen Hügeln der Grafschaft Kent. Mag er auch Schatzkanzler sein, der Steuerzahler Churchill nutzt wie gewohnt jeden erdenklichen Trick, um sich den Fiskus vom Leib zu halten. Eine von ihm bevorzugte Variante besteht darin, dass er als Autor angeblich »im Ruhestand« sei, was es ihm erlaubt, Einkünfte aus seinen Buchrechten als Kapitalerträge zu deklarieren. Kapitalerträge sind in Großbritannien bis 1965 steuerfrei. Als ihm das US-Magazin *Life* nach dem Zweiten Weltkrieg ein höchst lukratives Angebot für einige Artikel macht, erklärt Churchill, dass er aus steuerlichen Gründen gerade keine Texte verkaufen könne. Aber es gebe da einen Weg: Er schlägt dem Zeitschriftenverlag vor, statt einer Honorarvereinbarung einen Vertrag über die Reproduktionsrechte an seinen jüngsten Gemälden zu schließen – was er in bewährter Weise als Kapitaleinnahme verbuchen könne.

Sein einstiger Furor gegen die vermögende Oberschicht hat sich nach seiner Rückkehr zu den Tories vollkommen verflüchtigt. Etwas umständlich erklärt er: »Meiner Meinung nach werden die Reichen in diesem Land schon bis zur äußersten Grenze dessen besteuert, was mit der Akkumulation von Kapital für die künftige Produktion noch vereinbar ist.« Am Wirtschaftsmodell, das sich von England aus über weite Teile der Welt verbreitet hat, gebe es nichts zu verbessern: »Das bestehende kapitalistische System ist die Grundlage der Zivilisation.« Waren seine politischen Konturen früher manchmal verschwommen, schärfen sie sich in diesen Jahren: Churchill ist konservativ und will es demonstrativ sein. Seine Partei liebt ihn trotzdem nicht. »Die Konservativen haben mich nie gemocht oder mir vertraut«, schreibt er einmal. Im politischen Spektrum der Tories liegen seine Positionen mittlerweile eher am rechten Rand.

Mit bemerkenswerter Sturheit wendet er sich bis zuletzt gegen das Wahlrecht für Frauen. In diesem Punkt sind die Briten, bei allem berechtigten Stolz auf ihre demokratischen Traditionen, nicht gerade Vorreiter. Frauen ab 30 dürfen seit 1918 unter bestimmten Voraussetzungen wählen, Männer dagegen schon ab 21. Neun Jahre dauert es anschließend, bis sich das Kabinett dazu durchringt, Frauen und Männer an der Wahlurne gleichzustellen. Churchill stimmt eisern dagegen und weist den Kabinettssekretär an, sein Votum in einer Protokollnotiz festzuhalten. Es ist die finale Bestätigung dafür, dass ihn die Suffragetten einst mit guten Gründen zu einem Hauptziel ihres Protests gemacht hatten. Mit lautstarken Aktionen störten sie vor dem Ersten Weltkrieg mehrmals seine öffentlichen Auftritte. Zweimal wurde er damals mit der Reitpeitsche attackiert, er und seine Familie erhielten Drohungen und nahmen Polizeischutz in Anspruch. Er ließ sich auf keine Weise umstimmen, nicht einmal durch eine entschiedene Befürworterin des Frauenwahlrechts namens Clementine Churchill.

Sein Demokratieverständnis ist auch sonst nicht frei von Eintrübungen. Als das Frauenwahlrecht bereits seit einigen Jahren Gesetz ist, legt Churchill in einem Zeitungsartikel ausführlich dar, warum Männer, vor allem solche mit gewissem Vermögen, bei Parlamentswahlen bevorzugt werden sollten. Er will Haushaltsvorständen – die allermeisten sind männlich – eine zusätzliche Stimme geben. Seine Begründung: Diese Stimmen würden »die verantwortungsvollen Elemente im Land« stärken, die in Gefahr seien, von politischen Abenteurern hinweggefegt zu werden. Als er das schreibt, führt zum zweiten Mal eine Labour-Regierung das Land, was Churchill ähnlich schwer erträglich findet wie das Frauenwahlrecht. In späteren Jahren, als er die Macht dazu gehabt hätte, hat er seine patriarchalische Doppelstimmen-Idee allerdings nicht weiter verfolgt.

Churchill, der Publizist, und Churchill, der Politiker, erscheinen manchmal wie zwei verschiedene Persönlichkeiten. Besonders krass ist diese Spaltung Mitte der Zwanzigerjahre: Kaum hat er in seinem »Selbstmord«-Aufsatz vor der nächsten kriegerischen »Explosion in Europa« gewarnt, senkt er als Finanzminister die Ausgaben für das Militär und schwächt dadurch die Fähigkeit seines Landes, sich in einem ernsthaften Konflikt zu behaupten. Am Ende der Dekade, in der Churchill fünf Jahre lang Herr über den Staatshaushalt ist, liegt der britische Verteidigungsetat mehr als ein Drittel niedriger als zu Beginn. Die konservative Presse lobt ihn für seine Austeritätspolitik. Sein damaliger Privatsekretär, der Tory-Abgeordnete Bob Boothby, kommt hingegen im Rückblick zu einem vernichtenden Urteil: Churchill sei »ein sehr schlechter Schatzkanzler« gewesen, der alles für eine niedrige Einkommensteuer getan habe. Auf seine Amtsführung gehe die verhängnisvolle militärische Schwäche Großbritanniens in den Dreißigerjahren zurück, so Boothby: »Churchill hat das Land entwaffnet ... wie niemand dieses Land zuvor entwaffnet hat.« Seine manchmal erstaunliche Weitsicht bewahrt ihn nicht davor, schwere Fehler zu machen.

Im Wahlkampf 1929 hält Churchill seine erste Radiorede. Er warnt vor Staatsverschuldung, politischen Trickbetrügern und den Gefahren des Klassenkampfs, aber am Ende gewinnt Labour die meisten Mandate, und Parteichef Ramsay MacDonald darf zum zweiten Mal die Regierung bilden. Churchill verteidigt immerhin seinen Wahlkreis Epping und wird Mitglied des konservativen

Schattenkabinetts, nur ein Jahr später zeichnet sich jedoch ein tiefgreifender Konflikt mit seiner Partei ab. Die von Ex-Premier Baldwin geführten Tories unterstützen die Indien-Politik der Regierung und wollen das »Kronjuwel des Empire« schrittweise in die Unabhängigkeit entlassen. Davon hält Churchill gar nichts: Die britische Herrschaft dürfe nicht »durch die Herrschaft Gandhis« ersetzt werden, sagt er. Weil er so sehr am überkommenen Kolonialregime hängt, will er keine Kompromisse machen und erklärt seinen Austritt aus dem Schattenkabinett.

Als einzelner Abgeordneter, der seine Überzeugung über die Parteidisziplin stellt, wird er weiterhin gehört und respektiert. Doch in den wichtigen Gremien der Konservativen hat er keine Stimme mehr, die Entscheidungen fallen ohne ihn. Der Mann, der mit kurzen Unterbrechungen seit drei Jahrzehnten dem Parlament angehört, der sieben verschiedene Ministerien geleitet hat und über Großbritannien hinaus zu den bekanntesten Gesichtern seines Landes zählt, steht wieder als Rebell im Abseits. Diesmal aber ohne die Perspektive, in ein anderes politisches Lager wechseln zu können.

Churchills Jahre »in der Wildnis« haben begonnen.

Es scheint, dass er seinen alten Traum, eines Tages in 10 Downing Street einziehen zu können, begraben muss. Als seine Fraktionskollegin Nancy Astor, die 1919 als erste Frau ins Unterhaus eingezogen ist, Moskau besucht, will Josef Stalin wissen, wie es Churchill gehe. Sie antwortet nicht ohne Schadenfreude: »Oh, er ist erledigt.«

Teil II

Allein gegen Hitler
(1931–1941)

Er spielt um einen hohen Einsatz.

Alexander MacCallum Scott,
Churchills erster Biograf (1905)

1

»Best regards to Herr Hitler«: Eine historische Schlacht und eine verpasste Gelegenheit

Zweifellos gibt es in Bayern größere Attraktionen als den 2004 eröffneten Denkmalweg, der in Blindheim beginnt und von dort über Unter- und Oberglauheim, Schwennenbach, Lutzingen, Goldberg, Höchstädt und Sonderheim zurück in das Örtchen nahe der Donau führt. Auf den Äckern wachsen Mais und Rüben, eine Aussichtsplattform neben der Eisenbahnlinie gibt den Blick auf die umliegenden Kirchtürme frei. Beschaulicher Durchschnitt, keine erkennbaren Sensationen. Im Landschaftsbild deutet nichts darauf hin, dass hier im bayerischen Teil Schwabens vor mehr als drei Jahrhunderten eine gewaltige Schlacht ausgetragen wurde, die das europäische Machtspiel dauerhaft verändert hat.

Für Winston Churchill ist die stille Szenerie ein Teil seiner Familiengeschichte. Nach seinem Manöverbesuch 1909 ist er schon einmal dort gewesen und hat sich »von einem liebenswürdigen Kaplan und einem intelligenten Postboten« den einstigen Kriegsschauplatz zeigen lassen. 1932 kehrt er zurück, um die Orte des Blutvergießens genauer zu erkunden, diesmal in Begleitung eines englischen Offiziers, der sich gründlich darauf vorbereitet hat, ihm die historische Landschaft zu erklären. Churchill ist überrascht, »wie groß diese Schlachtfelder sind, viel größer als Waterloo«.

Französische und bayerische Armeen kämpften am 13. August 1704 bei Blindheim und Höchstädt gegen die englisch-habsburgisch-preußische Allianz. Die beteiligten Länder waren in eine langwierige, neuartige, bis in ihre Kolonien reichende Auseinandersetzung verstrickt, die in den Geschichtsbüchern unter dem blassen Namen Spanischer Erbfolgekrieg verzeichnet ist. Im Ringen um den Thron eines kinderlos gestorbenen Königs stand nicht nur die Dominanz in Europa auf dem Spiel, sondern auch die Herrschaft über weite Teile der Welt. Um halb eins in der sommerlichen Mittagshitze begannen die Truppen, alle zusammen mehr als 100 000 Mann, gegeneinander loszuschlagen. Ein Viertel der Soldaten, dazu Tausende von Pferden, erlebten den Abend nicht oder trugen schwere Verletzungen davon. Sieben Dörfer fielen in Schutt und Asche. Der erschöpfte, aber strahlende Sieger war ein Engländer: John Churchill, der Herzog von Marlborough.

Die dramatischen Ereignisse jenes Augusttags sind als Zweite Schlacht von Höchstädt in die deutschen Annalen eingegangen; nur wenige haben schon einmal davon gehört. Für die Briten handelt es sich um die *Battle of Blenheim*, einen militärischen Triumph, der den Aufstieg ihres Landes zur führenden See- und Kolonialmacht der Welt ermöglicht hat – dank der Willensstärke, strategischen Weitsicht und taktischen Geistesgegenwart ihres damaligen Feldherrn. Die Verballhornung von Blindheim zu Blenheim geht vermutlich auf französische Spione in englischen Diensten zurück. Schon Königin Anne, die Churchill bereits zwei Jahre zuvor zum Herzog erhoben hatte, erkannte die überragende Bedeutung seines Sieges über die als unbesiegbar geltende Armee Ludwigs XIV., des Sonnenkönigs. Zum Lohn übertrug sie ihm ein üppiges Stück Kronland, fast tausend Hektar in der Nähe von Oxford, auf dem er für sich ein Schloss errichten ließ: *Blenheim Palace*, fortan Sitz der Churchill-Dynastie. So erhielt der größte private Palast im Vereinigten Königreich den verfälschten Namen eines schwäbischen Dorfs.

Für den dort geborenen Nachfahren wird es zu einer Herzenssache, über das berühmteste Familienmitglied eine Biografie zu schreiben. Mithilfe mehrerer Assistenten verfasst Winston Churchill ein weiteres seiner historischen Monumentalwerke. *Marlborough, His Life and Times* erscheint von 1933 bis 1938 in vier Bänden. Dass er den bedeutenden, aber auch zwiespältigen Mann in opulente Rhetorik hüllt (» sein Name wird seit Generationen in einem Atemzug mit Hannibal und Caesar genannt «), ist nicht weiter verwunderlich. Aufschlussreicher sind die Vergleiche, mit denen Churchill die Epoche des großen Ahnen auf seine Gegenwart bezieht. Im Kampf gegen den katholischen König von Frankreich sei Marlborough »nicht nur für das Leben und die Freiheit Englands« eingetreten, sondern für die Interessen aller protestantischen Europäer. Ludwig XIV. sei in gleicher Weise gefährlich gewesen wie der deutsche Kaiser zwei Jahrhunderte später: »Europa erhob sich gegen die militärische Beherrschung durch eine einzige Macht.«

Kämpften die Engländer an der Seite der erzkatholischen Habsburger wirklich für die Sache der Protestanten? Wohl kaum, aber diese fragwürdige Seite der Analyse ist nebensächlich. Denn Churchill formuliert hier ein Axiom seines politischen Denkens, das sich in seinen jungen Jahren zur Zeit von Queen Victoria herausgebildet hat und in einer langen Tradition steht: Eine sichere Welt ist für ihn eine Welt der europäischen Machtbalance, in der die Briten ungestört bleiben und ihre imperialen Ziele anderswo auf der Erde verfolgen können. Droht die Balance zu kippen, müssen sie ihre *Splendid Isolation* notgedrungen verlassen, um auf dem Kontinent für Ordnung zu sorgen. In den Jahren, in denen er an seinem Marlborough-Buch schreibt, rückt dieses Axiom durch die Entwicklungen auf dem Festland wieder in den Vordergrund.

Churchills erster privater Deutschlandbesuch – nach drei dienstlichen – hat Ende August 1932 begonnen. Begleitet wird er von Frederick Lindemann, dem »Prof«, der für ihn, Clementine und die 17-jährige Tochter Sarah seinen Mercedes als Reisewagen zur Verfügung stellt. Von der deutschen Botschaft haben sie zusammen mit dem Visum ein Empfehlungsschreiben erhalten, in dem die Behörden gebeten werden, ihnen »bei irgendwelchen Schwierigkeiten nach Möglichkeit entgegenzukommen«. Zuerst stehen die belgischen Schauplätze von Marlboroughs Feldzügen auf dem Programm. Dann fahren sie am Rhein entlang, machen sich ein Bild von der militärstrategischen Lage der Moselmündung bei Koblenz (einst wichtig für Marlboroughs Armee) und reisen weiter nach München.

Die Deutschen haben gerade den Reichstag neu gewählt. Nach brutalen Ausschreitungen während des Wahlkampfs, bei denen Dutzende Menschen starben, ist die NSDAP jetzt mit 37,3 Prozent die mit Abstand stärkste Partei; ein schwindelerregender Zuwachs seit den Wahlen von 1928 und 1930, in denen die Rechtsextremisten auf 2,6 und 18,3 Prozent gekommen waren. Viel mehr als die konkurrierenden Kommunisten sind die Nazis Krisengewinner. Die Weltwirtschaft ist nach Jahren des Aufschwungs kollabiert, Millionen Deutsche rutschen in die Armut, ins Elend. Zu keiner anderen Zeit werden im Reich so viele Arbeitslose gezählt wie im Jahr 1932: 5,6 Millionen Menschen sind auf der Suche nach einer bezahlten Beschäftigung (1928 lag die Zahl bei rund 1,6 Millionen). Von deren Wut und Verzweiflung und der vagen Hoffnung auf eine bessere Wirtschaftspolitik profitiert die völkische Rechtsaußenpartei: Mit dem Wahlkampfslogan »Arbeit und Brot« erzielt die NSDAP diesmal ihr Rekordergebnis in einer freien Reichstagswahl, auf ihren Plakaten strecken sich leere Hände einem Hakenkreuz entgegen.

Adolf Hitler will Kanzler werden, stößt allerdings auf Widerstand, vor allem bei Reichspräsident Paul von Hindenburg. Die ihm angebotene Vizekanzlerschaft lehnt Hitler ab, er setzt auf alles oder nichts. Am Ende der Verhandlungen steht er mit nichts da, für ihn und seine Bewegung scheint sich der Wahlerfolg vom 31. Juli in eine bittere Niederlage zu verwandeln. Weil eine handlungsfähige Reichsregierung nicht zustande kommt, steuert Deutschland auf die nächste Parlamentswahl zu.

In München treffen die Churchills und Lindemann mit Randolph zusammen. Einige Tage wollen sie in Bayern bleiben und dann weiter nach Venedig reisen. Randolph Churchill ist mit seinen 21 Jahren bereits in die väterlichen Fußstapfen getreten, er arbeitet als Journalist und plant eine Karriere als Politiker (die übergroßen Erwartungen wird er nicht erfüllen können). Für die *Sunday Graphic* hat er über Hitlers Wahlkampf berichtet. Mitte Juli begann der NSDAP-Chef seinen »Deutschlandflug« kreuz und quer durch die Republik. Auf Vermittlung von Ernst »Putzi« Hanfstaengl, der in Harvard studiert hat und als Hitlers Auslands-Pressechef fungiert, konnte Randolph einen Tag im zehnsitzigen Junkers-Flugzeug mitreisen. Höhepunkt war die Kundgebung im Deutschen Stadion in Berlin vor mehr als 100 000 Anhängern; er beschrieb sie als »eine Mischung aus American-Football-Spiel und Pfadfindertreffen, beseelt vom Geist einer Erweckungsversammlung und abgehalten mit der Disziplin eines Wachregiments«. Der junge Reporter war klug genug, sich durch die Nähe zum »Führer« nicht einlullen zu lassen. »Nichts wäre törichter, als die existenzielle Leidenschaft zu unterschätzen, aus der die Nazi-Bewegung ihre Lebensenergie zieht ... Fast alle Männer seiner Umgebung haben im vorigen Krieg gekämpft. Die meisten tragen zwei oder drei Orden an der Brust. Sie brennen auf Rache.« Schon bald werde Hitler an die Macht kommen. Und dann? »Der Erfolg der Nazi-Partei bedeutet früher oder später Krieg.« Randolph weiß, dass Hitler in München wohnt, und bittet Hanfstaengl, ein Treffen mit seinem Vater zu arrangieren.

Churchill senior hat den Aufstieg des rechtsextremen Parteichefs aus der Distanz verfolgt und ist noch nicht ganz sicher, was er von ihm halten soll. Im Oktober 1930 vertraute er dem deutschen Diplomaten Otto Fürst von Bismarck, einem Enkel des Reichskanzlers, seine Besorgnis an. Nach dem Gespräch, das sich während einer sonntäglichen Landpartie ergeben hatte, notierte der Gesandtschaftsrat an der Botschaft in London: Churchill sei über die politische Entwicklung in Deutschland »sehr genau orientiert« und habe sich »sehr scharf über den Nationalsozialismus« geäußert. Er sei froh, »dass Frankreich eine starke Armee« unterhalte. Die Franzosen hätten verständlicherweise Angst vor ihren östlichen Nachbarn, würden aber »nie daran denken, unprovoziert über Deutschland herzufallen« – und falls doch, könnten die Deutschen »mit englischer Unterstützung rechnen«. Interessant an dem Halbsatz ist, dass darin nicht nur die immerwährende Sorge um das kontinentale Kräfteverhältnis zum Ausdruck kommt, sondern auch die Möglichkeit, dass die nächste Aggression von Frankreich ausgehen könnte. Nicht wenige, die sich damals für Abrüstung einsetzen, befürchten das. Churchill eigentlich nicht. Er misstraut den Deutschen, nicht den Franzosen, und glaubt, dem Memorandum des Gesandtschaftsrats Bismarck zufolge, »dass Hitler oder seine Anhänger die erste Gelegenheit benutzen würden, um wieder zu den Waffen zu greifen«.

Offensichtlich reagiert das Churchill'sche Frühwarnsystem äußerst sensibel auf Veränderungen in Deutschland. Die Schlachten von 1914 bis 1918 haben ihn gelehrt, den Militarismus und die Kampfkraft dieses potenziellen Gegners nicht zu unterschätzen. In seinem Großwerk über den Ersten Weltkrieg schreibt er: »In der Sphäre der Gewalt hat die Menschheit niemals etwas Ähnliches erlebt wie den Ausbruch des deutschen Vulkans.« Sein Deutschlandbild ist in dem Vergleich genau umrissen: Churchill beobachtet das Land mit seismografischer Wachsamkeit. Und er bezweifelt, dass die dort schlummernden Kräfte allein durch Verhandlungen, Verträge, Rüstungskontrolle und Friedensinitiativen eingedämmt werden können.

Auf dieser Grundlage gelingen ihm Analysen von großer Treffsicherheit. Kurz nach seinem Gespräch mit Gesandtschaftsrat Bismarck veröffentlicht er im *Strand Magazine* einen biografischen Essay über Wilhelm II., den ehemaligen Kaiser. Der Blick auf den Mann, den er mehrmals gesehen, gegen dessen Armee er gekämpft hat, ist kühl und distanziert. Dem Volk, das gerade anfängt, sich dem nächsten undemokratischen Herrscher zuzuwenden, macht er einen bitteren und prophetischen Vorwurf: »Auf den Deutschen ruht eine immense Verantwortung für ihre Unterwürfigkeit unter den barbarischen Gedanken der Autokratie. Dies ist die Hauptbeschwerde der Geschichte gegen sie – dass sie ihrem Verstand und ihrem Mut zum Trotz die Macht anhimmeln und sich an der Nase herumführen lassen.«

Noch hofft er, wie er ein halbes Jahr später in einer US-Zeitung schreibt, auf »die Beherrschung des Hitlerismus durch verfassungsmäßige Kräfte in Deutschland«. Im Parlament erwähnt er den Namen des NSDAP-Chefs zum ersten Mal kurz vor der Juli-Wahl 1932: »Herr Hitler, der die treibende Kraft hinter der deutschen Regierung ist und schon in Kürze mehr sein könnte.« Thema seiner Rede ist das Einlenken des Premierministers Ramsay MacDonald, der Berlin bei den Versailler Reparationen entgegengekommen ist – viel zu weit, findet Churchill.

Anfang September in München hat sich Churchills Reisegruppe standesgemäß im *Grand Hotel Continental* einquartiert (in seinen manchmal ungenauen Erinnerungen nennt er ein anderes Hotel). Randolph hakt noch einmal bei Hanfstaengl nach, der sich sehr interessiert zeigt, Hitler und Churchill »zu einem zwanglosen Abendessen« zusammenzubringen. Aber, wie Hanfstaengl in seinen Memoiren schreibt: Der »Führer« mag nicht. Er sei müde, unrasiert, habe viel zu tun, müsse am nächsten Morgen früh aufstehen und wisse nicht, worüber er mit Churchill reden sollte. Außerdem spreche er kein Englisch. Hanfstaengl drängt ihn, wenigstens noch zum Kaffee zu erscheinen, und begibt sich ins *Continental*, wo er zwischen den gastgebenden Eheleuten Platz nehmen darf. Im Tischgespräch will Churchill wissen, warum Hitler eigentlich gegen die Juden hetze: »Was hat es für einen Sinn, jemanden bloß wegen seiner Geburt zu verfolgen?« Antisemitismus sei vielleicht am Anfang zugkräftig, auf Dauer aber eine schlechte Idee.

Als Churchill bei Brandy und Zigarre über die Vorzüge einer englisch-deutsch-französischen Partnerschaft zu sprechen beginnt, hält es Hanfstaengl nicht auf seinem Stuhl, und er versucht noch einmal, Hitler herbeizutelefonieren. In dem Moment sieht er, wie sein »Führer« in der Eingangshalle des *Continental* einen holländischen NS-Unterstützer verabschiedet. Es gelingt ihm auch jetzt nicht, den mürrischen und immer noch unrasierten Parteichef zu überreden. Hanfstaengl überspielt seine Enttäuschung und setzt sich im Musikzimmer des Hotels ans Klavier, wo er mit leichter Hand und vollem Bariton einige Märsche und schottische Lieder, darunter das berühmte »Annie Laurie« intoniert. Churchill rühmt ihn als »großartigen Entertainer« und singt hocherfreut mit.

Der weltgewandte Hanfstaengl nimmt an, Hitler habe als »unsicherer Kleinbürger« nicht den Mut aufgebracht, sich der Begegnung mit dem in vielen Ämtern erfahrenen Engländer zu stellen. Hitler erklärt ihm dagegen am nächsten Tag, Churchill sei doch bloß ein Oppositionspolitiker, um dessen Meinung sich niemand mehr kümmere. Hanfstaengl hält laut seinen – nicht immer zuverlässigen – Memoiren noch einmal dagegen und fügt hinzu, Churchill habe bei allen Meinungsverschiedenheiten »mit größter Hochachtung« über ihn gesprochen und sich mit der Bemerkung verabschiedet: »Schade, dass Ihr Chef keine Zeit hatte. Give my best regards to Herr Hitler.«

In Churchills Erinnerungen klingt es ähnlich: »Ich hatte damals kein nationales Vorurteil gegen Hitler. Über seine Vergangenheit und seine Überzeugungen wusste ich kaum etwas, über seinen Charakter nichts.« Allen, die für ihr Land einstehen, sei er stets voller Respekt begegnet. »Er hatte jedes Recht dazu, ein patriotischer Deutscher zu sein.« Unter die Beinah-Begegnung mit seinem späteren Erzfeind zieht er einen sarkastisch angehauchten Schlussstrich: »So kam es, dass Hitler die einzige Gelegenheit verpasste, mich kennenzulernen.« Zwei spätere Einladungen des Diktators, ihn in Deutschland zu besuchen, schlägt er aus.

Nach seinem München-Aufenthalt fährt Churchill zum Schauplatz der *Battle of Blenheim*, wie oben beschrieben. Aus der anschließend geplanten Venedigreise wird allerdings nichts, weil er unterwegs in Salzburg Fieber bekommt. Mit der Diagnose Paratyphus lässt er sich ins Sanatorium Dr. Hromada einweisen[1] und kehrt dann heim nach Chartwell.

Hitler wird er nie mehr aus den Augen verlieren.

---

1 Die von vielen jüdischen Patienten frequentierte Privatklinik von Dr. Gebhard Hromada wird später von der Wehrmacht als »hygienische Versuchsanstalt« benutzt. Heute befindet sich dort ein Teil der Salzburger Volkshochschule.

2

»Das Ende der Welt«: Warnungen vor der deutschen Gefahr

Obwohl die Abstände zwischen den Reichstagswahlen schrumpfen, bleibt die Wahlbeteiligung hoch. Mehr als 80 Prozent der Deutschen wollen weiterhin nach den demokratischen Spielregeln darüber entscheiden, von wem sie regiert werden. Aber ist ihr Land überhaupt noch eine Demokratie?

Churchill bezweifelt das. Mitte Oktober 1932 schreibt er in der *Daily Mail* über die »neue deutsche Autokratie«, in der die Rechtsextremen und das Militär tonangebend seien. Sein Interesse gilt, verständlicherweise, nicht der Innen-, sondern der Außenpolitik. Die von Verteidigungsminister Kurt von Schleicher geforderte Aufrüstung Deutschlands stelle »eine sehr schwerwiegende Gefahr« dar. Europa befinde sich in einer »höchst komplizierten und elektrisch aufgeladenen Lage«.

Bei der Wahl am 6. November sind die Nationalsozialisten die größten Verlierer, die Kommunisten und die ultrakonservative Deutschnationale Volkspartei die größten Gewinner. Eine stabile Parlamentsmehrheit, die eine demokratisch legitimierte Regierung stützen könnte, zeichnet sich aber genauso wenig ab wie nach der Juli-Wahl. Schleicher wird Kanzler, jedoch bloß für zwei Monate. Dann, am 30. Januar 1933, beruft Reichspräsident Hindenburg den Mann zum Regierungschef, den er lieber verhindert hätte: Adolf Hitler. »Es ist fast ein Traum«, vertraut Joseph Goebbels seinem Tagebuch an.

Seit seiner Rückkehr aus Deutschland nutzt Churchill nahezu jede Gelegenheit, vor dem Gefahrenherd in der Mitte Europas zu warnen. Dass Hitler an die Macht kommen würde, überrascht ihn nicht und bestätigt nur seine außenpolitischen Befürchtungen. Von London aus gesehen – das zeigen auch die Berichte der britischen Presse – erscheint die Ernennung des NSDAP-Chefs zum Reichskanzler noch nicht als bedeutende Zäsur, sondern eher als nächste Phase einer langwierigen Krise. Die größten Illusionen machen sich die deutschen Nationalkonservativen, die glauben, im neuen Regierungschef ihren Handlanger zu haben.

Ein Hauptthema der internationalen Politik ist zu dieser Zeit die Frage, wie sich der nächste Krieg verhindern lässt. Warum nicht einfach durch die Verkleinerung der weltweiten Waffenarsenale? Wenn kein Land mehr mit Aussicht auf Erfolg angreifen könnte, wäre der Frieden doch sicher. Diesem Gedanken folgt seit Februar 1932 die Genfer Abrüstungskonferenz unter dem Dach des Völkerbunds. Im Mittelpunkt steht dort das schwierige deutsch-französische Verhältnis. Die Deutschen wollen sich von den Fesseln des Versailler Vertrags befreien, der ihnen eine Armee von höchstens 100 000 Mann gestattet. Die Franzosen müssten doppelt nachgeben: Sie sollen erlauben, dass die deutsche Armee größer wird und gleichzeitig ihr eigenes Militär verkleinern. Die britische Regierung, deren Wort in Genf großes Gewicht hat, sieht darin ein Gebot der Fairness.

Churchill hält davon nichts. Sein Gefühl sagt ihm, dass die Deutschen nicht an Fairness interessiert sind, sondern sich für die Niederlage von 1918 revanchieren wollen.

Schon vor Hitlers Aufstieg spricht er darüber ausführlich im Unterhaus. Er respektiere und bewundere die Deutschen und wünsche sich gute Beziehungen zu ihnen. Aber man müsse der Wahrheit ins Auge sehen: »All die jungen, kräftigen Teutonen, die durch Deutschlands Straßen marschieren und vom Wunsch beseelt sind, ihre Leidensfähigkeit fürs Vaterland zu beweisen« – ihnen gehe es nicht um Gerechtigkeit, sondern sie wollten Waffen in die Hände bekommen. »Und wenn sie die Waffen haben, dann werden sie mit Sicherheit die Rückgabe verlorener deutscher Gebiete und verlorener Kolonien verlangen.« Er sei Realist, kein Alarmist. »Ich glaube nicht, dass uns in Europa momentan ein Krieg bevorsteht. Ich glaube, dass er uns erspart bleiben kann, wenn wir klug und geschickt sind.« Seine Überlegungen bleiben differenziert, jedes Land habe das Recht, seine Interessen zu vertreten. Doch generell sei er der Meinung: Wer die »von den Besiegten zu Recht beklagten Missstände« beheben wolle, müsse dies aus einer Position der Stärke heraus tun. Abrüstung aufseiten derer, die den *Great War* gewonnen haben, sei das falsche Signal.

Wäre Großbritannien in der Lage, Ländern auf dem Kontinent eine Sicherheitsgarantie zu geben? Nein, sagt er, oder höchstens dann, wenn die Vereinigten Staaten als Schutzmacht mit dazu kämen. Aber an ein europäisches Engagement würden die USA noch nicht wieder denken, so wünschenswert das auch sei. Es ist einer dieser Churchill-Momente, in denen er die Zukunft genauer sieht als andere.

Kein führender Politiker in Großbritannien beschreibt eindringlicher als er, was in Deutschland vor sich geht. Die Illusion, am 30. Januar habe ein normaler Regierungswechsel stattgefunden, ist rasch zerstoben. Nach Hitlers Machtübernahme dauert es nur wenige Wochen, bis Churchill dem Parlament »die gnadenlose Misshandlung von Minderheiten« vor Augen führt, die rassistische Hetze, die Judenverfolgung. »Man kann im Grunde nur froh darüber sein, dass all die wilden Leidenschaften, die in Deutschland wüten, noch kein anderes Ventil gefunden haben als die Deutschen selbst.« Aber wie lange werde das so bleiben? Nach 1918 sei die aus dem Kaiserreich hervorgegangene Demokratie zu einem Pfeiler der europäischen Sicherheitsarchitektur erklärt worden. »All das wurde hinweggefegt. Wir haben eine Diktatur – eine erbarmungslose Diktatur.«

Was sollen die Briten jetzt tun? Klar ist erst einmal nur, was sie nicht tun sollen: ihre militärische Stärke weiter verringern. Kommentarlos geht Churchill darüber hinweg, dass er selbst es war, der sein Land als Finanzminister in eine jahrelange Abrüstungsspirale hineingetrieben hat (siehe Teil I, Kapitel 8). »Wir hatten weit über das vernünftige Maß hinaus abgerüstet«, sagt er ohne irgendeinen Anflug von Selbstkritik und fordert den radikalen Kurswechsel. Dass dieser beim Heer und bei der Marine bereits begonnen habe, begrüßt er. »Das Wichtigste von allem« werde jedoch vernachlässigt: die Luftwaffe.

Für die nächsten Jahre hat Churchill nun sein Thema gefunden, die Stärkung der *Royal Air Force.* Er bietet alles auf, was er rhetorisch vermag, aber meist wird es ihm vorkommen, als rede er gegen eine Wand. Mit der Debatte um den Luftkrieg hat ein Parteifreund von ihm angefangen, Ex-Regierungschef Stanley Baldwin, Vizepremier und starker Mann in der von MacDonald geführten Koalition (*National Government*). » Der Bomber kommt immer durch «, lautet Baldwins Schlüsselsatz, der bis heute im Englischen ein geflügeltes Wort ist. Es sei ein Gebot der Ehrlichkeit gegenüber den Briten, sie mit einer harten Tatsache zu konfrontieren: » dass keine Macht der Welt sie davor schützen kann, bombardiert zu werden «.

Ob Baldwins Aussage waffen- und verteidigungstechnisch jemals zutrifft, ist umstritten. Baldwin zieht aus seiner Annahme den Schluss, dass der nächste Krieg vor allem ein Luftkrieg sein werde, in dem » die europäische Zivilisation ausgelöscht wird «. Flächenbombardements gegen Städte sind in seinem düsteren Szenario als etwas Selbstverständliches vorausgesetzt, und Baldwin scheut nicht davor zurück, seine Konsequenz auszuformulieren: » Angriff ist die einzige Verteidigung, was bedeutet, dass man Frauen und Kinder schneller und in größerer Zahl töten muss als der Feind. « Im Grunde nimmt er die zentrale militärstrategische Doktrin des Atomzeitalters vorweg, das Gleichgewicht des Schreckens. Die englische Bezeichnung trifft den Sachverhalt genauer: gegenseitig garantierte Zerstörung (*mutual assured destruction*).

Nur eines könne verhindern, dass diese tödliche Spirale sich zu drehen beginnt: konsequente Abrüstung. Genauer gesagt, die weltweite Abschaffung sämtlicher Militärflugzeuge sowie eines Teils der zivilen Luftfahrt, dazu weitere drastische Beschränkungen. Baldwin bezweifelt selbst, dass er mit solchen Ideen international durchdringt, trotzdem wirbt er eine Zeit lang für sein pazifistisches Wolkenkuckucksheim. Seine » Bomber «-Rede von Ende 1932 könnte man als bizarren Moment britischer Politik abtun, wäre der entfesselte Luftkrieg nicht einige Jahre später Realität geworden – wenn auch in manchem anders, als Baldwin ihn sich ausmalt.

Churchill, der seinem » sehr ehrenwerten Freund « in herzlicher Abneigung verbunden ist, hat ersichtlich Freude daran, dessen Überlegungen als » Unsinn « bloßzustellen. Zum einen schwäche Baldwin mit dem »hilflosen, hoffnungslosen Grundton« seiner Thesen den nationalen Selbstbehauptungswillen. Zum anderen zeichne er ein falsches Bild der militärischen Verhältnisse. Nicht die Zivilisten seien das primäre Angriffsziel für Bomber im Feindesland, sondern die strategischen Anlagen, allen voran Flugplätze und Rüstungsfabriken. Darum müsse die eigene Luftflotte so gestärkt werden, dass sie ihre deutschen Widersacher weitgehend kampfunfähig machen könne. Auch Churchill spricht hier, nicht anders als Baldwin, über ungeprüfte Theorien.

Die Positionen im Parlament liegen extrem weit auseinander. Auf der Liste grober Irrtümer der damaligen Zeit sichert sich der Labour-Politiker (und spätere Premierminister) Clement Attlee 1934 einen Spitzenplatz: Er lehnt jede Art der Aufrüstung ab, weil das Hitler-Regime dabei sei, »nach und nach zusammenzubrechen«. Durch ein Misstrauensvotum versuchen Attlee und seine Fraktion gemeinsam mit den Liberalen, den von der Regierung inzwischen angekündigten Ausbau der *Royal Air Force* zu stoppen.

Churchill dagegen gehen die Ausbaupläne nicht weit genug. Unermüdlich führt er seinen argumentativen Feldzug, in dem er lange Reihen von Zahlen aufmarschieren lässt, statistische Angaben über die Kapazitäten der britischen und deutschen Rüstungsindustrie und anderes mehr. Emotionale Wirkung versucht er zu erzielen, indem er die Schutzlosigkeit britischer Städte beschreibt: London sei »das größte Angriffsziel der Welt, wie eine dicke, gewaltige, wertvolle Kuh, die in Fesseln gebunden ist, um das Raubtier anzulocken«. Die Verteidigungsfähigkeit des Landes habe einen historischen Tiefstand erreicht. »Kriege beginnen ganz plötzlich«, aber noch sei es nicht zu spät, die notwendige Entscheidung zu treffen – »ob wir uns unterwerfen oder ob wir uns vorbereiten wollen«.

Dass er sich wirklich große Sorgen macht, zeigen private Äußerungen. An Clementine schreibt er 1935: »Wenn der *Great War* fortgesetzt wird … wird es das Ende der Welt sein.«

In Berlin haben ihn die NS-Machthaber als den Engländer identifiziert, der sie am meisten stört. Hitler will freie Hand auf dem Kontinent und stellt sich vor, dass er in gutem Einvernehmen mit den Briten die Interessensphären aufteilen könne: das globale Empire für die alte Seemacht, das europäische Festland – und einige ausgewählte Kolonien – für das neue, starke Reich.

Um Churchills antideutschen Furor zu dämpfen, plant der nach London entsandte Botschafter Joachim von Ribbentrop, ihn zu bestechen. In einer »Notiz für den Führer« bittet Ribbentrop um mehrere Millionen Reichsmark in englischen Pfund und fügt zur Begründung einen Zeitungsartikel bei, »der bestimmt dem Churchill von den Franzosen teuer bezahlt worden ist«. Mit genügend Geld ließe sich etwas gegen diese lästige Publizistik unternehmen: »Da Churchill dauernd geldknapp und moralisch nicht ganz hieb- und stichfest ist, könnte ich mir vorstellen, dass er eines Tages ganz andere Artikel schreiben wird, wenn ich freie Hand habe.« Doch aus Ribbentrops illusionärem Plan wird nichts.

Ohne exekutives Amt ist Churchill vom laufenden Informationsfluss der Regierung abgeschnitten, darum pflegt er inoffizielle Kontakte in die Ministerien. Von Chartwell aus unterhält er eine Art Mini-Geheimdienst, der ihn mit internen Papieren versorgt. Die Profis vom *MI5* wissen Bescheid, weil sie sein Telefon angezapft haben, halten jedoch still.

In den Details liegt er trotzdem manchmal falsch, wie Militärhistoriker nachweisen können. Er lässt die deutsche Luftwaffe in seinen Reden machtvoller aussehen, als sie tatsächlich ist, vielleicht einfach deshalb, weil es ihm ins Konzept passt. (Für das angebliche Churchill-Zitat, er traue nur der Statistik, die er selbst gefälscht habe, fehlt indes der Beleg.) Letztlich kommt es darauf nicht an. Viel wichtiger ist, dass er früh, hartnäckig und weitgehend frei von Widersprüchen vor der nationalsozialistischen Gefahr gewarnt hat.

Die Nachrichten aus Deutschland bestätigen seine Prognosen. Im März 1935 geht die Aufrüstung Schlag auf Schlag: Hermann Göring wird zum ersten Oberbefehlshaber der Luftwaffe ernannt und verkündet offiziell den Bruch des Versailler Vertrags, der den Aufbau deutscher Luftstreitkräfte untersagt hat. Einige Tage danach gibt Hitler bekannt, dass in Deutschland ab sofort wieder die Wehrpflicht gelte, ebenfalls entgegen den Bestimmungen von Versailles. Großbritannien und Frankreich nehmen es hin. Gleichzeitig wird die Reichswehr in Wehrmacht umbenannt, ein Signal des Neubeginns. Die Freude in Deutschland ist groß, und sie wird noch größer, als die Wehrmacht ein Jahr später ins entmilitarisierte Rheinland einmarschiert. Propagandaminister Goebbels notiert im Tagebuch: »Der Führer strahlt. England bleibt passiv. Frankreich handelt nicht allein, Italien ist enttäuscht und Amerika uninteressiert.« Hitler hat viel riskiert und hoch gewonnen.

Weil Churchill zu dieser Zeit versucht, seine Beziehungen zur konservativ geführten Regierung zu verbessern, äußert er sich nach der Rheinland-Besetzung ungewöhnlich verhalten. Eine gute Gelegenheit – vielleicht die beste überhaupt –, das NS-Regime in die Schranken zu weisen, ist jedenfalls vertan. Churchills Einschätzung, dass Österreich und die Tschechoslowakei die nächsten Ziele der deutschen Expansion sein werden, stimmt.

Eine gewisse Schwankungsbreite gibt es in seiner Darstellung Hitlers. Manchmal scheint er die Deutschen sogar kritischer zu beurteilen als ihren »Führer«. Im *Strand Magazine* veröffentlicht er Ende 1935 ein Porträt mit dem Titel »Die Wahrheit über Hitler«, das er mit kleinen Veränderungen in seinen Sammelband über »Große Zeitgenossen« aufnimmt. Der Diktator erscheint darin als ein Mensch, dem alles zuzutrauen ist, im Bösen wie im Guten. Schließlich gebe es in der Vergangenheit genügend »Beispiele von Männern, die durch düstere, abstoßende, bösartige, ja entsetzliche Methoden an die Macht gelangten«, um dann doch »als große Persönlichkeiten angesehen zu werden, deren Wirken die Geschichte der Menschheit bereichert hat«. Ob er als Verursacher des nächsten furchtbaren Krieges in die Historie eingehen werde oder als der Mann, der sein Land »in die erste Reihe der europäischen Völkerfamilie zurückgeführt« habe, sei völlig offen. »Hitler entweder als Monster oder als Held«, dieses Urteil werde erst noch fallen, man müsse hoffnungsvoll bleiben.

Bewunderung für Hitlers Stärke schimmert durch, wenn Churchill den Wandel der deutschen Stellung in der Welt beschreibt. Als der nationalsozialistische Parteichef an die Macht kam, sei Deutschland vor den Alliierten am Boden gelegen, bald könne es umgekehrt sein. »Was auch immer man sonst von seinen Taten halten mag, sie gehören sicherlich zu den bemerkenswertesten der gesamten Weltgeschichte.« Es sind Passagen, in denen sich Churchill von seiner romantischen Begeisterung für große Taten großer Männer überwältigen lässt.

Die Verhältnisse in Deutschland beschönigt er nicht. Er kommt auf die Kriegsvorbereitungen zu sprechen, die brutale Verfolgung von Juden und Regimegegnern, die Konzentrationslager, die Gleichschaltung der Justiz. Aber es bleibt dabei, dass er Hitler eine Chance geben will. Churchill beruft sich gegen Ende seines biografischen Essays auf Berichte, wonach der Diktator im persönlichen Gespräch »ein überaus kompetenter, gelassener, gut informierter Staatsdiener mit angenehmen Umgangsformen und einem entwaffnenden Lächeln« sei. Darum bestehe die Hoffnung, »dass das Schlimmste vorbei ist und dass wir Hitler noch als eine mildere Persönlichkeit in einem glücklicheren Zeitalter erleben werden«.

Es handelt sich nicht um einen Ausrutscher. In einem Beitrag für den *Evening Standard* taucht Churchill den »Führer« ein weiteres Mal in rosiges Licht. »Man muss Hitlers System nicht mögen und kann dennoch seine patriotische Leistung bewundern.« Sollte Großbritannien einmal ähnlich am Boden liegen wie das besiegte Deutschland, wünschte er sich einen Mann vom Kaliber Hitlers, »der uns wieder Mut macht und uns auf den angemessenen Platz unter den Nationen zurückführt«.

Was treibt ihn beim Schreiben dieser Texte an? Überdruss an den eigenen düsteren Szenarien? Der Wunsch, seinem Publikum neben der besorgten Miene des Warners zur Abwechslung ein hoffnungsvolles Gesicht zu zeigen? Oder hat der fleißige Vielschreiber einfach nicht lange genug nachgedacht, bevor er formulierte? Zu Churchills Gunsten lässt sich sagen, dass er mit Anfang 60 geistig beweglich bleibt und imstande ist, die Welt mit neuen Augen zu sehen. Im frischen Blick liegt aber auch die Gefahr, dass die Urteilskraft leidet. Hitler zu einem potenziellen Helden der Weltgeschichte zu erklären, ist schon damals ziemlich kühn. Stimmt es also, wie Franz Josef Strauß gesagt haben soll, »dass sich sogar Winston Churchill wohlwollend über Adolf Hitler äußerte«? Den Satz des legendären CSU-Politikers hat Martin Gilbert überliefert, der von Churchills Familie beauftragte Biograf. In einem Brief an Strauß, berichtet Gilbert, habe er zur Klarstellung auf die vielen deutlichen Worte Churchills über Hitler und die Verhältnisse in Nazi-Deutschland hingewiesen. Nach Auskunft des Archivs für Christlich-Soziale Politik der Hanns-Seidel-Stiftung ist Gilberts Brief im Strauß-Nachlass nicht erhalten.

Wie immer kommt es auf den Kontext an, das persönliche und zeitliche Umfeld. Dass es einige Jahre vor dem Holocaust möglich war, mit Hitler noch die Hoffnung auf ein »glücklicheres Zeitalter« zu verbinden, macht den Mann und seine Verbrechen in der Rückschau kein bisschen besser und Churchills Kampf gegen ihn nicht schlechter.

Die Zeitgenossen Churchills wissen genau, wie er zur deutschen Diktatur steht. Als er 1937 die Aufsatzsammlung *Great Contemporaries* zusammenstellt, legt er alle Texte dem britischen Außenministerium vor. Gegen das *Strand*-Porträt des »Führers« erhebt der zuständige Referent Einwände, weil er befürchtet, »dass dieser Artikel den Machthabern in Deutschland keineswegs behagen würde«. Es sei fraglich, »ob eine Wiederveröffentlichung gerade jetzt ratsam wäre«.

Das offizielle London ist gegenüber Berlin ganz auf Appeasement eingestellt. Und offensichtlich wird der Essay anders gelesen als heute, die milden Passagen über den NS-Chef fallen nicht groß ins Gewicht. Churchill streicht neben einigen weiteren Kleinigkeiten den Satz, in dem er Hitler als »Monster oder Held« bezeichnet, und lässt den Text drucken.

3

»Ein wackeres und romantisches Relikt«: Churchill steht sich selbst im Weg

Warum dringt Churchill mit seinen Warnungen vor der deutschen Gefahr nicht durch?

Mehrere Dinge kommen zusammen. Sie beantworten nicht nur die Frage, sondern vervollständigen auch das Bild dieses Menschen vor dem Hintergrund seiner Zeit. Ein erster Punkt: Viele, vor allem in den Reihen der Linken und Liberalen, sehen in ihm einen Mann von gestern, der einen patriarchalischen Habitus pflegt, pompöser formuliert als nötig und die Vergangenheit verklärt. Harold Laski, ein führender Linksintellektueller, nennt ihn »einen der großen Anachronismen unserer Zeit ... ein wackeres und romantisches Relikt des Imperialismus nach Art des 18. Jahrhunderts«.

Schwerer als die Kritik politischer Gegner wiegt das Misstrauen der eigenen Partei. Aus dem konservativen Schattenkabinett ist er 1931 ausgetreten, und als die Tories wieder an die Macht kommen, wird er nicht mehr berücksichtigt. Ein verbreiteter Vorwurf gegen Churchill lautet, dass es ihm letztlich an Klugheit mangele. In diesem Sinn bereitet Stanley Baldwin 1936 einen sorgfältig verpackten Angriff auf ihn vor. Seinen Privatsekretär hat der Premierminister – es ist Baldwins dritte Amtszeit – schon eingeweiht: »Ich werde sagen, dass sich bei Winstons Geburt viele gute Feen auf seiner Wiege niederließen, um ihn mit ihren Gaben zu beschenken, mit Fantasie, Beredsamkeit, Fleiß, Tatkraft. Und dann kam noch eine Fee und sagte: ›Niemand hat ein Recht auf so viele Gaben.‹ Sie packte ihn und schüttelte ihn kräftig durch, sodass er bei all seinen Gaben

Urteilsvermögen und Weisheit entbehren musste. Darum hören wir ihm in diesem Hause mit Vergnügen zu, folgen aber nicht seinem Ratschlag.« Die geplante Attacke führt der Premier dann allerdings nicht aus.

Dass der von Baldwin beschriebene Eindruck entstehen konnte, ist begreiflich. Für Churchills Hang zum Abenteurertum stehen Schlagworte wie Antwerpen oder Gallipoli. Am Rednerpult übertreibt er gern, und sei es auch nur, um einen rhetorischen Effekt zu erzielen. Viele halten ihn für einen Alarmisten, denn schon oft hat er kommendes Unheil an die Wand gemalt, das dann doch nicht kam. In einem Zeitungsartikel gibt er 1937 selbst zu, dass er ein paar Jahre früher »ein lauter Alarmist« gewesen sei.

Die Briten sind außerdem kriegsmüde. Die Opfer, die ihnen der Sieg von 1918 abverlangt hat, stecken ihnen noch in den Knochen. Und von der Weltwirtschaftskrise wurden sie gerade erst ähnlich hart getroffen wie viele andere Länder. Der Blick in die Ferne hilft ihrem Nationalgefühl auch nur begrenzt, denn aus dem ausgezehrten Empire lässt sich kaum noch patriotischer Honig saugen. So kommt es, dass die vorherrschende Stimmung auf der Insel nicht Kampfbereitschaft ist, wie einst, sondern eine aus Erschöpfung geborene Friedenssehnsucht. Zugespitzt zeigt sich das in einer Resolution, die der renommierte Studenten- und Debattierclub *Oxford Union* 1933 mit klarer Mehrheit verabschiedet: »Dieses Haus wird unter keinen Umständen für seinen König und sein Land kämpfen.« Als Churchill davon hört, ist er entsetzt.

Seine Landsleute erleben ihn zu dieser Zeit nicht nur als den Mann, der dauernd nach Deutschland zeigt und mehr Flugzeuge verlangt. Churchill hat ein zweites Lieblingsthema: Indien. Seit Anfang der Dreißigerjahre führt er die Opposition gegen die Indienpolitik der Regierung an. Den überparteilichen Plan, die größte und bedeutendste Besitzung des Empire nach und nach in die Unabhängigkeit zu entlassen, lehnt er strikt ab: Es handele sich um »einen grässlichen Akt der Selbstverstümmelung«. Nur eine Minderheit seiner Landsleute denkt so rückwärtsgewandt wie er.

Neben seiner Aufrüstungskampagne betreibt er nun jahrelang auch eine Kampagne für die uneingeschränkte britische Herrschaft über Indien, die seit der Zeit von Queen Victoria allen nur Gutes gebracht habe. Einige konservative Hardliner unterstützen ihn dabei, doch davon abgesehen schadet sein publizistischer und parlamentarischer Indien-Kreuzzug seinem Ansehen erheblich. Hier liegt ein weiterer Grund dafür, warum seine eindringliche Darstellung der deutschen Ereignisse angezweifelt und ignoriert wird. In der öffentlichen Wahrnehmung steht der verbohrte, rückwärtsgewandte Churchill dem klugen, weitsichtigen Churchill im Weg: Man glaubt beiden nicht.

In einem Rückblick während des Zweiten Weltkriegs bringt er den bemerkenswerten Satz zu Papier: »Vor dem Krieg habe ich unser britisches Volk zehn Jahre lang vor Hitler und Gandhi gewarnt.« Nicht nur nennt er beide in einem Atemzug, sondern wahrscheinlich hat er Gandhi sogar stärker gehasst als Hitler. Der deutsche Diktator nötigt ihm Bewunderung ab, weil er als fanatischer Patriot auftritt. Aber der indische Volksheld hat seiner Meinung nach kein Recht darauf, die Interessen seines Landes zu vertreten. Das soll allein Sache der britischen Vormünder sein. »Beunruhigend und auch widerwärtig anzuschauen« findet er es, wie Gandhi, »der sich jetzt als Fakir einer im Osten wohlbekannten Sorte ausgibt, halb nackt die Stufen zum Palast des Vizekönigs hinaufschreitet ... um mit dem Vertreter des Imperiums auf Augenhöhe zu verhandeln«. Privat drückt er es so aus: »Ich hasse die Inder.« Die Hindus seien »ein scheußliches Volk mit einer scheußlichen Religion«; er meint damit inhumane Traditionen wie die Witwenverbrennung und das Kastensystem. Gandhi würde er, wie er einmal sagt, am liebsten von einem Elefanten zertrampeln lassen.

Als es in Bengalen 1943/44 nach Ernteausfällen zu einer schweren Hungersnot kommt, bei der mehr als eine Million Menschen sterben, interessiert sich Churchill nur am Rande dafür. Umstritten ist, ob er damals als Kriegspremier die indische Hungerkatastrophe verschlimmert, weil ihm Nahrungsmittellieferungen nach Europa wichtiger sind. An seiner Gleichgültigkeit besteht jedoch kein Zweifel. Während das Kriegskabinett über die Lage in Bengalen berät, mokiert er sich über die »wirtschaftliche Ineffizienz« der Inder, die sich außerdem »wie die Kaninchen« vermehren würden. Ein andermal nennt er sie »die widerlichsten Menschen der Welt, nach den Deutschen«.

Hässliche Sätze dieser Art äußert Churchill immer wieder. Häufig stehen sie in einem konkreten zeitlichen Zusammenhang. Die Deutschen als Kriegsgegner findet er abscheulich, aber nach dem Krieg macht er wieder seinen Frieden mit ihnen. Eine gewisse Analogie zeigt sich auch bei seiner Meinung über die Inder; sein Blick auf sie wird milder, als der Kampf um ihre Unabhängigkeit entschieden und der Konflikt vorbei ist. Am Rande der Krönungsfeier für Queen Elizabeth II. kommt er 1953 mit Indira Gandhi ins Gespräch, der Tochter des ersten indischen Ministerpräsidenten Jawaharlal Nehru und späteren Regierungschefin. Sie müsse die Briten früher gehasst haben, sagt er. »Gehasst haben wir euch nie«, lautet ihre Antwort, worauf Churchill erwidert: »Ich euch schon, aber nicht mehr.«

Dass sein geliebtes Empire als *Commonwealth of Nations* bloß noch ein schattenhaftes Nachleben führt, gehört für ihn zu den betrüblichsten Erfahrungen seines Lebens. Er ist zutiefst überzeugt, dass die Engländer dazu bestimmt seien, über andere zu herrschen und diese »Bürde« auch gegen Widerstände auf sich zu nehmen – so wie es Rudyard Kipling 1899 in seinem berühmten Gedicht »The White Man's Burden« beschrieben und überhöht hat. Churchills Liebe zum Kolonialreich geht mit einem Rassismus einher, der noch stärker ausgeprägt ist als zu seiner Zeit und in seiner Schicht üblich. Das Schicksal der indigenen Völker Nordamerikas oder Australiens könne er nicht bedauern, sagt er, da sie durch »eine höherwertige Rasse« (*a higher-grade race*) verdrängt worden seien. Über Afrikaner, Araber, Japaner oder Chinesen spricht er in den übelsten Worten. Zu beschönigen gibt es da nichts, auch wenn seine Biografen es immer wieder versucht haben und zum Beispiel darauf verweisen, dass Churchill wenigstens kein Antisemit war. Allerdings steckt auch in dem positiven Vorurteil, das er über die angeblich überlegenen Juden pflegt, die Vorstellung einer genetisch bedingten Hierarchie unter den Menschen.

Gelegentlich rücken ihn Zeitgenossen in die Nähe von Faschisten und Nazis. Einer der Anlässe ist seine Indien-Kampagne: Im

Daily Herald, der damals auflagenstärksten Londoner Tageszeitung, erscheint 1933 eine Karikatur, die Churchill in SA-Aufmachung zeigt; mit ausgestrecktem Arm marschiert er vor einem Hakenkreuzbanner und hält ein Pamphlet in der Hand: »Bemerkungen über Gandhi von Adolf Churchill«. Ein anderer Karikaturist hat ihn schon 1924 als »unseren eigenen Mussolini« porträtiert. Zu jener Zeit ist der italienische Diktator Benito Mussolini das Vorbild für Ultranationalisten und Demokratiegegner, die an die Macht kommen wollen, auch für Hitler, der mit seinem »Führer«-Gehabe den Personenkult um den »Duce« nachahmt. Churchill empört sich 1923 zwar in einem Brief an Clementine, »was für ein Schwein dieser Mussolini ist«, weil italienische Truppen gerade die griechische Insel Korfu besetzt haben. Aber bald fängt er an, ihn für seine »souveräne Führung« zu bewundern.

Clementine trifft den Faschistenführer 1926 bei einem Rombesuch zum Tee und findet ihn charmant und »sehr würdevoll«. Als Schatzkanzler hilft Churchill dabei, dass Italien seine in London aufgenommenen Kriegsschulden günstig zurückzahlen kann. Im Jahr darauf wird er vom »Duce« mit allen Ehren empfangen und lobt ihn vor der Presse in Rom: »Wäre ich ein Italiener gewesen, so wäre ich sicher von Anfang bis Ende ganz auf Ihrer Seite gewesen im siegreichen Kampf gegen die bestialischen Begierden und Leidenschaften des Leninismus.« Durch die Überwindung der roten Gefahr habe Mussolini »der ganzen Welt einen Dienst erwiesen«. Laut der englischen *Times* ruft der Auftritt des Besuchers »die enthusiastischen Kommentare aller faschistischen Zeitungen« hervor. In Mussolinis Parteiblatt *Il Popolo d'Italia* veröffentlicht Churchill anschließend eine Serie von vermutlich gut bezahlten Artikeln über den Ersten Weltkrieg. Daheim in Großbritannien trägt ihm die Nähe zu dem Diktator deutliche Kritik ein, sodass er nun erst einmal Abstand hält. 1933 rühmt er ihn erneut, diesmal als »größten Gesetzgeber unserer Tage«, der gezeigt habe, »wie man der Gefahr des Sozialismus entgegen treten kann«. Churchills glühender Anti-Kommunismus geht so weit, dass er sich im Zweifel eher für das andere Extrem entscheiden würde, wie er selbst einmal sagt. Allerdings sagt er auch: »Ich bin fest davon überzeugt, dass unsere lange erprobte Demokratie in der Lage sein wird, das parlamentarische Regierungssystem zu bewahren.«

Der Publizist Sebastian Haffner, der 1938 vor den Nazis nach England flüchtete, hat in seiner Churchill-Biografie geschrieben: »Der Sache nach war der Churchill der Zwanzigerjahre ein Faschist; nur seine Nationalität verhinderte, dass er es auch dem Namen nach wurde.« Damit macht sich Haffner eine Zuschreibung zu eigen, die Churchills zeitgenössische Gegner manchmal im politischen Meinungskampf verwendet haben. Hält das Etikett einer Prüfung stand? Gewisse Zutaten einer faschistischen Gesinnung sind bei Churchill zweifellos vorhanden: Nationalstolz, Rassismus, Anti-Kommunismus, Begeisterung für alles Militärische, Sympathie für starke Anführer, dazu sein kurzzeitig aufkommender Wunsch, das Wahlrecht in einem elitären Sinn einzuschränken. Doch drei entscheidende Dinge fehlen: der Hass auf alle politischen Konkurrenten, die Verachtung und Missachtung der demokratischen Institutionen und der Impuls, sich an die Spitze einer populistischen Bewegung zu stellen.

Ein überzeugender »Führer« wäre aus Churchill wohl kaum geworden. Er besitzt nicht das nötige Charisma, um einen Personenkult zu entfachen. Die Aura, die ihn seit dem Zweiten Weltkrieg – und heute vielleicht noch stärker als zu seinen Lebzeiten – umgibt, verdankt er seiner Entschlossenheit als Kriegspremier, seiner sorgfältig eingeübten Rhetorik, sicher auch seinen Markenzeichen, der ewigen Zigarre und den zum Victory-V gespreizten Fingern, vor allem aber der Tatsache, dass er auf unwahrscheinliche Weise erfolgreich ist. Er erntet die späte Frucht eines langen Politikerlebens. Seit seinen jungen Jahren kann er im Gespräch beeindrucken, durch pointierte Bemerkungen, Humor, enzyklopädisches Wissen, durch sein schieres Ego; und doch gibt es keine Berichte, die von jener Art persönlicher Magie zeugen, wie sie von Begegnungen mit Hitler und Mussolini überliefert ist. Die besondere Ausstrahlung auf andere ist bei ihm nicht die Voraussetzung seiner großen Zeit, die im Kampf gegen das Nazireich anbricht, sondern ihr Ergebnis.

Je länger in Deutschland und in Italien die diktatorische Herrschaft andauert, umso deutlicher grenzt er sich davon ab. In einem für US-amerikanische Hörer produzierten Rundfunkbeitrag erklärt er im August 1939 die Lage in Europa: »Eine Sache finde ich sehr merkwürdig, dass sich nämlich nach so vielen Jahrhunderten der Erfahrung und des Fortschritts alle Macht wieder in den Händen eines Mannes konzentriert.« Auffallend sei, dass die englischsprachigen Nationen vor einer Diktatur stets zurückgeschreckt seien. Briten und Amerikaner würden sich nie mit Haut und Haaren ihren Anführern ausliefern. Ein Jahr danach, als Churchill sein Land durch größte Schwierigkeiten steuern muss, bemerkt der Ökonom John Maynard Keynes nach einem gemeinsamen Abend im *Other Club*: »Vielleicht steht er gerade im Zenit seiner Macht und seines Ruhms, aber ich habe nie jemanden erlebt mit weniger diktatorischen Anwandlungen oder Hybris.«

Jahrelang ist Churchill von Männern und Frauen umgeben, die den Faschismus offen unterstützen. Man sieht sich auf Hochzeits- und Geburtstagsfeiern, Jagdausflügen, Dinnerpartys oder im Club. In Churchills *Other Club* wird 1931 der begabte politische Abenteurer Oswald Mosley aufgenommen, ein Mann aus dem adligen Establishment, der bereits für die Konservativen und für Labour im Unterhaus saß und jetzt Mitstreiter für seine eigene Partei sucht, die *New Party*. Da die Gruppierung kaum Erfolg hat, gründet er im Jahr darauf die *British Union of Fascists*. An der Spitze der sogenannten Schwarzhemden eifert Mosley seinem Vorbild Mussolini nach, was ihn in seinen Kreisen keineswegs zum Außenseiter macht. Der Pressebaron Lord Rothermere, ebenfalls Mitglied im *Other Club*, unterstützt Mosley publizistisch. In der *Daily Mail* wirbt er für die Faschisten unter der großgedruckten Überschrift: »Ein Hurra auf die Schwarzhemden«. Mosley nimmt bis 1935 an den Clubabenden teil (fünf Jahre später wird er als potenzieller Staatsfeind interniert).

Sein Förderer Rothermere schätzt Hitler noch mehr als Mussolini. In seiner *Daily Mail* nennt er ihn den »großen friedlichen Erneuerer und Gestalter seiner Nation«, eine deutsche »Schicksalsfigur«. Es ist vor allem die Kommunistenfurcht, die den Lord in die rechtsextreme Ecke treibt. Hitler sieht in ihm einen willkommenen Einflussagenten, dem er in langen Briefen seine Politik erklärt: Er wolle alles tun für die »Wiederherstellung eines guten und dauernden Verhältnisses zwischen den beiden großen germanischen Nationen«. 1934 lädt er ihn zur ersten großen Abendgesellschaft für ausländische Gäste in die Reichskanzlei ein.

Weil Hitler die Briten als ebenbürtiges »germanisches Volk« und potenzielle Bündnispartner betrachtet, empfängt er Besucher von der Insel besonders gern. Sie kommen in beachtlicher Zahl, lassen sich vom »Führer« umwerben und kehren beeindruckt zurück. Lord Londonderry, ein Cousin Churchills, der dem Kabinett bis 1935 als Luftfahrtminister angehört, reist anschließend mehrmals nach Deutschland und pflegt vor allem zu Göring und Ribbentrop freundschaftlichen Kontakt. Seine Frau, die als großzügige und hervorragend vernetzte Gastgeberin eine Schlüsselstellung in der Londoner High Society einnimmt, kann ihre Begeisterung kaum in Worte fassen. Nach der ersten Begegnung schreibt Lady Londonderry an Hitler: »Zu sagen, dass ich tief beeindruckt war, trifft die Sache nicht… Sie und Deutschland erinnern mich an die Schöpfungsgeschichte in der Bibel.«

Zwei Cousinen von Clementine, Diana und Unity Mitford, stellen alle anderen englischen Hitler-Anhänger in ihrem Eifer für den »Führer« in den Schatten. Diana heiratet Oswald Mosley im Haus von Joseph Goebbels; der NS-Chef ist als Ehrengast dabei. Unity trifft sich derart häufig mit ihm, dass Gerüchte aufkommen, die beiden seien heimlich verlobt. Auf eine direkte Frage der Filmregisseurin Leni Riefenstahl antwortet Hitler: »Meine Gefühle sind so national, dass ich nur ein deutsches Mädchen lieben könnte.«

Im Nachhinein lässt sich schwer begreifen, wie es dem Diktator und seiner Umgebung gelingt, einen erheblichen Teil der britischen Elite für sich einzunehmen, ehe der Krieg die Fronten schließlich klärt. Wahrscheinlich spielt es eine Rolle, dass beide Länder seit Langem verflochten sind, wirtschaftlich, kulturell, im Hochadel. Deutschland erscheint darum als ebenbürtige Nation mit gleichen Rechten, von der gerade eine erstaunliche Dynamik ausgeht. Der liberale David Lloyd George, Kriegspremier im Ersten Weltkrieg, rühmt Hitler nach den Olympischen Spielen von Berlin 1936 in einem Zeitungsbeitrag: »Er ist der George Washington von

Deutschland – der Mann, der sein Land von allen Unterdrückern befreit hat.«

Auch in der königlichen Familie gibt es Sympathien für das NS-Regime. Der nur kurz amtierende König Edward VIII. tut sich nach seiner Abdankung besonders hervor. Mit seiner amerikanischen Partnerin Wallis Simpson fährt er – nun der Herzog von Windsor – als persönlicher Gast Hitlers durch Deutschland und genießt die Aufmerksamkeit der Nazi-Größen. Schon auf einer Filmaufnahme von 1933 oder 1934 ist Edward zu sehen, wie er im Familienkreis den Hitlergruß zeigt; die kleine Prinzessin Elizabeth, die spätere Königin, reckt ebenfalls den Arm in die Luft. Edwards unfreiwilliger Thronverzicht hatte sich zu einer Staatskrise entwickelt: Der König wollte seine geschiedene Geliebte um jeden Preis heiraten, was als unmöglich galt, weil der britische Monarch zugleich an der Spitze der anglikanischen Kirche steht.

Churchill, der Edward unterstützt, verliert dadurch weiter an Reputation. Er führt einen einsamen, aussichtslosen Kampf für das Privatinteresse des Königs und wird im Unterhaus niedergebuht. Sein Einfluss im Land, klagt er, sei »auf null gesunken«. Tatsächlich sind seine Chancen, jemals wieder in ein Regierungsamt zu kommen, 1937 noch schlechter als in den Jahren davor.

Geldsorgen belasten ihn zusätzlich. Schweren Herzens freundet er sich mit dem Gedanken an, sein geliebtes Chartwell zu verkaufen; schließlich seien die Kinder aus dem Haus, und sein Leben habe »wahrscheinlich das letzte Jahrzehnt erreicht«, wie er Clementine schreibt. Ein Maklerbüro bereitet die Verkaufsanzeige für das Anwesen vor: »Fünf Empfangsräume, neunzehn Schlaf- und Ankleidezimmer, acht Bäder … herrlich gelegen in einem Tal an der Südseite der Hügel von Kent.« Der Blick von der Terrasse über den mehr als 30 Hektar großen Park, auf dessen Teichen schwarze Schwäne schwimmen, geht kilometerweit ins Land. Dass die geplante Annonce dann doch nicht erscheinen muss, verdankt Churchill dem Aufsichtsratsvorsitzenden der Zeitschrift *The Economist*, Sir Henry Strakosch, der ihn seit einiger Zeit mit Informationen über die deutsche Wirtschaft, vor allem die Rüstungsindustrie versorgt. Der in Österreich geborene Strakosch verfügt als Bankier, Investor und Finanzberater über ein beträchtliches Vermögen und hilft Churchill aus der Klemme. Dessen Gegenleistung besteht hauptsächlich darin, dass er seinen Gönner in den *Other Club* aufnimmt.

Ein weiterer Lichtblick in schwieriger Zeit erreicht Churchill aus dem Buckingham-Palast. Der neue König George VI. schickt einen freundlichen Brief, in dem er ihn als »einen unserer großen Staatsmänner« anspricht. Nicht viele in Großbritannien teilen damals diese Einschätzung. Aber das wird sich in nicht allzu ferner Zukunft ändern.

4

»Wahl zwischen Krieg und Schande«: Das britische Hitler-Appeasement

Im Sommer 1938 lernen die Briten einen Namen kennen, den bis dahin nur wenige gehört haben: Sudetenland. Es handelt sich um ein tschechoslowakisches Gebiet, das ans Deutsche Reich grenzt und in dem die meisten Menschen Deutsch sprechen und deutsch fühlen. Ginge es nach dem Selbstbestimmungsrecht der Völker, das seit dem Ende des Ersten Weltkriegs international als hohes Gut betrachtet wird, wäre das Sudetenland schon nach dem Untergang des Habsburgerreichs ein Teil des größeren Nationalstaats geworden. Aber in diesem Fall, wie in anderen Fällen auch, geht es nicht danach.

Hitler hat den Sudetendeutschen versprochen, dass er sie »heim ins Reich« holen werde. Für ihn sind die drei Millionen Menschen vor allem ein Mittel, um die aus der Konkursmasse des Habsburgerreichs hervorgegangene Tschechoslowakei zu zerstören. Das Land ist die einzige Demokratie in Mitteleuropa und ein Vielvölkerstaat, Selbstbestimmungsrecht hin oder her. Es verfügt über eine beachtliche Armee, hat Beistandsabkommen mit Frankreich und der Sowjetunion geschlossen und wird von den Nazis als bedrohliches »Flugzeug-Mutterschiff« an der Ostflanke dargestellt. Hitler will so bald wie möglich in Prag einmarschieren, doch das bestreitet er öffentlich – noch.

Zu denen, die seinen Plan durchschaut haben, gehört Churchill. Seinem Cousin Londonderry hat er schon im vorangegangenen Herbst erklärt, »dass die deutsche Regierung, wenn sie von Freundschaft mit England redet, meint, dass wir Deutschland … freie Hand in Mittel- und Südeuropa gewähren sollen«. Das Nazi-Reich würde sich als erstes »Österreich und die Tschechoslowakei einverleiben«. London dürfe da nicht mitmachen, »es wäre falsch und in höchstem Grade zynisch«. Hitlers Expansionsdrang und die europäische Situation sind hier deutlich beschrieben.

Österreich kommt im März 1938 unter die Herrschaft des NS-Regimes. Während die Nachricht vom Vorrücken der deutschen Truppen auf Wien die britische Hauptstadt erreicht, sitzt das Ehepaar Churchill in 10 Downing Street bei einem festlichen Mittagessen, mit dem der Berliner Botschafter und designierte Außenminister Ribbentrop verabschiedet wird. Premierminister Neville Chamberlain, Baldwins Nachfolger, nimmt seinen Ehrengast Ribbentrop zweimal beiseite, um ihm seine Besorgnis über die Annexion Österreichs deutlich zu machen. Churchill bemerkt am Tisch zu Frau von Ribbentrop, er hoffe, »England und Deutschland werden an ihrer Freundschaft festhalten«. »Geben Sie acht, sie nicht zu verderben«, antwortet sie auf ihre schlagfertige Art, mit der sie sich in London Respekt verschafft hat. Ein vielsagendes Foto, das die eigenartige Beziehung beider Länder veranschaulicht, entsteht am 14. Mai im Berliner Olympiastadion: Vor dem Fußball-Länderspiel Deutschland-England recken auch die Gäste ihre Hände zum Hitlergruß in die Luft.

Zur selben Zeit erklärt Hitler vor den Spitzen der Wehrmacht: »Es ist mein unabänderlicher Entschluss, die Tschechoslowakei in absehbarer Zeit durch eine militärische Aktion zu zerschlagen.« Im Hochgefühl seiner Erfolgsserie – Wiederbewaffnung, Rheinland-Besetzung, Einverleibung Österreichs – will er etwas anderes als den nächsten Triumph erst gar nicht in Betracht ziehen. Im Herbst soll die Entscheidung fallen. Der NS-Anführer hält die Zeit für gekommen, die Deutschen wieder mit dem Krieg vertraut zu machen. Noch ist es ein Geheimnis, das er nur mit wenigen teilt. Hier liegt das entscheidende Erkenntnisproblem für Chamberlain und die anderen westlichen Politiker. Hitler will nicht die vollständige Revision des Versailler Vertrages, nicht das Sudetenland, auch nicht Prag – Hitler will den Krieg. Alle anderen Forderungen sind nur vorgeschoben, ihre Erfüllung sichert den Frieden nicht. Hitlers ganze Politik ist auf den Krieg im Osten gerichtet, den »Lebensraum«- und Vernichtungskrieg.

Chamberlain kennt Hitlers Absichten nicht, er kann sie nicht kennen, muss aber auf seinen expansiven Kurs reagieren. Um den europäischen Frieden zu bewahren, könnte der Brite dem Deutschen ein weiteres Mal Zugeständnisse machen, ihn beschwichtigen – eine Politik, für die sich jetzt allgemein der Begriff »Appeasement« einbürgert. Die meisten seiner Landsleute sind dafür. Oder liegt es nun doch im eigenen Interesse, der NS-Diktatur die Grenzen aufzuzeigen, vielleicht durch eine Garantieerklärung für die Tschechoslowakei? Wird Großbritanniens Sicherheit auch an der Moldau verteidigt?

Krieg oder Frieden, vor diese Alternative sieht sich der britische Regierungschef gestellt. Den Krieg kann er nicht wollen, und auch Hitler führt weiterhin das Wort Frieden im Mund. Wenigstens in dieser Hinsicht scheint es ein gemeinsames Interesse zu geben. Chamberlain trifft seine Wahl und setzt das Appeasement fort. Es ist eine populäre Entscheidung, die dem Zeitgeist in seinem Land und weiten Teilen des Kontinents entspricht. Der im Exil lebende Schriftsteller Heinrich Mann beschreibt und beklagt »die Kriegsunlust, die leider passive Friedensliebe des ganzen Europa«. So steht es in der Einleitung zu Manns Kriegstagebuch, die er 1941 verfasst. »Mein Buch vom Krieg stellt sich von selbst unter einen Namen, seinesgleichen ist kein Zweiter«, erklärt er darin; der Titel lautet: »Zur Zeit von Winston Churchill«. Aus Los Angeles schreibt er einem Briefpartner: »Ich teile Ihre Liebe für ihn.«

Wenige Fragen aus der Geschichte der internationalen Sicherheitspolitik werden bis heute mit gleicher Leidenschaft hin- und hergewendet wie das britische Appeasement von 1938. Die Ausgangssituation von damals ist in abgewandelter Form immer wieder aktuell: Ein aggressiver, diktatorisch oder autokratisch regierter Staat bedroht ein demokratisches Nachbarland. Wie sollen sich die großen Demokratien dazu verhalten? Wodurch können sie verhindern, dass aus der Bedrohung eine kriegerische Aktion wird, ein Überfall? Sind sie bereit, sich selbst in Gefahr zu bringen?

Parallelen zum russischen Angriff auf die gesamte Ukraine 2022 sind offensichtlich und reichen bis hinein in einzelne Entwicklungsschritte: Es beginnt mit der eskalierenden Rhetorik eines Machthabers, der Forderungen stellt, weil sein Land in der Vergangenheit benachteiligt worden sei. Dem offenen Aufbau militärischer Stärke auf der einen Seite steht die Hoffnung der westlichen Welt gegenüber, durch stabile politische und wirtschaftliche Beziehungen das Schlimmste verhindern zu können. Gutwillige Regierungschefs versuchen, den Aggressor zu beschwichtigen – vergeblich. Nach dem Zerplatzen aller Illusionen scheint es unbegreiflich, wie es überhaupt so weit kommen konnte.

Allerdings sind die historischen Ereignisse von 1938 in vieler Hinsicht zeitgebunden und einzigartig. Bei näherer Betrachtung löst sich die einfache Alternative – Appeasement oder Härte – in ein erstaunlich komplexes Geflecht mit vielen Variablen auf. Darum ist es selbst im Nachhinein schwierig, die Entscheidungen und Positionen der damaligen britischen Antipoden Chamberlain und Churchill angemessen zu beurteilen und zu einem eindeutigen Ergebnis zu kommen.

Zweifellos macht Churchill im Rückblick die bessere Figur. Er hat unablässig vor den Deutschen gewarnt. Er steht moralisch auf der richtigen Seite, weil er das Überlebensinteresse der demokratischen Regierung in Prag im Blick behält. Er wirkt stark, nicht schwach, ein Realist, kein Träumer. Regelmäßig weist er auf die Verbrechen hin, die den Juden in Deutschland angetan werden.

Wie wäre er Hitler entgegengetreten? Unter dem Titel »Anleitung, den Krieg zu verhindern« hat er darüber schon 1936 einen ganzen Essay geschrieben (»How to Stop War«).

Darin tastet er sich Schritt für Schritt voran. Erster Punkt: Es muss einen Plan geben, klar. Zweiter Punkt: Der Plan muss durch eigene Stärke beglaubigt sein. Dritter Punkt: Nötig ist »die Entschlossenheit, diese Stärke auch einzusetzen«, und zwar mit derselben Rücksichtslosigkeit wie der Aggressor. Vierter Punkt, der Plan: »Es muss ein machtvolles Bündnis geben«, eine *Grand Alliance*. Dies sei der einzige »rettende Gedanke der Welt«.

Große Worte, ein echter Churchill. Auf die Idee der *Grand Alliance* kommt er jetzt immer wieder zurück. Die Eckpfeiler in diesem Bündnis sollen Großbritannien, Frankreich und die Sowjetunion bilden. Auch die bolschewistische, mittlerweile stalinistische Sowjetunion? Tatsächlich hat Churchill seinen Hass auf das Moskauer Regime in diesem Punkt hinter sich gelassen. Strategie geht vor Ideologie.

Seit 1934 pflegt er Kontakt zu Iwan Maiski, dem sowjetischen Botschafter in London. Zum ersten Mal sind sie sich bei einem Dinner im kleinen Kreis begegnet, möglicherweise auf Churchills Wunsch hin. Dessen Weltbild, schreibt Maiski, sei weiterhin vom Empire geprägt. »Was für das Empire gut ist, ist auch für mich gut; was für das Empire schlecht ist, ist auch für mich schlecht«, habe Churchill ihm nach dem Essen erklärt. Früher habe er die Sowjets als Gefahr für das britische Weltreich betrachtet, nun aber die Deutschen: »Darum bin ich jetzt ein Gegner Deutschlands.« Im übrigen sei er sicher, dass Hitler irgendwann Moskau erobern wolle. »Warum sollten wir uns im Kampf gegen den gemeinsamen Feind nicht zusammentun?«

Noch liegt ein solches Bündnis allerdings in weiter Ferne. Unter den konkreten Bedingungen der außenpolitischen Krise von 1938 läuft Churchills Idee einer *Grand Alliance* ins Leere. In Gesprächen mit Chamberlain und anderen Regierungsmitgliedern präsentiert er seinen Plan als Trumpfkarte, aber keiner weiß, wie man diese Karte ausspielen könnte. Die Franzosen zögern und hoffen, dass sie ihre Bündnisverpflichtung gegenüber der Tschechoslowakei nicht erfüllen müssen. Die Briten ringen sich nicht dazu durch, den Franzosen uneingeschränkten Beistand zu versprechen. Die Sowjetunion unter Diktator Josef Stalin belässt es bei halbherzigen Signalen. Der Einzige, der genau weiß, was er will, ist Hitler.

Churchill erweckt ebenfalls diesen Eindruck, doch weil er bloß Beobachter, Kritiker und Berater ist, kann er alles fordern und nichts entscheiden. Was bleibt, sind Gedankenspiele in der Möglichkeitsform. Der historische Konjunktiv, in dem der Wunsch nach einem besseren Verlauf der Geschichte wie ein ewiges Lichtlein brennt, lässt Churchills Gestalt für uns heute umso wunderbarer leuchten. Hätte er schon damals sein Land regiert, wäre alles anders gekommen – wer könnte sich dieser schönen Vorstellung verschließen?

Aber wie dieses Andere ausgesehen, welches Drama sich entfaltet hätte, vermag niemand zu sagen. Hätte ein entschlossener Regierungschef in London auch Paris und vielleicht sogar Moskau auf

Härte gegenüber Deutschland verpflichten können? Oder wäre er schon daran gescheitert? Wäre Hitler vor einer solchen Allianz, wenn sie sich denn formiert hätte, eingeknickt? Oder hätte er sich im Gegenteil darüber gefreut, dass er den ersehnten Krieg führen darf? Auch dazu liegen widersprüchliche Angaben vor. Einerseits ärgert sich Hitler, dass er noch nicht losschlagen kann, weil seine Forderungen auf der Münchner Konferenz kampflos erfüllt werden. »Dieser Kerl hat mir meinen Einzug in Prag verdorben«, beschwert er sich, der Überlieferung zufolge, über Chamberlain. Und noch während im Februar 1945 die Bomben auf Berlin regnen, räsoniert er in seinem Bunker: »Wir haben in München eine einmalige Gelegenheit verpasst, den unvermeidlichen Krieg leicht und rasch zu gewinnen.« Dann wieder prahlt er in jenem Herbst 1938 damit, dass ihm das Sudetenland ohne Blutvergießen in den Schoß gefallen ist.

Ähnlich unklar verhält es sich mit der tatsächlichen militärischen Stärke. Hitler hat Grund zu der Annahme, dass er bei einem Krieg um die Tschechoslowakei leichtes Spiel gehabt hätte. Im Deutschen Reich mit seinen fast 70 Millionen Einwohnern läuft die Rüstungsindustrie auf vollen Touren. Auf den britischen Inseln, wo rund 47 Millionen Menschen leben, hat der Ausbau der Streitkräfte noch keine Priorität. Vor ausgewählten Journalisten und Verlagsmanagern in München sagt der »Führer« im November 1938: »Eines ist sicher, meine Herren: Eine Verzögerung auch nur von ein oder zwei Jahren hätte uns militärisch in eine außerordentlich schwere Lage gebracht.« In London und Paris schätzt man es ähnlich ein. Die Regierungen dort sind überzeugt, dass ihre Armeen noch zu schwach seien, um gegen die Deutschen antreten zu können. Chamberlains Verteidiger sagen, sein Appeasement habe Großbritannien die nötige »Atempause« verschafft, um Flugzeuge zu bauen und kampffähig zu werden.

Doch vielleicht stimmt auch das Gegenteil, denn der Glaube an die Stärke der Wehrmacht beruht 1938 zu einem guten Teil auf geschickter Propaganda. Führende Kommandeure wie Alfred Jodl, Wilhelm Keitel und Erich von Manstein wissen das, sie äußern später erhebliche Zweifel, ob sie bei entschlossener Gegenwehr Erfolg gehabt hätten. Diese Sorge hält im damaligen Juni auch der Staatssekretär im Reichsaußenministerium fest, Ernst von Weizsäcker. In einer Lageanalyse schreibt er, ein Krieg gegen die »faktisch alliierten beiden Mächte Frankreich und England« würde mit der »Erschöpfung und Niederlage« Deutschlands enden. – Sicher ist in diesem Punkt nur, dass es selbst aus dem historischen Abstand keine Gewissheit gibt.

An dem Tag, an dem er schließlich als Premierminister abgelöst wird, blickt Chamberlain in einem Brief zurück: »Weder wir noch die Franzosen waren auf einen Krieg vorbereitet. Für diesen Mangel an Vorbereitung bin *ich* nicht verantwortlich ... Ich habe getan, was ich für richtig hielt.« Alles in diesen Sätzen stimmt.

Aber was hat Chamberlain in jenem fatalen Jahr, das seine Reputation für immer beschädigen würde, falsch gemacht? Sein größtes Problem besteht darin, dass er nicht weiß, mit wem er es zu tun hat (auch Churchill war lange unsicher, siehe Kapitel 2). Als britischer Gentleman, dessen Markenzeichen sein langer, schwarzer Regenschirm ist, kann sich Chamberlain das Ausmaß von Hitlers bösartiger Durchtriebenheit offensichtlich nicht vorstellen, seine eigentlichen Ziele bleiben ihm verborgen. Mal hält er den Diktator für »halb verrückt« oder »einen Irren«. Dann wieder glaubt er, dass auf sein Wort Verlass sei. Er vermutet sogar, dass Hitler im Kreis der NS-Führung zu den »Gemäßigten« zähle. Alles in diesen Annahmen geht fehl.

Als Machtmensch ist der Brite dem Deutschen unterlegen. Doch der erfolgsgewohnte Premierminister erkennt das nicht, im Gegenteil: Er bildet sich viel auf seine Überzeugungskraft im direkten Gespräch ein. Monatelang bleibt die Sudetenland-Krise ungelöst, in London greift bereits die Angst vor deutschen Fliegerattacken um sich: Blaue Linien auf dem Pflaster zeigen den Weg zum nächsten Luftschutzkeller, Schilder erklären, wo es Gasmasken gibt. Chamberlain hat im Stillen seinen »Plan Z« ausgearbeitet, eine zur damaligen Zeit noch ganz ungewöhnliche Idee: Wenn nichts anderes mehr hilft, will er Hitler rasch persönlich treffen. Er vertraut darauf, dass auch der NS-Chef seinem »persönlichen Touch«, der ihm schon häufig Erfolg beschert hat, nicht widerstehen kann.

Am 13. September stellt sich heraus, dass die Franzosen jegliche

Unterstützung für die Tschechoslowaken aufgeben wollen. Chamberlain kommt einer Initiative aus Paris zuvor und setzt den bis dahin geheimen Plan Z um. Verblüfft nimmt Hitler die Offerte aus London an. Bei den meisten Briten findet das Vorhaben ihres Regierungschefs Beifall: Von einem »Geniestreich« ist die Rede, die liberale *News Chronicle* rühmt den bevorstehenden Deutschlandbesuch als »einen der kühnsten und spektakulärsten Schritte der modernen diplomatischen Geschichte«. Churchill dagegen hält Chamberlains Plan für »das Dümmste, was je getan worden ist«. Ein weiterer aufmerksamer Beobachter, Italiens Diktator Mussolini, sagt scharfsinnig voraus: »Es wird keinen Krieg geben ... Aber das ist die Liquidierung des englischen Prestiges.«

Der Weg des Appeasements ist das eine. Etwas anderes ist jetzt die Art, wie Chamberlain auf diesem Weg vorangeht. Im September 1938 stellt sich heraus: Er ist der falsche Mann zur falschen Zeit.

Seine Militärberater machen ihm die Aufgabe nicht leichter. Ehe Chamberlain in die zweimotorige Maschine der *British Airways* nach Deutschland steigt, schickt der Generalstab noch ein düsteres Memorandum: Durch militärischen Druck werde Hitler sich nicht vom Griff nach dem Sudetenland abhalten lassen. Es dennoch zu versuchen hätte einen »unbegrenzten Krieg« zur Folge, in dessen Verlauf die deutsche Luftwaffe zwei Monate lang 500 bis 600 Tonnen Bomben am Tag über Großbritannien abwerfen würde. Mit diesen übertriebenen Zahlen im Kopf reist der Premier dem gefährlichsten Mann Europas entgegen.

Am Münchner Flughafen und dann auch in Berchtesgaden haben viele Menschen im Regen ausgeharrt, um den Staatsmann zu sehen, auf dem ihre Friedenshoffnungen ruhen. Sie empfangen Chamberlain mit enthusiastischen »Heil«-Rufen und dem Hitlergruß. Der »Führer« lädt ihn in sein Refugium auf dem Obersalzberg ein und bleibt beim Handschlag auf der Treppe stehen, sodass sein Gast zu ihm aufblicken muss. Innerhalb weniger Tage folgen zwei weitere Konferenzen, eine findet in Bad Godesberg statt, die dritte, entscheidende in München. Seinen Außenminister Lord Halifax lässt Chamberlain in London, vieles wird improvisiert. Während der Diktator schmeichelnd und drohend und fordernd sein darstellerisches Repertoire abruft, bleibt der Premier höflich, vernünftig und vermeintlich überlegen. Er gewinnt den sicher erscheinenden – in Wahrheit völlig falschen – Eindruck, dass »Herrn Hitlers Ziele streng begrenzt« seien, wie er daheim seinem Kabinett berichtet. Zweifel daran gibt es in der Runde bloß vereinzelt. Der Staatssekretär im Außenministerium hat den unguten Eindruck, Hitler habe Chamberlain »bis zu einem gewissen Punkt hypnotisiert«. Ein Deutschlandexperte der Regierung gibt später zu Protokoll: »Wir haben Chamberlain ständig daran erinnert, dass er [Hitler] keine begrenzten Ziele hatte.« Nur ist es nicht das, was der Premier hören möchte. Churchill ahnt die nun folgende Entwicklung voraus: »Wir scheinen sehr nahe an der freudlosen Wahl zwischen Krieg und Schande zu sein. Ich habe das Gefühl, dass wir uns für die Schande entscheiden werden und uns dann etwas später der Krieg einholen wird.«

Schon nach der ersten Begegnung mit Hitler hat Chamberlain seiner Schwester Ida geschrieben: »Mir persönlich war es eigentlich piepegal, ob die Sudetendeutschen zum Reich gehörten oder nicht.« Nach dem zweiten Treffen, während die Spannungen eskalieren und die Zeichen auf Krieg stehen, erklärt er abends in einer Rundfunkansprache an die Nation: »Wie schrecklich, unglaublich und absurd muss es uns erscheinen, dass wir uns dazu veranlasst sehen, Schützengräben auszuheben und Gasmasken anzuprobieren – wegen eines Streits in einem fernen Land zwischen Menschen, von denen wir nichts wissen.« Seine Gleichgültigkeit gegenüber denjenigen, über deren Schicksal er verhandelt, lässt sich unschwer heraushören. Die Stimmung seiner Zuhörer trifft er allerdings gut.[2]

Das dritte Treffen, das durch Vermittlung Mussolinis zustande kommt, erscheint bereits wie die Erlösung vom Albtraum des Krieges, noch ehe es begonnen hat. Auch die Franzosen kommen nun mit

---

2 Die Sorgen der Europäer bekommt die US-Regierung auf spezielle Weise zu spüren. Innenminister Harold Ickes notiert am 18. September 1938 nach einem Gespräch mit Präsident Franklin D. Roosevelt: »Das europäische Gold fließt jetzt in großen Mengen ins Land. Der Präsident sagte, es gebe kaum mehr genug Schiffe, um es zu transportieren. Es könnte nötig werden, Schiffe der Marine einzusetzen.«

dazu. Wie die Briten sind sie nahezu bedingungslos bereit, die Tschechoslowakei zu zerstückeln. Vertreter aus Prag reisen ebenfalls nach München, sie dürfen aber an den Verhandlungen nicht teilnehmen und nicht einmal zu ihrer eigenen Regierung Kontakt halten. Tiefer lässt sich ein souveräner Staat kaum demütigen. Polen und Ungarn, beide autoritär regiert, warten nur darauf, ebenfalls Stücke aus dem Nachbarland herauszureißen. Die Sowjetunion wurde weder eingeladen, noch drängt sie sich der Runde auf.

Am Morgen nach der Unterzeichnung des Abkommens, mit dem das Sudetenland ins Deutsche Reich eingegliedert wird, besucht Chamberlain Hitler in dessen Münchner Privatwohnung. In aller Eile hat er eine Erklärung über die deutsch-britischen Beziehungen vorbereitet, drei kurze Absätze auf einer Seite. Zentrales Anliegen ist »der Wunsch unserer beiden Völker, niemals mehr gegeneinander Krieg zu führen«. Mögliche Spannungen würden gemeinsam ausgeräumt mit dem Ziel, »den europäischen Frieden zu sichern«.

Hitler unterschreibt den englischen Text ohne Änderungswünsche. Zu seinem erstaunten Außenminister sagt er: »Ach, das brauchen Sie nicht alles so ernst zu nehmen. Dieses Papier hat doch weiter keinerlei Bedeutung.« Chamberlain glaubt, er habe einen großen Erfolg erzielt, und kehrt heim. Das persönliche Treffen hat nicht genutzt, er hat Hitler komplett falsch verstanden.

In London wird er mit beispiellosem Jubel begrüßt. Triumphierend schwenkt er ein Blatt Papier vor der Menge, die frisch unterschriebene Erklärung, der Hitler »keinerlei Bedeutung« beimisst. Die Menschen singen »Rule Britannia«, ihre inoffizielle Nationalhymne, und »For He's a Jolly Good Fellow«. Der König bittet Chamberlain auf den Balkon des Buckingham-Palasts, um dort oben im Applaus zu baden – so etwas hat es noch nie gegeben, manche sprechen von Verfassungsbruch. In Paris wird der französische Premier ebenfalls enthusiastisch empfangen.

Abends lässt sich Chamberlain noch zu einigen Worten hinreißen, die ihn für immer verfolgen werden: Er habe aus Deutschland »einen ehrenvollen Frieden« mitgebracht. »Ich glaube, es ist der Frieden für unsere Zeit.« Anstatt die Euphorie seiner Landsleute zu dämpfen, hat er den Kopf verloren.

Churchill zielt in der anschließenden Parlamentsdebatte direkt auf das moralische Empfinden und den Willen zum Widerstand. Auch er wünsche sich gute Beziehungen zu den Menschen in Deutschland, »unsere Herzen sind bei ihnen«. Etwas anderes sei aber das herrschende Regime: »Zwischen der britischen Demokratie und den Nazi-Machthabern kann es niemals Freundschaft geben.« Leider hätten die freien Länder des Westens auf ganzer Linie versagt. »Und niemand sollte glauben, dass dies das Ende ist. Dies ist nur... der erste Vorgeschmack auf einen bitteren Kelch, den man uns Jahr für Jahr aufs Neue anbieten wird, es sei denn, eine uneingeschränkte Wiederherstellung unserer moralischen Verfassung und Kampfkraft lässt uns wieder auferstehen und für die Freiheit eintreten wie in alten Tagen.« Es sind prophetische Worte, aber noch ist der allgemeine Jubel über die Ergebnisse von München frisch. Nur eine kleine Gruppe von Tories geht zu Chamberlain auf Distanz.

Am deutlichsten werden die Tschechoslowaken. Staatspräsident Edvard Beneš spricht von »Verrat« und sagt: »Wir wurden nicht von Hitler besiegt, sondern von unseren Freunden.«

Damit scheint das Urteil über den Weg des Appeasements gesprochen. Doch das trügt, denn völlig offen bleibt, ob es durch eine andere Strategie gelungen wäre, Hitlers Griff nach dem Sudetenland und die Eskalation im folgenden Jahr zu verhindern. Wie oben beschrieben ist Krieg für ihn schon damals eine willkommene Möglichkeit. Und letztlich sein Ziel.

»Wäre Chamberlain 1938 in den Kampf gezogen, dann hätte er Hitler in die Hände gespielt.« Zu diesem Ergebnis kommt ein 23-jähriger Harvard-Absolvent, der seine Abschlussarbeit mit einigen Änderungen 1940 als Buch veröffentlicht. Sein Name ist John F. Kennedy. Selbstbewusst wählt der spätere US-Präsident dafür den Titel *Warum England schlief*, eine Anspielung auf einen 1938 erschienenen Sammelband mit Churchill-Reden, *Als England schlief*. Kennedy sieht im britischen Appeasement das fast zwangsläufige Ergebnis der versäumten Aufrüstung und warnt sein eigenes Land, nicht denselben Fehler zu begehen. England sei gerade noch rechtzeitig aufgewacht. Mit dieser Schlussfolgerung distanziert er sich von seinem Vater Joseph, der die USA als Botschafter in London vertritt.

Kennedy senior fällt dort durch seine erfrischende Hemdsärmeligkeit, aber auch durch defätistische und antisemitische Ansichten auf. Er traut den Briten nicht zu, dass sie sich gegen die Deutschen behaupten können, und pflegt gute Kontakte ins Nazi-Reich. Churchill meidet ihn.

Hitler gibt in der Öffentlichkeit wie gewohnt den Friedensengel, der sich schützend vor sein Land stellen muss. Mittlerweile ist »Herr Churchill« eines der bevorzugten Ziele seiner spöttischen Attacken – »dieser Herr, der auf dem Monde zu leben scheint« und sich aufspiele, als habe »der liebe Gott ihm den Schlüssel zur Demokratie« ausgehändigt. Trotzdem sei der Mann gefährlich, denn er verfolge das Ziel, »sofort einen neuen Weltkrieg zu beginnen«. Auf diese Weise bemüht sich der Diktator weiterhin, seine eigenen kriegerischen Intentionen zu verschleiern. In britischen Ohren sind seine Tiraden die beste Werbung für Churchill.

Eine kleine, geheime Gruppe hofft im Sommer und Herbst 1938 allerdings sehr, Hitler würde die Maske endlich fallen lassen und die Tschechoslowakei angreifen. Im Hintergrund der Münchner Konferenz ereignet sich ein weiteres Drama, das der Öffentlichkeit völlig verborgen bleibt: Deutsche NS-Gegner bereiten einen Staatsstreich vor und bitten um Hilfe aus Großbritannien. Zu denen, die das Regime stürzen wollen, gehören hochrangige Militärs, Geheimdienstleute, Diplomaten, Ministerialbeamte, sie tragen Namen wie Oster, Brauchitsch, Dohnanyi, Gisevius, Goerdeler, Canaris. Aus ihren widerstreitenden Überlegungen kristallisiert sich ein konkreter Plan heraus: Sobald Hitler den Krieg beginnt, stürmt ein Stoßtrupp aus 50 zuverlässigen Soldaten die Reichskanzlei und nimmt ihn fest oder erschießt ihn sofort. Ehe dann wieder freie Wahlen stattfinden, übt eine Militärregierung die Kontrolle über das Reich aus. Das Szenario baut auf die plausible Annahme, die Deutschen würden sich über den ungewollten Krieg empören und von ihrem »Führer« abwenden.

Britische Politiker, unter ihnen Chamberlain und Churchill, werden auf verschiedenen Kanälen über die Absichten der Widerständler informiert. London soll Hitlers Forderungen bitte konsequent zurückweisen und ihn so zum Äußersten treiben. Aber dann macht das Münchner Abkommen den Plan zunichte. Der Putsch wird in aller Stille abgeblasen. »Chamberlain rettete Hitler«, schreibt Hans Bernd Gisevius, einer der führenden Verschwörer.

Dass die deutschen Regimegegner keinen Einfluss auf die britische Haltung gegenüber dem Diktator nehmen können, haben sie sich zu einem guten Teil selbst zuzuschreiben. Sie sind schlecht organisiert, lange Zeit planlos und, was schwerer wiegt: Aus Londoner Sicht unterscheiden sich ihre politischen Vorstellungen nicht deutlich genug von denen der Nazis. Die meisten in der Gruppe sind erzkonservative, nationalistisch gesinnte Preußen, die auf ihre englischen Gesprächspartner nur bedingt vertrauenswürdig wirken. Chamberlain kommt keine Sekunde lang auf die Idee, seine Politik an den Bitten und Vorstellungen dieses Kreises auszurichten.

Churchill ist zwar aufgeschlossener, sieht sich aber im Gespräch mit dem Emissär Ewald von Kleist-Schmenzin genötigt, dessen territoriale Forderungen gegenüber Polen zurückzuweisen. Trotzdem erfüllt er Kleists Bitte, ihm einen Brief zu schreiben, den der Deutsche daheim seinen Mitverschwörern zeigen kann: Sollte Hitler mit Waffengewalt gegen die Tschechoslowakei vorgehen, könne Großbritannien wohl kaum länger abseits stehen. Wie schon einmal werde man den Krieg »bis zum bitteren Ende« ausfechten, und es komme nicht darauf an, »was in den ersten Monaten geschehen mag, sondern wo wir alle stehen am Ende des dritten und vierten Jahres«. Mündlich, von Soldat zu Soldat, sagt Churchill seinem Besucher, der Kampf der Nationen werde nur zwei mögliche Ergebnisse haben können: »Sieg oder Tod«.

Weil er es gewohnt ist, sich martialisch auszudrücken, wird Churchill immer wieder missverstanden. Er scheint die Sprache eines Kriegstreibers zu sprechen – dabei wünscht er sich den Frieden nicht weniger als die allermeisten Zeitgenossen. Die Tage seiner jugendlichen Kriegsverherrlichung sind schon lange vorbei. Allerdings hält er die Abwesenheit von Krieg nicht für das höchste aller Güter. Seine Freiheit und die Freiheit seines Landes sind ihm wichtiger als Frieden um jeden Preis. Anfang 1939 sagt er in einem Interview: »Krieg ist furchtbar, aber Sklaverei ist schlimmer.« Damit spreche er nicht nur für sich, denn die Briten würden »lieber kämpfend untergehen als in Knechtschaft zu leben«.

Tatsächlich? Der Pressebaron Lord Rothermere macht sich wegen solcher Sätze Sorgen um Churchills politische Zukunft. In einem Brief rät er seinem alten Freund, es »langsam« angehen zu lassen: »Die Öffentlichkeit hat so große Angst davor, bombardiert zu werden, dass sie jeden unterstützen wird, der sie aus dem Krieg heraushält.«

Auf der anderen Seite des Atlantiks bespricht US-Präsident Franklin D. Roosevelt in den Tagen nach dem Münchner Abkommen die Situation mit seinem Sohn Elliott, der ihn im Weißen Haus besucht. »Früher oder später wird es in Europa zu einem Showdown kommen«, sagt er. Ob dann die Vereinigten Staaten in den Kampf hineingezogen werden, will Elliott laut seinen Aufzeichnungen wissen. »Wir sind alle höllisch darauf bedacht, draußen zu bleiben«, antwortet sein Vater, der Präsident. Das sei seine große, seine allergrößte Hoffnung.

5

»Der einzige Engländer, vor dem sich Hitler fürchtet«: Churchills Freiheitskampf beginnt

Wird der nächste Krieg wirklich das Ende der europäischen Zivilisation bedeuten? Seit Jahren konnten die Briten diesen Satz lesen und hören, die Politiker haben ihn im Parlament gesagt, die Zeitungen haben es in ihren Nachrichten und Kommentaren verbreitet. Auch die weitgehend sorgenfreie englische Oberschicht spürt im Sommer 1939, wie sich über dem Kontinent ein Sturmgewitter zusammenbraut. Aber kaum jemand mag auf die üblichen Vergnügungen verzichten, die Bankette und Gartenpartys, die exklusiven Picknicks während der Pferderennen in Ascot und Goodwood, beim Tennis in Wimbledon oder am Rande der traditionellen Ruderregatta in Henley-on-Thames.

Das dekadente Flair jener Wochen hat der konservative Abgeordnete Henry »Chips« Channon in melancholischen Tagebuchnotizen eingefangen. »Der Palast war von Licht überflutet und seine grandiose barocke Schönheit meilenweit sichtbar. Auch die Seen waren in Licht getaucht und wurden sogar noch von den berühmten Terrassen übertroffen, die blau und grün leuchteten, während in Tiroler Trachten gekleidete Sänger umhergingen. Und obwohl es mindestens 700 Gäste gewesen sein müssen, gab es nicht das geringste Gedränge. Alles war fröhlich, frisch, brillant, kurz gesagt: perfekt.« Mit diesen Worten beschreibt Channon den Sommerball im *Blenheim Palace*, mit dem der Herzog und die Herzogin von Marlborough ihre älteste Tochter Lady Sarah Consuelo Spencer-Churchill in die Gesellschaft einführen; Winston und Clementine sind natürlich dabei. Selbst für einen Mann wie Chips Channon, der sich von einem luxuriösen Event zum nächsten bewegt, ist der Abend etwas Besonderes. »Der Champagner floss buchstäblich in Strömen.« Als er schweren Herzens in der Morgendämmerung aufbricht, fragt er sich: »Werden wir so etwas je wieder erleben? Ist ein solches Fest nicht unzeitgemäß?« Etwas später, als der Krieg noch wahrscheinlicher geworden ist, schreibt er: »Der Gedanke, dass unsere Welt in Trümmer fällt, ist mir unerträglich. Ich weigere mich, es zuzugeben.«

Churchill hat das Jahr 1939 mit einer Reise nach Frankreich begonnen, zuerst politische Gespräche in Paris, dann Schriftstellerei und Casino-Besuche an der Côte d'Azur. An Clementine, die seinen Hang zum Risiko immer beargwöhnt, schreibt er: »Ich habe sehr lange gespielt, aber nicht leichtsinnig, und bisher habe ich einen stattlichen Gewinn.« Dass die Churchills im Urlaub getrennte Wege gehen, ist nicht ungewöhnlich.

Die Machthaber in Berlin und Rom nutzen die westliche Schwäche, um jetzt Beute zu machen. Mitte März zwingt Hitler die Tschechoslowakei in die Knie, lässt die Wehrmacht kampflos einmarschieren und schläft als Sieger in der Prager Burg. Die Briten reagieren mit einer halbherzigen, aber folgenreichen Garantieerklärung für Polen. Wenig später, am Karfreitag, erobern Mussolinis Truppen das gegenüber von Apulien gelegene Albanien. Churchill ruft tags darauf im Stundentakt bei Chamberlain an und drängt ihn, zum Schutz der britischen Interessen im Mittelmeer die griechische Insel Korfu zu besetzen. Der Premier hört staunend und genervt zu. Er hofft immer noch darauf, wie er seiner Schwester Ida anvertraut, »zu normalen Beziehungen zu den Diktatoren zurückzukehren«. Darum bleibt er bei seiner Linie, Churchill auf Distanz zu halten.

Die Sicherheitserklärung für Polen, die dem Land zwar seine Unabhängigkeit, nicht aber sein gesamtes Territorium garantiert, entwickelt in den kommenden Monaten eine ungeahnte Dynamik. Chamberlain versteht sie als Teil seiner fortdauernden Appeasement-Politik, denn er will Hitler abschrecken, ohne gegen ihn kämpfen zu müssen. Zu weiteren Zugeständnissen wäre er nach wie vor bereit. Hitler reagiert mit kindischem Zorn und trommelt in seinem

Arbeitszimmer, wie ein Besucher notiert, »mit geballten Fäusten auf den marmornen Tisch«. Doch anders, als von der britischen Regierung erhofft, denkt er nicht daran, seine Kriegspläne aufzugeben. Er kenne die westlichen Anführer, sagt er einmal, er habe sie in München gesehen, »kleine Würmchen«, zu feige für den Kampf. Ein Irrtum, wie sich herausstellen wird.

Der deutsche Botschafter Herbert von Dirksen, Ribbentrops Nachfolger, schreibt bedauernd in seinen Erinnerungen: »Während meiner Amtszeit in London hat sich Hitler nicht ein einziges Mal die Mühe gegeben, auf englische Verhandlungsangebote – und sei es auch nur zum Schein – einzugehen. Er hat nicht einmal auf sie geantwortet.«

In Großbritannien wandelt sich in diesem Frühling das Meinungsklima. Dirksen berichtet darüber mehrmals, was in Berlin jedoch ignoriert wird, weil es nicht ins Konzept des »Führers« passt. Die Zerschlagung der Tschechoslowakei, der Einmarsch in Albanien, die Polen-Garantie – mit der Ruhe, die das Appeasement zu versprechen schien, ist es vorbei.

Erwartungsvolle Blicke richten sich auf den prominentesten Appeasement-Gegner. Zuerst ist es die *Evening News*, die Churchill wieder auf einem wichtigen Ministerposten sehen möchte, dann folgen viele weitere Blätter. Zum Teil stecken Churchills Freunde und Chamberlains innerparteiliche Gegner hinter den Artikeln, doch auch im linken Lager hat er inzwischen Anhänger. Der Labour-Intellektuelle Laski, der ihn schon zum »Relikt« erklärt hatte, plädiert für Churchills Ernennung, da sie ein »herausragender Beweis« für den Willen zum Widerstand wäre. Chamberlain wartet ab; auf öffentlichen Druck zu reagieren ist nicht seine Art. Zu dieser Zeit berichtet der deutsche Finanzminister Lutz Graf Schwerin von Krosigk zwei britischen Gesprächspartnern: »Churchill ist der einzige Engländer, vor dem sich Hitler fürchtet.« Bekäme er einen Kabinettsposten, würde der »Führer« begreifen, dass Großbritannien wirklich kämpfen wolle. Der Graf gehört nicht zum inneren Kreis des NS-Regimes, dürfte jedoch gut informiert sein.

Aber es gibt noch eine große Unbekannte – die Haltung der Sowjetunion. Für welche Seite wird sich Stalin entscheiden? Aus unterschiedlichen Quellen erfährt die britische Regierung, dass Moskau und Berlin über einen Nichtangriffspakt reden. Die Annäherung scheint aller politischen Logik zu widersprechen, denn Bolschewisten und Nationalsozialisten verachten einander zutiefst. In Stalins Worten: Sie haben sich gegenseitig »seit vielen Jahren kübelweise mit Jauche übergossen«.

Über längere Zeit fahren die Sowjets zweigleisig, ein Bündnis mit Briten und Franzosen wäre aus ihrer Sicht die bessere Lösung. Die von Churchill propagierte *Grand Alliance* könnte auf diese Weise doch noch entstehen. In der britischen Öffentlichkeit nimmt man lebhaften Anteil am Verlauf der Gespräche, die Hoffnungen auf ein Ergebnis sind groß – aber den westlichen Regierungen fehlt die Entschlossenheit, und nicht nur das: Hitler kann Stalin mehr bieten als die beiden Demokratien. Er muss weniger Rücksichten nehmen und denkt schon jetzt daran, das Abkommen zu brechen. In einem geheimen Zusatzprotokoll gesteht er dem Kremlherrscher eine geopolitische Interessensphäre in dessen Nachbarschaft zu, bestehend aus Finnland, Estland, Lettland und dem rumänischen Bessarabien. Polen soll aufgeteilt werden, wieder einmal. Wer einen Beweis sucht, dass Interessen selbst starke ideologische Motive übertrumpfen können, findet ihn hier.

Der NS-Herrscher drängt, er will losschlagen. Vor einer Runde von Spitzenmilitärs, die er auf den Obersalzberg bestellt hat, redet er sich in Rage. »Unsere Stärke ist unsere Schnelligkeit und unsere Brutalität.« Er habe angeordnet, »dass das Kriegsziel nicht im Erreichen von bestimmten Linien, sondern in der physischen Vernichtung des Gegners besteht«, und wer dagegen sei, werde standrechtlich erschossen. Spätestens von diesem Moment an wissen die Generäle und Admiräle der Wehrmacht: Ihre Rolle beschränkt sich nicht darauf, als professionelle Militärs in einem regulär geführten Krieg zu dienen. Sie sollen sich zu Komplizen eines Großverbrechens machen. Herkömmliche Grenzen gelten für den Diktator nicht mehr: »Nach Stalins Tod, er ist ein schwerkranker Mann, zerbrechen wir die Sowjetunion. Dann dämmert die deutsche Erdherrschaft herauf.« Hitlers Auftritt ist in mehreren Versionen überliefert, der zitierte Wortlaut gilt als authentisch.

Einen Tag vor seiner abgründigen Rede, am 21. August, hat Berlin verkündet, dass eine Einigung mit Moskau erzielt sei. Außenminister Ribbentrop reist umgehend in die sowjetische Hauptstadt, und noch in der Nacht wird das Abkommen unterschrieben. Der Weg für den deutschen Überfall auf Polen ist frei. Wenn daraus ein Krieg in Westeuropa würde, dem er aus der Ferne zuschauen könnte, wäre das ganz in Stalins Sinn.

Als es so weit ist, sagt Churchill zu Stalins Botschafter Maiski, der deutsch-sowjetische Nichtangriffspakt habe »den Krieg ausgelöst«. Er nehme es der Sowjetunion nicht übel, im Gegenteil, denn er habe gespürt, »dass ein Krieg mit Deutschland notwendig war«. Ohne den Pakt hätten die Briten noch so lange gezögert, bis ihre Niederlage unabwendbar gewesen wäre. »Aber wir werden gewinnen, auch wenn es uns teuer zu stehen kommt.« Die Bemerkungen sind ein Paradebeispiel für die eiskalte, schnörkellose Rationalität, mit der Churchill diese Fragen behandelt. Er siedelt den Krieg nicht in einer grundsätzlich anderen, jenseits der Zivilisation gelegenen Sphäre an – was in seinem Land bereits üblich ist und wofür es gute Gründe gibt, wie die mörderischen nächsten Jahre zeigen werden. Stattdessen folgt er, wissentlich oder nicht, dem berühmten Diktum von Carl von Clausewitz, wonach Krieg nichts anderes sei als »die fortgesetzte Staatspolitik mit anderen Mitteln«. Nur dass die Mittel im 20. Jahrhundert um vieles monströser sind, als Clausewitz es sich vorstellen konnte.

Churchill hat Respekt vor diesen Monstern, er liebt sie nicht, wie er noch den Krieg des 19. Jahrhunderts liebte, aber er traut sich zu, kontrolliert mit ihnen umzugehen. In der Konfrontation mit Hitler gibt ihm das eine Stärke und eine Sicherheit des Urteils, zu der Chamberlain in letzter Konsequenz nicht fähig ist. Vielen Zeitgenossen ist er jedoch nach wie vor unheimlich. Kanadas Premierminister Mackenzie King bemerkt in seinem Tagebuch: »Ich halte Churchill für einen der gefährlichsten Männer, die mir je begegnet sind.«

An der Themse hat sich das Unterhaus Anfang August in seine zweimonatige Sommerpause verabschiedet, *business as usual*, trotz des Protests einer lautstarken Gruppe von Abgeordneten, unter ihnen Churchill. Er reist dann ein weiteres Mal nach Frankreich, wo ihn Militärs durch die Befestigungsanlagen der Maginot-Linie führen. Anschließend ist er zu Gast in der Normandie auf dem Schloss der US-Erbin Consuelo Vanderbilt, der Ex-Frau seines Cousins Sunny. Dort findet er die Ruhe, sich für einige Tage zum Malen an die Staffelei zu setzen. Frankreich ist Churchills Lieblingsland auf dem Kontinent, er verbringt gern Zeit am Mittelmeer oder an der Kanalküste, er mag das Essen, den Champagner, die Casinos, überhaupt die kultivierte Lebensart, er versteht die Sprache und spricht sie leidlich selbst. Auf das französische Militär und seine Kampfkraft hält er große Stücke, seine Enttäuschung im Ernstfall wird dann umso größer sein.

Chamberlain genießt ebenfalls den Luxus bei reichen Freunden; seinen Sommerurlaub verbringt er dieses Jahr auf Lochmore, dem Anwesen des Herzogs von Westminster in den Highlands. In der schottischen Einsamkeit macht er lange Spaziergänge und freut sich über sein Anglerglück. Einmal fängt er drei Lachse in einer Stunde. Der Premier weiß, dass die Tories mit großer Mehrheit zu ihm halten. Seine sehr britischen Qualitäten kommen im Unterhaus wie gewohnt zur Geltung. Nach einer der letzten Debatten vor der Sommerpause hat Chips Channon über den 70-Jährigen notiert: »Er ist schon ein bemerkenswerter alter Mann. Bestimmt der erstaunlichste Mensch unserer Zeit. Er zeigt nie irgendein Zeichen von Mattigkeit, Alter oder Erschöpfung, nicht einmal von Gereiztheit.«

Als Chamberlain in Lochmore die Meldung erhält, dass die Wehrmacht zum Schlag gegen Polen bereit steht, kehrt er vorzeitig nach London zurück. Er hält es zwar für möglich, dass es sich »nur um einen Nervenkrieg« handele; aber Chamberlain ist diesmal nicht so schwach, wie Hitler glaubt. Er ruft das Parlament zusammen und erklärt den Abgeordneten, was er auch dem deutschen Diktator unmissverständlich – eine Lehre aus der Vorgeschichte des Ersten Weltkriegs – mitteilt: dass seine Regierung entschlossen sei, ihre Verpflichtung gegenüber den Polen zu erfüllen. Während er die Hoffnung auf Frieden nicht aufgeben möchte, wird das britisch-polnische Abkommen am 25. August durch Ratifizierung bestätigt. Chamberlain hat den Weg des Appeasements nun endgültig verlassen, trauert ihm jedoch nach.

Hitler ist fassungslos und bekommt eine Nervenkrise, die durch eine Nachricht Mussolinis über den schlechten Zustand der italienischen Streitkräfte noch verstärkt wird. Am 26. August sollte die Wehrmacht angreifen, jetzt widerruft er den Befehl. Stattdessen versucht er in hektischen Verhandlungen, einen Keil zwischen London und Warschau zu treiben. Die meisten Deutschen sind froh über jeden Tag, an dem der brüchige Frieden noch hält. Am 31. August berichtet der US-amerikanische Reporter William Shirer aus Berlin: »Wie kann ein Land einen entscheidenden Krieg beginnen, mit einer so kriegsmüden Bevölkerung?« Wenige Stunden später, frühmorgens am 1. September, fallen in Polen die ersten deutschen Schüsse. Eine der großen Menschheitskatastrophen nimmt ihren Lauf.

Am 3. September um 11.15 Uhr hört Churchill in seiner Londoner Stadtwohnung, wie Chamberlain im Radio verkündet: »Unser Land befindet sich mit Deutschland im Krieg.« Danach erklingt *God Save the King*, die Nationalhymne.

Endlich herrscht Klarheit im Vereinigten Königreich, nach zwei gespenstischen Tagen, die der Regierungschef mit zahnlosen Erklärungen und Rücksichtnahmen auf die wieder einmal zögernden Franzosen vertan hat. Wie zum Hohn auf das unwürdige Schauspiel fangen sofort nach Chamberlains Rundfunkrede die Sirenen an zu heulen. »Das ist die Warnung vor einem Luftangriff«, sagt der Premier zu den anwesenden Kabinettsmitgliedern, denn die britischen Radarmonitore scheinen feindliche Bewegungen anzuzeigen. Churchill und Clementine steigen aufs Dach der *Morpeth Mansions*, in denen ihre Wohnung liegt; eine Weile halten sie Ausschau, ehe sie auf Drängen seines Leibwächters den Schutzkeller aufsuchen. Auf dem Weg nach unten schnappt er eine Flasche Brandy und stellt sich vor, was nun passieren könnte: »Bilder der Zerstörung und des Blutvergießens, gewaltige Explosionen, die den Boden erzittern lassen.« Doch alles bleibt ruhig – Fehlalarm.

Anschließend kommt das Unterhaus zu einer weiteren Sitzung zusammen, erstmals in seiner Geschichte an einem Sonntag. Churchill hält eine kurze, große Rede, eine souveräne Ansprache an die Nation. In wenigen Minuten schlägt er einen weiten Bogen, er rechtfertigt die Friedensbemühungen (»von höchstem moralischem Wert«), weist auf die bevorstehenden Härten hin (»viele unangenehme Überraschungen«) und lobt den Widerstandsgeist der Briten (»bereit, sich der alten Zeiten nicht unwürdig zu erweisen«). Dann spricht er die entscheidende Frage an: Warum ist das Land zur Kriegspartei geworden? Nicht für die Polen werde der kommende Kampf geführt, »sondern um die ganze Welt vor der Pest der Nazi-Tyrannei zu retten«. Das höchste Gut der Menschheit müsse gemeinsam verteidigt werden: »die Rechte jedes Einzelnen«.

Wie in noch keiner seiner vielen bisherigen Reden stellt er die Freiheit in den Mittelpunkt, die persönliche Entfaltung nach eigenen Wünschen, den Schutz vor ideologisch motivierter Verfolgung, auch die nationale Selbstbestimmung. An diesem besonderen Tag findet Churchill, der Freiheitskämpfer, ganz zu sich selbst. Es sind mitreißende Worte, in denen er die altbekannte strategische Gegnerschaft zur stärksten Kontinentalmacht umdeutet, sie zu einer Menschheitsaufgabe erklärt und dabei große Überzeugungskraft an den Tag legt. Nationales Interesse und moralischer Anspruch sind in diesem Moment deckungsgleich. Churchill spricht als Engländer und gleichzeitig als Stimme der demokratischen Welt.

Das Leben selbst ist nicht sein höchster Wert, denn höher steht für ihn ein freies Leben. Mit einem ausgefeilten, womöglich philosophisch unterfütterten Konzept hat das wenig zu tun (mehr dazu in Teil IV). Es ist eine Weltanschauung, die seinem Charakter entspringt, vielleicht schon der frühen Erfahrung des eigensinnigen Schuljungen, der sich dem Regime des Rohrstocks widersetzt hat. Im kindlichen Matrosenhemd zeigt er auf einem Foto von 1881 dieselbe trotzig vorgeschobene Unterlippe, wie sie einen charakteristischen Zug späterer Churchill-Porträts ausmachen wird. Er lässt sich nichts vorschreiben – und empfindet das als ein Menschenrecht. Das gilt es gegen Diktaturen zu verteidigen.

Vertritt er einen klassischen Liberalismus? Ja und nein. Er fühlt und handelt als konservativer Liberaler, als liberaler Konservativer und manchmal als Reaktionär. Aber auch wenn er die Positionen und Loyalitäten wechselt, es ist immer sein Freiheitswille, der ihn antreibt. Als er im ersten Satz seiner ersten Rundfunkansprache als Premierminister erklärt, was im Krieg auf dem Spiel stehe, nennt er »vor allem anderen die Sache der Freiheit«. Eine Einschränkung darf hier allerdings nicht fehlen: Niemals käme Churchill auf den Gedanken, in sein Plädoyer für die universelle menschliche Freiheit auch die Bewohner der Kolonien einzubeziehen. Sein Rassismus (siehe Kapitel 2) bleibt der tiefste Schatten auf seiner Persönlichkeit.

Nach der Parlamentssitzung sucht er den Premierminister auf, der ihn sprechen möchte. Worum es gehen soll, weiß er ungefähr, denn Chamberlain hat ihm schon vor zwei Tagen einen Platz im Kriegskabinett angeboten. Jetzt wird es konkret: Churchill kehrt auf den Posten zurück, der ein Vierteljahrhundert zuvor sein Lieblingsamt war: *First Lord of the Admiralty*. »Es ist das Marineministerium«, sagt er zu Clementine, die im Auto auf ihn gewartet hat, »das ist viel besser, als ich dachte.«

Die Flotte erfährt die Neuigkeit sofort per Funksignal: »Winston is back.« So will es jedenfalls die Überlieferung, eine amtliche Aufzeichnung fehlt. Nach dem Lunch hält Churchill seinen üblichen Mittagsschlaf, es folgt die erste Sitzung des Kriegskabinetts, dem neben ihm acht frühere Appeasement-Befürworter angehören. Perfekt gekleidet mit Weste, Uhrenkette, gepunkteter Fliege, schwarzem Hut und Gehstock, im Mund eine Zigarre, unter dem Arm eine Zeitung, betritt er am späten Nachmittag sein Ministerium, wo er sich gleich die aktuellen Positionen der Kriegsschiffe zeigen lässt. Das Kartenmaterial zur Nordsee kommt ihm von früher bekannt vor.

Nach wie vor verfügt die *Royal Navy* über die stärkste Flotte der Welt. Aber wie viel ist das in den kommenden Schlachten wert? Churchill neigt nach einer Weile im Amt zu Optimismus. Mit Blick auf das bevorstehende Jahr schreibt er dem Chef des Admiralsstabs: »Ich glaube, wir können die gegenwärtige Lage im Vergleich zu jener von 1914 als sehr günstig betrachten. Und ich habe den Eindruck (der jederzeit korrigiert werden mag), dass das kaiserliche Deutschland ein viel härteres Gegenüber war als Nazi-Deutschland.« Auch wenn er hier vorsichtshalber einräumt, dass er sich vielleicht irrt, liegt er mit seiner Einschätzung bemerkenswert weit daneben.

Die ersten britischen Kampfhandlungen sind bloß Nadelstiche, die weder Freund noch Feind beeindrucken. Am 4. September 1939 attackieren zehn leichte Bomber vom Typ Bristol Blenheim den Marinestützpunkt Wilhelmshaven, ohne größere Schäden zu verursachen. Außerdem wirft die *Royal Air Force* Millionen von Propagandaflugblättern über deutschen Städten ab, zuerst über Bremen, Hamburg und dem Ruhrgebiet. Wer eins der Papiere in die Hände bekommt, kann darauf die ungelenken Worte lesen: »Deutsche, mit kühl erwogenem Vorsatz hat die Reichsregierung Großbritannien Krieg auferzwungen. Wohl wusste sie, dass die Folgen ihrer Handlung die Menschheit in ein größeres Unheil stürzen, als 1914 es tat.« Die Londoner Presse spottet über den »Konfettikrieg«.

6

»Klare Fronten«: Endlich Premierminister

Mit dem Gedanken an den Krieg haben die Briten nun schon so lange gelebt, dass sie jederzeit die befürchteten Luftschläge erwarten. London bleibt Nacht für Nacht dunkel, um kein leuchtendes Angriffsziel zu bieten. Mehr als eine Million Kinder werden aus den Städten aufs Land gebracht, wo sie vor deutschen Bomben sicherer sind. Auch an Haus- und Nutztiere haben die Behörden gedacht. Das neu gegründete *National Air Raid Precautions for Animals Committee* empfiehlt in einer Broschüre, Tiere möglichst ebenfalls aufs Land zu schaffen. Sollte das nicht möglich sein, sei es »wirklich das Beste, sie vernichten zu lassen«. Innerhalb einer Woche nach der Kriegserklärung werden in Großbritannien schätzungsweise 400 000 bis 750 000 Hunde, Katzen und andere Haustiere von ihren Besitzerinnen und Besitzern oder durch Veterinäre getötet.

Die ersten Bomben fallen dann zur allgemeinen Überraschung nicht auf London oder den Süden des Landes, sondern auf den Marinestützpunkt Rosyth in Schottland. Zwölf Junkers Ju 88 starten am 16. Oktober 1939 vom Flugplatz Westerland auf Sylt und attackieren Schiffe und Anlagen am Firth of Forth. 16 britische Seeleute sterben, der Zerstörer *Mohawk* wird schwer getroffen. Auch das ist nur ein Nadelstich, dem wenig folgt. Die Verteidiger schießen zwei Ju 88 vom Himmel.

Polen hat zu dieser Zeit schon aufgehört, ein selbstständiger Staat zu sein. Erst überrollt die Wehrmacht das Land, bei der Bombardierung Warschaus sterben nach polnischen Angaben bis zu 25 000 Zivilisten. Nahe dem Dorf Wielka Piaśnica ermorden deutsche Männer mehr als 10 000 Menschen im Wald, es sind die ersten Massaker des

Krieges. In die östliche Landeshälfte marschiert zweieinhalb Wochen nach Beginn des deutschen Überfalls die Rote Armee ein. Stalin lässt im Frühjahr an verschiedenen Orten mehr als 20 000 Offiziere, Polizisten und Angehörige der Intelligenzija erschießen (der heute bekannteste dieser Massenmorde findet in der Nähe von Katyn statt). Für Millionen Einwohner der besetzten Gebiete beginnt eine grauenhafte Leidenszeit, die viele von ihnen nicht überleben werden.

Welche Hilfe leisten Briten und Franzosen, Polens Verbündete? Keine, die eine Erwähnung wert wäre.

Die polnischen Botschafter in London und Paris werden praktisch täglich bei den Regierungen vorstellig, erreichen jedoch nichts. Nun wird endgültig zur Gewissheit, dass die Westmächte nie an ein konkretes Eingreifen gedacht haben – sie fühlen sich dafür noch nicht stark genug. Ihr Beistand besteht hauptsächlich in der Zusicherung, dass die Deutschen irgendwann für ihren verbrecherischen Angriffskrieg bezahlen müssen. Zur damaligen Zeit ist das bloß ein vages Versprechen. Und Stalins Okkupation des Ostteils? Lord Halifax, der britische Außenminister, erläutert im Kriegskabinett, das Vereinigte Königreich sei zu nichts verpflichtet. Im Beistandspakt mit Warschau werde Hilfe zwar für den Fall zugesagt, dass die Aggression gegen Polen »von einer europäischen Macht« ausgehe. Doch es gebe ein geheimes Zusatzprotokoll, wonach mit jener Macht ein einziges Land gemeint ist: das Deutsche Reich. Großbritannien hat also nicht versprochen, Polen gegen die Sowjetunion beizustehen, und London kann sich guten Gewissens damit begnügen, eine milde Protestnote nach Moskau zu schicken.

Churchill, der jetzt mitregiert, hält diese Entscheidungen für richtig. Einem Labour-Abgeordneten erklärt er, dass sich durch die massenhafte Produktion von Hurricane- und Spitfire-Maschinen endlich der Vorsprung der deutschen Luftwaffe verkleinere. Für das öffentliche Empfinden wäre es außerdem das Beste, sagt er, die Deutschen würden in der direkten Auseinandersetzung etwas Empörendes tun: »Wenn es möglich ist, sollten wir sicherstellen, dass die ersten Frauen und Kinder, die getroffen werden, britischer Nationalität sind und nicht deutscher.« Im Grenzgebiet zwischen Kalkül und Zynismus verliert Churchill manchmal die Trittsicherheit.

Vertun London und Paris während des deutschen Polenfeldzugs eine große Chance? Immerhin sind sie dem Reich an dessen Westgrenze deutlich überlegen. Gleich am Tag nach der Kriegserklärung hat Churchill im Kreis der verantwortlichen Minister vorgeschlagen, gemeinsam mit den Franzosen den Westwall (englisch *Siegfried Line*) zu attackieren. Obwohl alle nicken, geschieht danach kaum etwas. Durch einen beherzten Vorstoß, der Hitler zu einem Zweifrontenkrieg genötigt hätte, wäre womöglich der Wehrmacht die Luft ausgegangen. In seinem Nürnberger Prozess wird Generaloberst Jodl später sagen, Deutschland wäre militärisch »bereits 1939 gescheitert«, hätten Briten und Franzosen nicht entschieden, »komplett inaktiv« zu bleiben. Wäre, hätte: Es bleibt eine faszinierende Spekulation, sich die Ausweitung des Krieges in Europa aus der Geschichte wegzudenken.

Die Realität sieht so aus, dass die britische Regierung beschließt, ihre Planungen auf eine Kriegsdauer von drei Jahren auszurichten. Das trägt eher die Handschrift von Churchill als von Chamberlain, denn privat nimmt der Premier an, »dass wir … den Krieg bis zum Frühjahr gewonnen haben werden« – wundersamerweise sogar ohne richtig zu kämpfen. Chamberlain hofft, das NS-Regime würde angesichts von Wirtschaftssanktionen und britischer Aufrüstung klein beigeben oder durch einen inneren Machtkampf zu Fall kommen. Realistischer ist das Bild, das er sich mittlerweile von Hitler gemacht hat. Als der Diktator ihm Anfang Oktober ein »Friedensangebot« vorlegt, lehnt er ab. Nicht wenige Briten bedauern das, denn sie würden diesen seltsamen Krieg, in dem ihre Soldaten nur gelegentlich auf See oder in der Luft auf den Feind treffen, am liebsten rasch beenden, ehe Schlimmeres passiert.

Churchill will mit seinem starken Instrument, der britischen Marine, etwas Sinnvolles tun und verfolgt die Idee, den für Deutschland wichtigen Handel mit Skandinavien zu blockieren. Schwedisches Eisenerz ist eine erstrangige Ressource für das Reich, dessen Stahl- und Waffenfabriken daraus Flugzeuge, Panzer, U-Boote, Gewehre, Kanonen, Munition und anderes schmieden. Sein Plan sieht zunächst vor, die Seeherrschaft auf der Ostsee zu erringen, doch dafür fehlen die geeigneten Schiffe. Als Nächstes denkt er daran, norwegische Gewässer zu verminen. Die Transportrouten für das Erz verlaufen den größten Teil des Jahres durch die Ostsee, im Winter dagegen über eisfreie Nordmeerhäfen wie Narvik. Weil aber britische Minen die Souveränität Norwegens verletzen würden, lehnt Außenminister Halifax den Plan ab.

In der *Admiralty* müssen sich nun alle auf Churchills Arbeitsrhythmus einstellen. Sein Tagwerk beginnt er im Bett und in der Badewanne. Sekretäre und Sekretärinnen sind pausenlos und überall in seiner Nähe, weil ständig Ideen aus ihm heraussprudeln, die notiert sein wollen. Für dringende Memos lässt er rote Aufkleber anfertigen, auf denen in Großbuchstaben drei Wörter stehen: »Heute zu erledigen« (*Action This Day*). Die kleinen Zettel werden berühmt, weil er sie während des Krieges permanent benutzt. Seine ministerielle Lagebesprechung hält er gewöhnlich zwischen neun und elf Uhr abends ab. Anschließend raucht, trinkt und debattiert er bis lange nach Mitternacht in kleineren Runden weiter, oder er formuliert seine Reden, die er direkt in die Schreibmaschine diktiert. »Voller Atmosphäre und Elektrizität« erlebt eine der Sekretärinnen das Haus unter Churchills Kommando. »Befand er sich auf Dienstreise, war es tot, tot, tot.«

Clementine hält zu Beginn seiner Amtszeit fest: »Winston arbeitet Tag und Nacht. Gott sei Dank geht es ihm gut, und er wird nur müde, wenn er seine acht Stunden Schlaf nicht bekommt. Er braucht sie nicht am Stück, aber wenn er diese Menge nicht während 24 Stunden erhält, erschöpft es ihn.« Sein Mittagsschlaf ist ihm heilig, meist steigt er danach noch einmal in die Badewanne. Wie andere mit seinem Tagesablauf zurechtkommen, kümmert ihn nicht.

Den über alles geschätzten Lindemann, seinen »Prof«, ernennt er zum Leiter einer neuen Statistikabteilung (*S-Branch*), die ihm persönlich zuarbeitet. In den Jahren, in denen Churchill dann an der Regierungsspitze steht, saugen Lindemann und seine Leute die Daten aus sämtlichen Ministerien ab und verdichten sie zu Berichten und Empfehlungen, sei es zur Rüstungsproduktion, den Getreideeinfuhren Indiens oder den Zerstörungen durch die Bombenangriffe auf Deutschland. Während des Krieges wird die nationale Wirtschaft staatlich gesteuert, Lebensmittel sind rationiert.

Die Skandinavien-Idee lässt Churchill keine Ruhe, zumal er sich auf einen exzellenten Gewährsmann stützen kann: Der deutsche Stahlmagnat Fritz Thyssen hat das Eisenerz schon vor Kriegsbeginn als Schlüssel zum Sieg beschrieben. Wäre da nur nicht das Völkerrecht, das militärische Aktionen gegen neutrale Staaten verbietet. Als die Sowjets Ende 1939 Finnland überfallen, scheint sich ein gangbarer Weg abzuzeichnen: Briten und Franzosen könnten den Angegriffenen zur Hilfe kommen – mit dem eigentlichen Ziel, die schwedischen Erzgruben und die norwegischen Häfen zu kontrollieren. Unterstützung für die Finnen, die sich tapfer und überraschend zäh im »Winterkrieg« gegen die Rote Armee zur Wehr setzen, ist in Großbritannien populär, wogegen das Schicksal der Polen dort nur wenig Interesse geweckt hat. »Finnland zeigt, was freie Männer schaffen können«, sagt Churchill in einer Rundfunkrede. Am 5. Februar 1940 beschließen die Alliierten, drei bis vier Divisionen loszuschicken. Doch am 13. März, wenige Tage vor dem geplanten Marschbefehl, beenden Finnen und Sowjets den Winterkrieg durch einen Friedensschluss. Den Westmächten kommt damit der Vorwand abhanden.

Trotzdem bringt Churchill seine Kabinettskollegen und die französischen Verbündeten dazu, den Norwegen-Plan umzusetzen. Um die Landung alliierter Truppen vorzubereiten, lässt er am frühen Morgen des 8. April den Fjord vor Narvik verminen. Die Nordsee, glaubt er, sei unter britischer Kontrolle; darum ist seine Überraschung umso größer, als auf einmal überall Deutsche auftauchen. Die Wehrmacht hat die Briten ausmanövriert und landet am 9. April in Narvik, Trondheim, Bergen, Egersund, Kristiansand und Oslo. Ohne es zu wollen, hat der *First Lord* zum deutschen Überfall auf Norwegen beigetragen. Hitler hätte sich lieber mit der Neutralität des Königreichs begnügt, anstatt im hohen Norden Besatzungstruppen zu binden. Weil Churchill aber durch öffentliche Äußerungen und Aktionen seiner Flotte klar erkennen ließ, dass er das Land unter britischen Einfluss bringen will, entschloss sich der Diktator, schnell zu handeln.

Das Unternehmen »Weserübung« ist trotz hoher Verluste ein brillanter Coup der Deutschen, der die Alliierten – und ganz besonders Churchill – wie Amateure aussehen lässt. Ohne größeres Blutvergießen gelangt am selben Tag auch noch Dänemark, das sich einem Ultimatum gefügt hat, unter deutsche Kontrolle (» Weserübung Süd «). NS-Propagandaminister Goebbels hält in seinem Tagebuch fest: » London und Paris sind wie konsterniert. Leere Drohungen. Wir sind ihnen wieder mal zuvorgekommen ... Diese Aktion wird einmal als die tollkühnste Frechheit in die Geschichte übergehen. «

Um zu retten, was kaum noch zu retten ist, jagt Churchill seine Schiffe hierhin und dorthin. Schließlich konzentrieren die Alliierten zusammen mit der norwegischen Armee ihre Kräfte auf Narvik, wo sie die Wehrmacht zeitweilig zurückdrängen und ihr die erste Niederlage dieses Krieges beibringen. Mithilfe britischer Kriegsschiffe gelingt es, König Haakon VII. sowie die demokratisch gewählte Regierung und auch die Goldreserven des Landes in Sicherheit zu bringen. Und immerhin kann die *Royal Navy* ihre Stärke in mehreren Seeschlachten ausspielen, bei denen Hitlers Marine schwerwiegende Verluste erleidet. Dennoch: Mehr als einzelne Aktionen bringen die Gegner Deutschlands nicht zustande, und nach zwei Monaten Widerstand bleibt den Norwegern am 10. Juni 1940 nur die Kapitulation.

Abgeordnete und Regierung in London warten nicht bis zu diesem kläglichen Ende, um dem Desaster auf den Grund zu gehen. Als am 7. Mai die ausführliche Norwegen-Debatte im Unterhaus beginnt, ist auf den Fluren von Whitehall, dem Regierungsviertel, schon tagelang getuschelt worden: Chamberlains Unfähigkeit, das Land in Kriegszeiten zu führen, sei nun erwiesen, meinen die einen. Andere zeigen auf den *First Lord*, der wegen seiner berüchtigten Sprunghaftigkeit die Hauptlast der Verantwortung trage. Von einem zweiten Gallipoli ist die Rede.

Um 15.48 Uhr tritt der Premierminister ans Rednerpult. Churchill muss auf das Schlimmste gefasst sein. Sachlich betrachtet hätte er dieses Mal weniger Grund, sich über Schuldzuweisungen zu beklagen, als nach dem gescheiterten Angriff auf die Türken während des Ersten Weltkriegs. Und tatsächlich hat Chamberlain mit dem Gedanken gespielt, das Versagen des britischen Militärs seinem Marineminister anzulasten. Stattdessen hat er ihm dann sogar zusätzliche Aufgaben übertragen. Dass Churchill ein loyales Regierungsmitglied ist, erfährt der Premier unter anderem aus den Protokollen des *MI5*, des Inlandsgeheimdiensts, der die Telefonate seiner politischen Konkurrenten abhört.

Niemand im Unterhaus kann voraussehen, welche enormen Veränderungen die nächsten 75 Stunden bringen werden. Wie auf zwei parallel bespielten Bühnen rollt ein Drama von historischer Tragweite ab. Im Machtdreieck zwischen Parlament, Regierung und Königshaus fallen Entscheidungen, die nicht nur die Zukunft des Landes, sondern auch den Lauf der Weltgeschichte beeinflussen. Und während Whitehall von politischen Turbulenzen erschüttert wird wie nur selten, beginnt auf dem Kontinent die nächste Phase des Krieges, die Ausweitung bis zum *Point of no Return*. Denn gleich nach der Unterwerfung Polens haben Hitler und seine Generäle mit detaillierten Planungen für ihren Westfeldzug begonnen. Mehrmals mussten sie den Angriffstermin verschieben. Aber jetzt sollen die Panzer wirklich rollen.

Chamberlain zeigt sich in seiner Rede ungewöhnlich fahrig und uninspiriert. Allerdings verfügt er über eine Mehrheit von mehr als 200 Stimmen, wodurch seine Position stark und unanfechtbar erscheint. Kurz nach 19 Uhr ergreift der konservative Abgeordnete Sir Roger Keyes das Wort, ein Held des *Great War*. Er hat für diesen Tag seine Admiralsuniform angezogen, mit sechs Reihen Orden auf der Brust, und klagt an: Nicht die Marine, in deren Namen er hier spreche, habe die norwegische Niederlage verschuldet. Die gesamte Regierung trage die Verantwortung für eine »schockierende Geschichte des Unvermögens«. Damit zielt Keyes, ein Freund Churchills, in Richtung des Regierungschefs. Den Marineminister empfiehlt er indirekt als dessen Nachfolger. Den nächsten, noch härteren Schlag teilt Leo Amery aus, einer der führenden Kritiker Chamberlains aus der eigenen Partei. Mit dem Ziel, den Premier zu stürzen, hat Amery sich besonders gründlich vorbereitet und gewichtige historische Zitate von Oliver Cromwell mitgebracht. Die stärksten Sätze trägt er erst vor, als er sich vom Beifall des Hauses ermutigt fühlt: »Ihr habt für das, was Ihr Gutes getan habt, hier schon zu lange gesessen. Ich sage, Ihr solltet besser Abschied nehmen, bringen wir es hinter uns. Im Namen Gottes, geht!«

Churchill ist glimpflich davon gekommen. »Überall hörte man Geflüster«, schreibt Chips Channon, der fest zu Chamberlain hält, spätabends in sein Tagebuch. »Was wird Winston tun?«

Ein anderer Tagebuchschreiber, Joseph Goebbels, notiert an diesem 7. Mai: »England muss einen schweren Schlag bekommen, aber nicht vernichtet werden. Denn sein Weltreich können und wollen wir nicht übernehmen.« In den bevorstehenden Angriff auf Deutschlands westliche Nachbarn ist Goebbels eingeweiht, er schreibt: »Der Führer ist in allerbester Form. Auch er wartet mit fiebernder Spannung auf die Stunde des Losschlagens.«

Am 8. Mai verlangt gleich der erste Redner im Unterhaus, ein Labour-Abgeordneter, für den Abend eine Abstimmung. Er überhäuft die Regierung mit Kritik, nimmt aber den Marineminister in Schutz. Kurz darauf schlägt David Lloyd George, der liberale Ex-Premierminister, in dieselbe Kerbe. Churchill, der nicht immer ein glänzender Taktiker ist, tut diesmal genau das Richtige: Demonstrativ stellt er sich vor den geschwächten Regierungschef und nimmt die Verantwortung für den Norwegen-Einsatz auf sich. Niemand kann jetzt behaupten, er suche in der Krise seinen persönlichen Vorteil. Unterhaltsam wie gewohnt entgegnet Lloyd George: »Der sehr ehrenwerte Gentleman sollte sich nicht in einen Luftschutzkeller verwandeln, um zu verhindern, dass die Splitter seine Kollegen treffen.« Das anschließende Gelächter muss Chamberlain in den Ohren gellen. Für Churchill ist es Musik.

Als letzter Redner dieses denkwürdigen Tages nutzt er die Gelegenheit zu einem versöhnlichen und – wie sich zeigen wird – zukunftsweisenden Schlusswort: »Vergessen wir die Fehden der Vorkriegszeit, begraben wir den persönlichen Streit, sparen wir unseren Hass für den gemeinsamen Feind auf. Die Parteiinteressen sollten wir beiseite lassen und unsere Energien bündeln ... Niemals während des letzten Krieges befanden wir uns in größerer Gefahr als jetzt.« Seine 17-jährige Tochter Mary sieht gebannt von der Galerie aus zu. Voller Stolz schreibt sie: »Papas Umgang mit den Sachfragen und dem Haus war schlichtweg herausragend.« Clementine kann nicht dabei sein, weil sie zur Beerdigung ihres Schwagers nach Herefordshire gefahren ist. Als sie viele Jahre später einen Korrekturabzug von Churchills Kriegserinnerungen durchsieht, schreibt sie an den Rand: »Ohne die Jahre… Deiner wiederholten Warnungen vor der deutschen Gefahr hätte Norwegen Dich vermutlich ruiniert.«

Eine Dreiviertelstunde vor Mitternacht endet die Sitzung im Tumult. 281 Abgeordnete haben der Regierung das Vertrauen ausgesprochen, 200 nicht. Das bedeutet, Chamberlain hat die Mehrheit von 100 Stimmen, die nach Meinung seiner Anhänger das in Kriegszeiten nötige Minimum wäre, klar verfehlt. »Go! Go! Go! Go!« rufen ihm aufgebrachte Parlamentarier entgegen, andere singen »Rule Britannia«. Ein Tory-Mann, der gerade mit der Opposition gestimmt hat, sieht zu, wie sein Parteichef »mit schweren Schritten durch die Lobby« davongeht, »eine wirklich traurige und erbärmliche Gestalt«.

Adolf Hitler wirkt in diesen Tagen ruhiger und optimistischer als in der Zeit davor. Er nimmt an, Frankreich in nur wenigen Wochen unterwerfen zu können. Die Briten, glaubt er, würden sich dann aus dem Krieg zurückziehen und eine Verständigung mit Deutschland suchen. Am Vormittag des 9. Mai entscheidet er definitiv, am nächsten Morgen loszuschlagen. Die Westmächte erwarten Hitlers Überfall seit Monaten, aber sie kennen weder den Zeitpunkt noch den deutschen Angriffsplan.

Chamberlain spürt, dass die Abstimmung im Unterhaus »ein tödlicher Schlag« gegen ihn war. So sagt er es am Tag danach zu seiner Frau, während Hitler in Berlin an den bevorstehenden Krieg denkt. Dennoch nimmt der Premier den Kampf um sein politisches Überleben auf. Ein Kreis von altgedienten Tory-Abgeordneten bittet ihn, an seinem Amt festzuhalten. Manche der konservativen Rebellen, die gegen ihn gestimmt haben, zeigen sich reuig und sprechen ihm persönlich ihr Vertrauen aus; nach einer Regierungsumbildung könne er weitermachen. Allerdings ist allen Verantwortlichen bewusst, dass es mit dem Austausch einiger Minister nicht getan wäre. Nur eine umfassende Koalition (*National Government*) hätte jetzt die Autorität, das Land durch den Krieg zu führen. Und da liegt für Chamberlain das größte Problem, denn die Labour Party lehnt ihn offenkundig ab. Um 18.30 Uhr trifft er sich mit der Labour-Führung, um sie vielleicht doch noch umzustimmen. Ohne Erfolg. Der Vorsitzende Clement Attlee sagt ihm ins Gesicht, seine Partei wolle ihn sicherlich nicht haben, »und ich glaube, es stimmt, wenn ich sage, dass das Land Sie auch nicht haben will«. Die letzte Entscheidung soll bei einem Parteikonvent liegen, der gerade in Bournemouth zusammenkommt.

Während Chamberlain mit der Labour-Spitze spricht, sitzt Hitler bereits in seinem gepanzerten Sonderzug, der ihn unter größter Geheimhaltung von Berlin nach Münstereifel bringt. Am Rande eines Dorfs, auf halber Strecke zwischen dem Rhein und der belgischen Grenze, liegt dort das Führerhauptquartier mit dem Decknamen »Felsennest«.

Churchill hat zum Abendessen eine kleine Herrenrunde ins *Admiralty House* eingeladen. Einer der Gäste ist der konservative Ex-Außenminister Anthony Eden, der 1938 aus Unmut über Chamberlains sanften Kurs gegenüber Mussolini zurückgetreten ist. Seitdem führt er eine innerparteiliche Oppositionsgruppe an. Winston sehe sich bereits als nächsten Premierminister, schreibt Eden in sein Tagebuch, er sei »ruhig und gelassen«. Zusätzlich wolle er Verteidigungsminister werden (ein neues Amt, das den exekutiven Durchgriff auf die Truppe gewährleisten soll). Ihm selbst habe er das bestehende Kriegsministerium angeboten.

Obwohl Goebbels so gut wie nur wenige im Deutschen Reich über das Weltgeschehen informiert ist, schätzt er die Entwicklungen in England falsch ein. Er notiert: »Die Labour Party macht starke Opposition gegen Chamberlain. Aber doch ist es noch ungewiss, ob er stürzt. Es ist weit und breit kein Nachfolger zu sehen ... Wir können wieder mal beruhigt schlafen gehen.«

Churchill wird am nächsten Tag um 5.30 Uhr geweckt. Die Wehrmacht habe die Niederlande und Belgien überfallen, heißt es. Es ist Freitag, der 10. Mai 1940, eines der Schlüsseldaten des Zweiten Weltkriegs. Zu den ersten Opfern der deutschen Angriffswelle gehört ein 13-jähriger Schüler, Guy de Liederkirche, der in Brüssel von einer Bombe getötet wird.

Vor dem »Felsennest« in der Eifel versammelt der »Führer« seine Mitarbeiter um sich; neben dem Vogelgezwitscher ist aus der Ferne Geschützdonner zu vernehmen. Gut gelaunt sagt Hitler: »Meine Herren, soeben ist die Offensive gegen die Westmächte eingeleitet worden.« Beim *MI6*, dem britischen Auslandsgeheimdienst, hielt man es noch am Tag zuvor für wahrscheinlicher, dass die Deutschen zuerst Ungarn angreifen würden.

Ihren entscheidenden Schlag, der die Alliierten mehr als alles andere überrascht, führt die Wehrmacht durch Luxemburg und die belgischen Ardennen gegen Frankreich. Das von Generalleutnant Manstein entwickelte Angriffskonzept wird gewöhnlich als »Sichelschnittplan« bezeichnet; die Wortschöpfung geht auf Churchill zurück, der die deutsche Truppenbewegung später als *sickle cut* bezeichnet. Die Wehrmacht spricht prosaisch vom »Fall Gelb«.

Bei Tagesanbruch überschreitet Heinz Guderian, General der Panzertruppe, mit seiner Division die luxemburgische Grenze und stößt zügig nach Westen vor. Das erste große Ziel der deutschen Streitkräfte ist die französische Küste am Ärmelkanal. Zu den Gegnern auf dem Weg dorthin gehört auch das britische Expeditionskorps (*British Expeditionary Force*), das rund ein Zehntel der alliierten Truppen stellt. Es muss schnell gehen, und es geht schnell. Damit seine Soldaten möglichst ohne zu schlafen durchhalten, hat Guderian 20 000 Pervitin-Tabletten bestellt, eine Aufputschdroge, die heute allgemein als Methamphetamin bekannt ist.

Rettet Hitler Chamberlain? Einige Stunden lang sieht es an diesem Tag so aus. Der Premier bringt nach dem Angriff ein neues Narrativ in Umlauf: »Wir können keine Regierungsumbildung in Betracht ziehen, während wir uns mitten im Kampf befinden.« Seine Anhänger haben den Eindruck, dass er vielleicht damit durchkommt. Gegen fünf Uhr nachmittags, während das Kriegskabinett zum dritten Mal an diesem Tag über die Lage berät, beendet ein Anruf von Labour-Chef Attlee seine Träume: Die Arbeitspartei habe in Bournemouth dafür gestimmt, in die Regierung einzutreten, aber nur unter einem neuen Premierminister. Wer wird das sein? Chamberlain und die meisten Konservativen, auch Attlee, der König und viele im Land halten Lord Halifax für den besten Mann.

Der großgewachsene Aristokrat, ein früherer Vizekönig von Indien, geht leidenschaftlich gern auf Fuchsjagd und ist für seine Frömmigkeit bekannt; sein Spitzname lautet »Holy Fox«. Mit dem König pflegt er vertrauten Umgang. George VI. hat ihm den Schlüssel zum Garten des Buckingham-Palasts gegeben, damit er auf dem Weg ins Außenministerium durchs Grüne spazieren kann. Der andere naheliegende Kandidat ist Winston Churchill. Für die Halifax-Anhänger wäre er allerdings bloß zweite Wahl, wenn überhaupt.

Aber Halifax will das Amt nicht haben.

Warum? Die formale Begründung, die der Außenminister gibt, überzeugt nur halb: Als Lord und Mitglied des Oberhauses könnte er die Politik der Regierung nicht im Unterhaus erklären und verteidigen. Das stimmt zwar, ließe sich aber umgehen und fiele in der angestrebten Kriegskoalition sowieso kaum ins Gewicht. Denn wenn praktisch alle mitregieren, gibt es wenig Streit im Parlament.

Das wegweisende Gespräch über die künftige Regierungsspitze hat bereits am Nachmittag des 9. Mai stattgefunden, als die Briten vom Beginn der deutschen Offensive noch nichts wussten. Teilnehmer sind Chamberlain, Churchill, Halifax und David Margesson, der einflussreiche Geschäftsführer (*Chief Whip*) der konservativen Parlamentsfraktion.

Niemand hat das Treffen protokolliert, doch es gibt eine ganze Reihe von Berichten darüber, sowohl von den Teilnehmern als auch von Vertrauten, mit denen sie danach gesprochen haben. Einig sind sich alle im Ergebnis: Halifax macht den Weg für Churchill frei. Widersprüchlich sind die Darstellungen des Ablaufs: Wer hat wann was gesagt und wie lange geschwiegen? Hätte Halifax sich vielleicht von Chamberlain überreden lassen, wenn Churchill die wenig überzeugende Begründung des Lords für seinen Amtsverzicht nicht sofort aufgegriffen und verstärkt hätte? Und hat Churchill dies überhaupt getan?

Wichtiger dürfte sein, was aus weiteren Gesprächen und Aufzeichnungen hervorgeht: Halifax zweifelt grundsätzlich an seiner Eignung zum Kriegspremier. Churchill dagegen strotzt vor Selbstbewusstsein. Das Schicksal, glaubt er, habe ihn für diese Aufgabe bestimmt. Jedenfalls schreibt er das im Nachhinein und verschleiert dadurch, absichtlich oder nicht, wie außerordentlich knapp und von Zufällen geprägt sein Aufstieg an die Spitze der Regierung ist, wie in der Einleitung dieses Buches geschildert. Warum auch sollte er selbst es anders sehen, zumal nach dem epochalen Sieg von 1945? Hinzu kommt, dass einige in seiner näheren und ferneren Umgebung – sowie spätere Publizisten und Historiker – ihn manchmal wie einen Auserwählten behandeln. Pamela Lytton, geborene Plowden, die einst seinen Heiratsantrag abgelehnt hat, schreibt ihm im Mai 1940: »Dein ganzes Leben lang habe ich gewusst, dass Du einmal Premierminister wirst.« Die Churchill-Mythologie lebt nicht zuletzt von solchen Sätzen.

Als Chamberlain beim König sein Rücktrittsgesuch einreicht, will George VI. von ihm wissen, wen er als Nachfolger empfiehlt. Der Monarch ist, seinen Tagebuchaufzeichnungen zufolge, »enttäuscht« darüber, dass Halifax das Amt ablehnt: »Ich dachte, H ist genau der Richtige.« Statt des Außenministers wird jetzt Churchill in den Buckingham-Palast bestellt. Der König begegnet einem Mann, der mit seinen 65 Jahren ein wenig mollig geworden ist und mit leicht gebeugten Schultern geht, an Willenskraft und Energie jedoch nichts eingebüßt hat: »Er war voller Feuer und Entschlossenheit, das Amt des Premierministers auszuüben.«

Aber in manchen Momenten gibt es auch den nachdenklichen, zweifelnden Churchill. Auf der Fahrt vom Palast zurück zur Admiralität habe er einfach nur geschwiegen, erinnert sich später sein Leibwächter Walter Thompson. Beim Aussteigen gratuliert Thompson ihm zum neuen Amt und fügt hinzu: »Sie haben eine gewaltige Aufgabe vor sich.« Tränen seien Churchill in die Augen getreten. »Wie groß sie ist, weiß nur Gott allein«, habe er gesagt und hinzugefügt: »Ich hoffe, es ist noch nicht zu spät, aber ich befürchte, dass es das schon ist. Wir können bloß unser Bestes tun.« Dann habe er sich wieder gefangen und sei mit entschlossener Miene die Treppe zum Eingang hochgestiegen.

Abends um neun Uhr verkündet Chamberlain seinen Rücktritt im Radio und bittet das Land, seinen Nachfolger zu unterstützen. Einer der wichtigsten Personalwechsel der neueren Geschichte hat im Lärm des Parlaments begonnen und wurde in den stillen Zimmern der Macht zu Ende geführt. Nach Deutschland dringen zunächst nur Gerüchte von den Ereignissen, ehe Goebbels schließlich Gewissheit hat: »Churchill ist nun wirklich zum Premier ernannt. Klare Fronten! Das lieben wir.«

Bald werden Briten und Deutsche noch viel heftiger aufeinanderprallen als bisher.

7

»Sein Kampfgeist ist unbezwingbar«: Die große Bewährungsprobe

Gleich nach seiner Ernennung wendet sich Churchill in überaus freundlichen Worten an Chamberlain und Halifax. Er braucht sie. Beide sollen weiterhin dem Kriegskabinett angehören, Halifax wie gehabt als Außenminister. Chamberlain übernimmt das hochrangige Traditionsamt des *Lord President of the Council* und kümmert sich um innere Angelegenheiten, außerdem bleibt er Vorsitzender der Konservativen. Wenn der Regierungschef abwesend ist, leitet er das Kriegskabinett.

Churchills Mehrparteienregierung, die er *Grand Coalition* nennt, wird von 604 der 615 Unterhaus-Abgeordneten getragen – dennoch muss er mit Widerständen rechnen. Die stärksten Vorbehalte gegen ihn kommen aus dem eigenen Lager, weil er auf seinem langen politischen Weg viele Tories irritiert, verärgert, brüskiert und verletzt hat.

Aufschlussreich sind die Tagebucheinträge des jungen Diplomaten John »Jock« Colville, der für Chamberlain als einer der amtlichen Privatsekretäre gearbeitet hat und von Churchill übernommen wird. Am Tag des Machtwechsels beschreibt er seine Sorge, dass dessen Ernennung ein »gefährliches Risiko« darstelle. Durch den neuen Premier drohe das Land in »tollkühne und spektakuläre Unternehmungen« hineingezogen zu werden, fürchtet Colville so wie nicht wenige im britischen Establishment. Abends berichtet ihm der einflussreiche Tory-Außenpolitiker R. A. »Rab« Butler, er habe bis zuletzt auf Halifax eingewirkt, dieser möge das Spitzenamt doch noch übernehmen. Butler steigert sich in eine Hasstirade gegen

Churchill hinein, den er für den »größten politischen Abenteurer der Neuzeit« hält, wie Colville notiert. Aus reiner Feigheit, so Butler, hätten sich Chamberlain und Halifax »einem amerikanischen Halbblut ergeben, dessen Anhänger ebenso untauglich und schwatzhaft seien wie er selbst«.

In traditionsbewussten Kreisen sitzt der Schreck über Churchills Ernennung tief. George VI. begegnet Halifax am nächsten Tag im Garten des Buckingham-Palasts und bemerkt danach: »Ich kann mir Winston als Premier noch nicht vorstellen.« Colville fasst seine Beobachtungen zusammen: »Anscheinend neigt man in Whitehall zu der Annahme, dass Winston völlig versagt und Neville zurückkehrt.« Durch die tägliche, anstrengende Zusammenarbeit verwandelt sich Colvilles Skepsis gegenüber seinem neuen Chef in Respekt. Nach anderthalb Wochen, als aus Frankreich immer neue düstere Nachrichten eintreffen, schreibt er: »Jedenfalls scheint Winston, welche Nachteile er auch immer hat, der richtige Mann für die gegenwärtige Situation zu sein. Sein Kampfgeist ist unbezwingbar.«

Bis 1955 wird Colville mit Unterbrechungen für Churchill tätig sein, insgesamt sieben Jahre. Die Aufzeichnungen, die er währenddessen anfertigt, sind eine ergiebige historische Quelle, denn Colville ist ein guter Beobachter mit einem genauen Blick für Stärken und Schwächen seiner Umgebung. Eine von Churchills hervorstechenden Eigenschaften, schreibt er zusammenfassend, sei die »unerschütterliche Unabhängigkeit seines Denkens«, die bis zum Starrsinn gehe. Selbst engste Berater könnten ihn oft kaum beeinflussen. Wenn ihn eine Sache jedoch nicht interessiere, »dann überließ er sie, wie wichtig sie auch sein mochte, der Entscheidung anderer«. Wenig überraschend stehen Verteidigung, Außen- und Parteipolitik nach Colvilles Eindruck im Mittelpunkt von Churchills Aufmerksamkeit; um die sogenannte Heimatfront kümmere er sich dagegen nur sporadisch. Er bedaure es, dass er neben den vielen hohen Staatsämtern, die er innehatte, nie Außenminister war.

»Die wichtigeren Entscheidungen« trifft der Premier, Colville zufolge, nicht impulsiv, sondern »langsam«, wobei er während der Meinungsbildung oft halblaute Selbstgespräche führe. Im Umgang mit den Menschen in seiner Nähe erlebt der Sekretär den Regierungschef als loyal und großzügig. Doch sei er auch ungeduldig, fordernd und »bemerkenswert rücksichtslos«, in manchen Fällen sogar »außerordentlich verletzend«, allerdings nicht nachtragend. »Sein Zorn fuhr wie ein Blitz hernieder und war manchmal schrecklich, dauerte aber nie lange an.« Es kann vorkommen, dass Churchill während des Essens vom Tisch aufspringt und in die Küche stürmt, um sich über die fade Suppe zu beschweren.

Colville bewundert seine rasche und intuitive Auffassungsgabe, »die Fähigkeit, sofort die wichtigsten Punkte in einem komplizierten Fall herauszufinden«. Alles in allem sei dieser Mann »in der Politik und auch in seinem Privatleben eine der seltsamsten Mischungen zwischen einem Radikalen und einem Traditionalisten, die man sich denken konnte«. Weil die Entscheidungen des Regierungschefs existenzielle Folgen für das ganze Land haben, sorgen einige Minister dafür, dass ein Leibarzt für ihn bestellt wird. Charles Wilson, Dekan der medizinischen Hochschule am *St Mary's Hospital*, übernimmt die heikle Aufgabe. Bei seinem Antrittsbesuch trifft er Churchill mittags im Bett an, wie er Akten liest und damit fortfährt, während Wilson wartend daneben steht. Mit ihm sei doch alles in Ordnung, habe der Premier dann gesagt, er leide bloß an Verdauungsproblemen. Dann sei er aus dem Bett gesprungen und habe mit nacktem Oberkörper einige Atemübungen vorgemacht, die dagegen helfen sollen. In seinem veröffentlichten Tagebuch schreibt der Arzt: »Ich mag den Job nicht, und ich glaube nicht, dass die Vereinbarung von Dauer sein kann.« Es kommt anders: Wilson (ab 1943 Lord Moran) wird den Politiker ein Vierteljahrhundert begleiten, bis zu Churchills Tod.

Unter welchem Druck der Premier in den ersten Wochen seiner Amtszeit steht, geht aus der Ermahnung hervor, die Clementine ihm in aller Form erteilt. Es ist der einzige Brief dieser Art, den sie jemals ihrem Mann schreibt: »Deine sarkastische und überhebliche Art bringt Dich in die Gefahr, dass Du von Deinen Kollegen und Untergebenen grundsätzlich abgelehnt wirst.« Dies habe sie vertraulich von einem wohlmeinenden Mitarbeiter erfahren. Selbst in den höheren Rängen traue sich niemand mehr, eigene Ideen vorzubringen, da Churchill zumeist verächtlich über alles hinweggehe.

»Ich war erstaunt und verärgert«, fährt seine Frau fort, »weil ich es in all den Jahren gewohnt war, dass Dich alle sehr mochten, die mit Dir und unter Dir beschäftigt waren.« Sie hält ihm seine Machtfülle vor Augen, empfiehlt ihm »olympische Gelassenheit« und schließt: »Übrigens wirst Du durch Jähzorn und Grobheiten nicht die besten Ergebnisse erzielen ... Bitte verzeih Deiner liebenden, treuen und wachsamen Clemmie.«

Wie Churchill den Brief aufgenommen hat, ist nicht überliefert, doch anscheinend bemüht er sich halbwegs darum, die Ratschläge zu befolgen. Die meisten seiner engen Mitarbeiterinnen und Mitarbeiter während des Krieges entwickeln eine wachsende Zuneigung zu ihm. Viele Minister erleben ihn allerdings weiterhin als Nervensäge, was ganz seiner Absicht entspricht, weil er alle auf Trab halten will. Leicht selbstironisch sagt er: »Ich staune darüber, dass die meisten meiner Kollegen überhaupt noch mit mir reden.«

Am schwierigsten bleibt sein Verhältnis zu führenden Militärs, die er durch Besserwisserei, koboldhafte Streitlust und Detailbesessenheit zur Verzweiflung treibt. Als Premier und Verteidigungsminister in einer Person versteht er sich als *Commander-in-Chief*. Mit Alan Brooke, ab 1941 Chef des Generalstabs, gerät er ständig aneinander. Vor Anspannung und Wut zerbricht der oberste Soldat des Königreichs in gemeinsamen Konferenzen den ein oder anderen Bleistift. Als Brooke einmal einen an den Premierminister gerichteten Vermerk eines untergebenen Offiziers radikal kürzt, erklärt er es dem staunenden Verfasser mit den Worten: »Je mehr man diesem Kerl über den Krieg erzählt, umso sicherer verhindert man, dass wir ihn gewinnen.« Bei allem Streit respektieren und ergänzen sie einander. Als der Krieg vorbei ist und Churchill sein Memoirenwerk vorlegt, nimmt Brooke ihm allerdings übel, dass er die klugen Entscheidungen fast ganz allein getroffen haben will.

Drei Tage nach der Amtsübernahme hat der neue Regierungschef seinen ersten Auftritt im Parlament. Die verbreitete Distanz ihm gegenüber ist dort deutlich zu spüren. Chips Channon hält anschließend fest, Churchill sei »mit einigen Hochrufen« begrüßt worden, »aber als Neville kurz darauf in seiner üblichen zurückhaltenden und bescheidenen Art eintrat, waren alle ganz aus dem Häuschen;

die Abgeordneten jubelten lauthals, schwenkten ihre Unterlagen, und so wurde sein Empfang zu einer regelrechten Ovation«. Über Churchills Rede notiert Channon: »Der neue Premier sprach gut und sogar in dramatischen Worten zur Unterstützung der neuen Allparteienregierung, wurde aber nicht gut aufgenommen.« Colville erwähnt nur knapp »eine ausgezeichnete kurze Rede«. Halifax vertraut seinem Tagebuch an: »Ich glaube nicht, dass Winston ein sehr guter Premierminister sein wird.«

Der Kontrast zwischen diesen zeitgenössischen Bemerkungen und der enormen Bedeutung, die Churchills sechsminütiger Rede heute beigemessen wird, könnte kaum größer sein.

Wie er versucht, in seiner noch ungefestigten Position das Unterhaus hinter sich zu versammeln, taugt zweifellos als Lehrbeispiel politischer Redekunst. Zuerst erläutert er pflichtgemäß und ohne Pomp den Ablauf der Regierungsbildung. Dann räumt er ein, noch nicht alle Fragen beantworten zu können: »In dieser Krise hoffe ich, dass man es mir nachsieht, wenn ich mich heute nicht ausführlich an das Parlament wende.« Und das Wichtigste: Weder verharmlost er die Lage des Landes, noch beschönigt er seine eigenen Möglichkeiten. »Ich habe nichts zu bieten als Blut, Mühsal, Tränen und Schweiß.« Mit diesen berühmten Worten – die häufig zu »Blut, Schweiß und Tränen« verkürzt werden – beginnt er die Schlusspassage, in der ihm eines seiner rhetorischen Meisterwerke gelingt. In wenigen Sätzen schlägt er den Grundton der Unnachgiebigkeit und Leidensbereitschaft an, des Siegeswillens und der Hoffnung, der für seine Zeit als Kriegspremier bestimmend sein wird. Seine Reden und Ansprachen, die millionenfach in den Zeitungen zitiert und im Rundfunk verbreitet werden, helfen ihm, die Kräfte freizusetzen, die das Land von nun an durch die Jahre der Entbehrungen und Verluste tragen: »Sie wollen wissen, welches Ziel wir haben? Ich kann mit einem Wort antworten: Unser Ziel ist der Sieg, der Sieg um jeden Preis, der Sieg trotz aller Schrecken, der Sieg, wie lang und hart der Weg auch sein mag; denn ohne Sieg gibt es kein Überleben.«

Neben der Freiheit wird *victory*, der Sieg, das zweite Leitmotiv seiner Ära. Die zum V gespreizten Zeige- und Mittelfinger sind zwar nicht Churchills Erfindung, aber niemand macht sich die Geste

Churchills Geburtsort, der Blenheim-Palast in der Nähe von Oxford, errichtet von seinem Vorfahren John Churchill, dem 1. Herzog von Marlborough. [1]

In der trotzig-stolzen Miene des Siebenjährigen zeigt sich schon der ganze Churchill. [2]

Winston mit seinem fünf Jahre jüngeren Bruder John, genannt Jack, und seiner Mutter Jennie. »Ich liebte sie von Herzen – aber aus der Ferne«, schreibt er später. [3]

Lord Randolph Churchill, der Vater, bleibt zeitlebens unnahbar, stirbt früh und wird zum verehrten Vorbild. [4]

Churchill, der junge Husar, will berühmt werden, entdeckt sein Talent zum Schreiben und macht sich als Kriegsreporter einen Namen. [5]

Drei Frauen haben bereits Heiratsanträge Churchills zurückgewiesen, als Clementine Hozier ihm 1908 ihr Ja-Wort gibt. [6]

Als junger, aufstrebender Politiker besucht Churchill 1906 zum ersten Mal das Deutsche Reich und trifft Wilhelm II. beim »Kaisermanöver«. [7]

Zwei Tories, zwei Charaktere: 1938 mit Lord Halifax. Zwei Jahre später tragen beide unter strenger Geheimhaltung einen epochalen Richtungsstreit aus. [8]

Urlaub 1948 in der Provence. Die Malerei ist jahrzehntelang Churchills liebstes Hobby. [9]

V wie Victory, der Sieg: Durch seinen unerschütterlichen Kampfgeist mobilisiert er im Krieg gegen Nazi-Deutschland alle Kräfte (Aufnahme von 1943). [10]

Im März 1945 überquert Churchill (zusammen mit Feldmarschall Bernard Montgomery, schwarze Mütze) den Rhein bei Wesel. Die Deutschen stehen vor ihrer bedingungslosen Kapitulation. [11]

Stalin, Roosevelt, Churchill 1943 in Teheran: Im Kreis der Großen Drei schrumpft die Rolle des Briten zu der eines Juniorpartners. [12]

Konrad Adenauer ist der einzige Deutsche, zu dem Churchill über längere Zeit ein freundschaftliches Verhältnis hat (Aufnahme 1956 vor dem Bundeskanzleramt in Bonn). [13]

Für seine Verdienste um die europäische Einigung erhält er 1956 in Aachen den Karlspreis. Seine Gesundheit hat durch mehrere Schlaganfälle stark gelitten. [14]

Die laufenden Kosten für seinen Landsitz Chartwell (heute ein Museum) kann sich Churchill eigentlich nicht leisten, aber Freunde und Gönner unterstützen ihn. [15]

Dem Fotografen Yousuf Karsh gelingt 1941 ein besonders ausdrucksstarkes Porträt, das heute auf der britischen Fünf-Pfund-Note zu sehen ist. Über die Entstehung hat Karsh erzählt, er habe Churchill unerwartet die geliebte Zigarre weggenommen: »Sein Kinn spannte sich kampfeslustig, seine Augen funkelten. Ich drückte den Auslöser.« [16]

so wie er als Markenzeichen zu eigen. Bei einem seiner Washington-Besuche wird ihm ein fast zwei Meter hohes Blumengesteck in V-Form aus Lilien, Nelken und Iris überreicht, ein Geschenk eines politischen Verehrers, das er in sein Gästezimmer im Weißen Haus bringen lässt.

In seinen nächsten großen Reden orchestriert er die beiden Leitmotive mit neuen Klangfarben. »Wir werden uns niemals ergeben (*we shall never surrender*)« lautet am 4. Juni 1940 der Schlüsselsatz, dem seine wohl berühmteste Wortkaskade vorausgeht: »Wir werden nicht ermatten oder versagen. Wir werden bis zum Ende weitermachen, wir werden in Frankreich kämpfen, wir werden auf den Meeren und Ozeanen kämpfen, wir werden mit wachsender Zuversicht und wachsender Stärke in der Luft kämpfen, wir werden unsere Insel verteidigen, was auch immer der Preis sein mag, wir werden an den Küsten kämpfen, wir werden auf den Landungsplätzen kämpfen, wir werden auf den Feldern und in den Straßen kämpfen, wir werden auf den Hügeln kämpfen.« Zwei Wochen später sagt er: »Wir sollten uns daher auf unsere Pflichten vorbereiten und sie so erfüllen, dass noch nach tausend Jahren, wenn das britische Empire und sein Commonwealth so lange bestehen, die Menschen sagen werden: Das war ihre beste Stunde (*this was their finest hour*).«

Die ruhige, konzentrierte Art seines Vortrags steht in deutlichem Kontrast zur exaltierten Redeweise Adolf Hitlers. Wirkung erzielt Churchill durch den Inhalt und die sorgfältig ausgearbeitete sprachliche Form mit ihren einprägsamen Wiederholungen und Parallelismen, dem einfachen Vokabular, der klar gegliederten Grammatik. Gewisse Eigentümlichkeiten wie sein leichtes Lispeln oder die Aussprache von »Nazis« als »Nah-sies« kommen als persönliches Kennzeichen hinzu. Seine Stimme ist weder besonders sonor noch auffallend hoch oder tief, aber sofort erkennbar durch eine gewisse Rauheit und ihre spürbare Autorität. Es ist die Stimme eines Mannes, der es gewohnt ist, Anweisungen zu erteilen. »Er mobilisierte die englische Sprache und schickte sie in die Schlacht, um seinen Landsleuten Halt zu geben und die Europäer zu ermutigen«, lautet die treffende Beschreibung des US-Rundfunkreporters Edward Murrow, der damals aus London berichtet.

Wenn der Premierminister ins Mikrofon spricht, versammeln sich die meisten britischen Familien vor den Radiogeräten. Laut Berichten der BBC-Abteilung für Zuhörerforschung erreicht er mit seinen Reden oft 50, 60, sogar 70 Prozent der erwachsenen Einwohner. Seine höchste Reichweite, 76,9 Prozent, erzielt er Ende April 1941, als der Krieg sich auf Griechenland, Jugoslawien und Nordafrika ausgeweitet hat und dort für Großbritannien ungünstig verläuft. Churchill scheut nicht davor zurück, schlechte Nachrichten zu überbringen und einzuordnen. Sein Satz zur Beruhigung lautet: »Nichts, was gerade geschieht, ist so bedrohlich wie die Gefahren, die wir im vergangenen Jahr überstanden haben.« Ansprachen wie diese, in denen er seine Landsleute informiert (mit taktischen Einschränkungen und Auslassungen) und auf ihre Sorgen eingeht, tragen viel dazu bei, dass die Briten während der Kriegsjahre ganz überwiegend hinter ihrer Regierung stehen.

Die Grundlage dafür hat er, trotz der zunächst verhaltenen Reaktion, am 13. Mai mit seiner ersten Unterhausrede als Premierminister gelegt. Bemerkenswert ist auch der anschließende Auftritt des führenden Labour-Abgeordneten Hastings Lees-Smith. Die Arbeitspartei stelle sich der Aufgabe, »dass wir Hitler besiegen«, sagt er und gibt bekannt: Mehr als 93 Prozent aller Mitglieder unterstützen die Regierungsbeteiligung. Lees-Smith streicht mit patriotischem Stolz den seit Jahrhunderten bewährten Parlamentarismus heraus, in dem nationale Geschlossenheit das Ergebnis offener Debatten sei. Dem britischen Modell stellt er als Gegenbild die deutsche Diktatur gegenüber, in der die Einigkeit nur »durch das Konzentrationslager, den Gummiknüppel und den Henkersblock« hergestellt werden könne. In Worten, die von Churchill stammen könnten, erklärt der Sozialist: »Das ist es, was mit dem Krieg für die Freiheit gemeint ist.«

Im Nachhinein lässt sich erkennen, dass mit Churchills Amtsantritt Hitlers Ende beginnt. Durch seine Kompromisslosigkeit zwingt der neue Premier den Diktator dazu, immer weitere Kriegsschauplätze zu eröffnen. Anders als bisher erlaubt er es ihm nicht mehr, »durch politische Übereinkünfte den Einsatz militärischer Kräfte in Grenzen zu halten«, wie der Politologe Herfried Münkler analysiert. Darum steuert das Deutsche Reich trotz seiner eroberten und geraubten Ressourcen allmählich seiner Überforderung entgegen.

Es ist ein schleichender Prozess, auf den 1940 nicht das Geringste hindeutet. Ähnlich wie bereits beim Angriff auf Polen eilt die Wehrmacht mit ihrem Hochgeschwindigkeitskrieg von Erfolg zu Erfolg. Am 15. Mai, einen Tag nach der Bombardierung Rotterdams, geben die Niederlande auf. Belgien kapituliert zwei Wochen später. Um die Widerstandskraft der Franzosen zu stärken, fliegt Churchill während der laufenden Gefechte fünfmal über den Ärmelkanal, jeder dieser Besuche ist bei aller Vorsicht der Soldaten, die ihn begleiten, ein Risiko. Wie schlecht die Lage der französischen Armee schon wenige Tage nach Beginn des Überfalls ist, erfährt er gleich bei seinem ersten Besuch. »Äußerste Niedergeschlagenheit« sieht er in den Gesichtern der Regierungsmitglieder in Paris. Auf seine Frage nach der strategischen Reserve der Streitkräfte antwortet Maurice Gamelin, der oberste Kommandeur, nur knapp, es gebe keine. Gamelins Auskunft sei für ihn »eine der größten Überraschungen gewesen, die ich je im Leben hatte«, schreibt Churchill in seiner Kriegshistorie. »Ich war sprachlos.«

Von den Momenten, in denen er zwischen Kampfgeist und Verzweiflung hin- und hergerissen ist, erzählen andere. Der Sekretär des französischen Kriegskabinetts beobachtet ihn am Abend nach der Pariser Unterredung, wie er seinen Gedanken freien Lauf lässt: »Wir werden Deutschland aushungern. Wir werden ihre Städte zerstören. Wir werden ihre Felder und ihren Wald abbrennen.« Gegen Mitternacht habe er, eingehüllt in Wolken aus Zigarrenqualm, »eine apokalyptische Vision« ausgemalt: Als Befehlshaber »im Herzen von Kanada« werde er den Luftkrieg um Europa dirigieren – »über einem England, das von hochexplosiven Bomben dem Erdboden gleichgemacht war, und einem Frankreich, dessen Ruinen bereits erkalteten«. In nicht ganz so dramatischen Worten sagt er dasselbe auch dem ungeliebten US-Botschafter Joseph Kennedy, den er dringend um Militärhilfe bittet. Kanada ist tatsächlich als Exilland für den König und die Regierung vorgesehen. Meist legt Churchill allerdings Wert darauf, dass niemand die Flucht über den Atlantik auch nur in Erwägung zieht.

Nach einem weiteren Frankreichbesuch kehrt er in düsterer Stimmung zurück. Zu Hastings »Pug« Ismay, seinem Stabschef im Amt des Verteidigungsministers, sagt er nach dessen Erinnerung: »Wie es aussieht, kämpfen wir allein.« Als Ismay eine optimistische Bemerkung macht, entgegnet Churchill: »In drei Monaten werden wir beide tot sein.« Der Gedanke, dass er vielleicht persönlich bis zum Ende kämpfen müsse, beschäftigt ihn. Leicht machen will er es dem Feind nicht. In Chequers, dem dienstlichen Landsitz des Premierministers, geht er auf den Schießstand und übt mit seinem Revolver und seinem Repetiergewehr. Sein Name ist bereits auf einer »Sonderfahndungsliste« des Reichssicherheitshauptamts verzeichnet. Er weiß davon nichts, aber es hätte ihn nicht überrascht. Zusammen mit 2819 weiteren Personen soll er nach einer erfolgreichen Invasion von der SS verhaftet werden: »C49: Winston Spencer Churchill: Britischer Premierminister; vermuteter Aufenthaltsort: Chartwell Manor, Westerham, Kent«.

Vor der Öffentlichkeit verbirgt er die Abgründe, in die er hineinblicken muss. »Ich zeigte das lächelnde Antlitz und die Zuversicht, die als angemessen gelten, wenn die Dinge sehr schlecht stehen«, schreibt er später mit der souveränen Ironie dessen, der alles überstanden hat.

Beim Versuch, seine eigene Kampfmoral auf die Franzosen zu übertragen, reißt Churchill immer wieder das militärische Kommando an sich, wobei er zum Teil fragwürdige und unausführbare Befehle erteilt. In einem besonders krassen Fall schreibt der Stabschef des britischen Expeditionsheers in sein Tagebuch: »Der Mann ist verrückt.« Der Befehl wird ignoriert.

Wie nach den ersten desaströsen Tagen kaum anders zu erwarten, streckt Frankreich Mitte Juni die Waffen. Hitlers Hoffnung, das Nachbarland niederringen zu können, hat sich in nur sechs Wochen erfüllt; der »Blitzkrieg« wird zum Mythos. Wenn die Briten jetzt auf die Europakarte schauen, sehen sie sich einer deutschen Kontinentalmacht gegenüber, die nicht nur große Teile der Landmasse beherrscht, sondern auch die gesamte Atlantikküste vom Nordkap bis zur spanischen Grenze. In den wenigen Wochen seit Churchills Amtsübernahme hat sich die geostrategische Lage des Königreichs dramatisch verschlechtert. Allein und abgeschnitten vom Festland steht es der NS-Tyrannei gegenüber, einem Militärstaat, der seine Schlachten gewinnt wie selten ein Angreifer zuvor. Die Düsternis übertrifft damals alles Gekannte: »Churchill war in den ersten Wochen seiner Amtszeit mit der größten Bedrohung für die Unabhängigkeit des Landes konfrontiert, die es jemals gegeben hatte«, urteilt der englische Historiker Ian Kershaw. »Sie war sogar größer als die Gefahr, die im 16. Jahrhundert von der spanischen Armada ausgegangen war.«

Für die Franzosen kommt es allerdings weniger schlimm, als befürchtet. Im Nordteil inklusive der ganzen Atlantikküste errichten die Deutschen ihre Besatzungszone, im Süden formiert sich der offiziell unabhängige und neutrale *État français*, das Regime von Vichy, dem weiterhin die Kolonien sowie ein Rumpfheer von 100 000 Mann unterstehen. Durch die relativ milde Behandlung will Hitler den Briten signalisieren, er sei ein Mann, mit dem man reden könne.

Aber Churchill lässt sich auf nichts ein. Seine harte Linie hat er inzwischen in der Regierung durchgesetzt, bloß einige Tory-Abgeordnete murren noch. Politisch ist er jetzt so stark wie kaum ein anderer Premierminister in der langen Geschichte seines Landes – dessen Lage gleichzeitig so prekär ist wie nie. Was auf den ersten Blick paradox erscheint, lässt etwas von der ungeheuren Dynamik erahnen, die der Krieg auch abseits der Schlachtfelder erzeugt.

Die entscheidende Machtprobe hat bereits zweieinhalb Wochen nach Churchills Ernennung stattgefunden, also vor der Kapitulation Frankreichs, die Kämpfe sind noch im vollen Gang. Sie beginnt mit einem Gespräch, das Außenminister Halifax am Nachmittag des 25. Mai mit Mussolinis Botschafter Giuseppe Bastianini führt. Italien ist trotz der Bindung an Deutschland bislang neutral und wird erst zwei Wochen später in den Krieg eintreten. Noch haben viele die Hoffnung, der römische Diktator könne stillhalten und mäßigend auf seinen Gesinnungsfreund in Berlin einwirken. Der Preis wären territoriale Zugeständnisse an Italien im Mittelmeerraum. Halifax und Bastianini wagen sich darüber hinaus auf diplomatisches Neuland vor: Mussolini, sagt der Botschafter, wolle »eine europäische Einigung« erreichen, die »den europäischen Frieden für ein Jahrhundert sichern würde«. Soll heißen: Rom bietet an, Gespräche zwischen London und Berlin zu vermitteln. Der Außenminister signalisiert seine Zustimmung. Es sieht wie der logische Weg aus: Deutschland hat freie Hand auf dem Kontinent, England scheidet aus dem Krieg aus, konzentriert sich auf sein Empire und bekommt Frieden – nicht für ein Jahrhundert, aber auf absehbare Zeit.

Die Lage im Kriegsgebiet spitzt sich gerade bedrohlich zu. Der einzige Hafen, den die Alliierten dort kontrollieren, ist Dünkirchen. Fast das gesamte britische Expeditionsheer und ein großer Teil der noch kämpfenden Franzosen zieht sich in die Stadt und ihre Umgebung zurück. Nur 25 Kilometer von Dünkirchen entfernt stehen die ersten Panzer der Wehrmacht. Die Militärführung in London rechnet mit extremen Verlusten und einer gravierenden Folge: Ohne den Schutz dieser Truppe könnte die Insel in Gefahr geraten, dem Feind in die Hände zu fallen.

Während der drei Tage nach dem Gespräch zwischen Halifax und Bastianini kommt das Kriegskabinett neunmal zusammen. Die von Churchill verbreitete Siegeszuversicht hat die altbekannten Zweifel an seinem Urteilsvermögen geweckt. In dem kleinen, streng vertraulichen Kreis will der Außenminister den Regierungschef zu einem Kurswechsel zwingen – zu einer Kehrtwende, die den Gang der europäischen Geschichte wahrscheinlich grundlegend verändert hätte. Hitlers Wunsch, die Briten aus dem Krieg herauszuhalten, wäre dadurch in Erfüllung gegangen. Seinem großen Ziel, Moskau niederzuwerfen, hätte kaum mehr etwas entgegengestanden. Der Faschismus würde Europa dann von der Arktis bis Sizilien, vom Atlantik bis zum Ural und darüber hinaus beherrschen.

Die Welt wäre eine andere geworden.

Churchills erfolgreicher Widerstand gegen Halifax' Plan ist eine der großen Leistungen seines Lebens, vermutlich die größte. Mit seinem Amtsantritt als Premierminister war eine Erwartung verbunden, man könnte auch sagen: ein Versprechen. Jetzt löst er es ein. Die Anspannung, der er in den entscheidenden Stunden ausgesetzt ist, dürfte zum Äußersten gehören, was jemals ein Politiker an nervlicher Belastung zu ertragen hatte. Er selbst – und das ist bei diesem redseligen Mann vielleicht das Erstaunlichste – hat sich in seinen Büchern und Briefen nie darüber geäußert.

Morgens am 26. Mai will Lord Halifax wie an jedem Sonntag in die Kirche gehen, als er die Nachricht erhält, dass Churchill für neun Uhr eine Sitzung des Kriegskabinetts anberaumt hat. Grund ist die inhaltliche Abstimmung vor dem Besuch des französischen Ministerpräsidenten Paul Reynaud am selben Tag in London. Wie aus dem Protokoll hervorgeht, nutzt der Außenminister die Gelegenheit, in der Kabinettsrunde für das italienische Vermittlungsangebot zu werben. Er spricht von »Frieden und Sicherheit« und fügt hinzu, dass »unsere Freiheit und Unabhängigkeit« genauso gewährleistet sein müssten. Daran kann niemand etwas aussetzen. Churchill ist dennoch misstrauisch: Frieden und Sicherheit könne es ja auch unter deutscher Vorherrschaft geben. Er stellt klar, dass Verhandlungen höchstens dann infrage kommen, wenn die britische Eigenständigkeit völlig unangetastet bleibt.

»Wir würden lieber kämpfend untergehen, als von Deutschland versklavt zu werden«, bemerkt er dann in der zweiten Kabinettssitzung des Tages, so habe er es Reynaud gerade beim Mittagessen gesagt. Im Übrigen sei er »zuversichtlich«, dass die Briten einem deutschen Angriff standhalten könnten. Als Halifax nicht locker lässt, denkt Churchill laut darüber nach, als Preis für den Frieden einige afrikanische Kolonien (an Deutschland) sowie Malta und Gibraltar (an Italien) abzugeben; das Beste aber sei und bleibe, Hitler gegenüber Stärke zu zeigen.

Wieder hakt Halifax nach. »Das Letzte, was Signor Mussolini wolle«, sei, »Herrn Hitler als Beherrscher Europas zu sehen«. Darum werde der Italiener alles tun, den Deutschen zur Vernunft zu bringen. Churchill hält sofort dagegen: Mussolinis Vermittlung werde zu nichts führen. Aber weil er weiß, dass seine Position für ein Machtwort noch nicht stark genug ist, lässt er die Diskussion laufen. Um Zeit zu gewinnen, lenkt er die Blicke auf die Situation in Dünkirchen: Vielleicht werde es doch noch gelingen, die eingekesselten Truppen über den Ärmelkanal nach England zu schaffen. Halifax geht darauf nicht ein. Die beiden umkreisen sich noch eine Weile.

Am nächsten Tag scheint alles von vorne zu beginnen. Die Auseinandersetzung nimmt an Schärfe zu. Churchill dreht den Spieß um und setzt nun Halifax unter Druck, indem er ihm ein ums andere Mal vor Augen führt, für wie sinnlos er den Verhandlungsvorschlag hält. Sogar zu einem Satz von grandioser Romantik lässt er sich schon wieder hinreißen: »Wenn es zum Schlimmsten käme, würde es diesem Land nicht schlecht anstehen, im Kampf für die Länder unterzugehen, die bereits von der Nazi-Tyrannei überwältigt wurden.« Halifax rollt mit den Augen und notiert hinterher in seinem Tagebuch, »dass Winston den fürchterlichsten Blödsinn redete«. In der Kabinettsrunde droht er mit seinem Rücktritt – es könnte das schnelle Ende der Regierung bedeuten. Bei einem Spaziergang zu zweit im Garten von 10 Downing Street bietet Churchill seinen ganzen Charme auf, um ihn von dem Gedanken abzubringen. Der Außenminister bleibt im Amt. Churchill hat seinen möglichen Sturz abgewendet.

Halifax handelt in der Überzeugung, für sein Land das Beste zu tun. Auch er will nicht kapitulieren, denn wie Churchill ist er ein Patriot, dem viel an der Verteidigung der Freiheit liegt. Er zieht jedoch aus den gemeinsamen Prämissen einen anderen Schluss, und das macht den enormen Unterschied zwischen beiden Positionen aus: Der Außenminister betrachtet Friedensgespräche mit Mussolini und Hitler wie einen fairen, kaufmännischen Handel, der zu einem Abschluss führen kann oder nicht. Einen Versuch zu unternehmen würde auf keinen Fall schaden, glaubt er. Churchill dagegen ist überzeugt, dass schon die Aufnahme von Verhandlungen ein Zeichen der Schwäche wäre, das ausgenutzt würde. Außerdem fürchtet er, die Kampfmoral der eigenen Bevölkerung würde sich davon nie mehr erholen. Und ein weiterer Punkt: Er schätzt Hitlers Charakter realistischer ein als Halifax. Ein Abkommen mit dem Mann, für den Verträge nur ein Stück Papier sind, könnte das Vereinigte Königreich kaum in eine gute Zukunft führen. Nach einem Friedensschluss würde die deutsche Übermacht auf dem Kontinent noch drückender, die Bedrohung wäre nicht vorbei.

In einer weiteren Sitzung abends um zehn muss Churchill die düstere Nachricht von der bevorstehenden Kapitulation Belgiens verkünden. Die Rettungsaktion in Dünkirchen hat schleppend und unter großen Schwierigkeiten begonnen, nun haben sich die Aussichten verschlechtert statt verbessert. Die Spitze der deutschen Truppen ist bis auf zehn Kilometer an die eingekesselte Stadt herangekommen.

Dennoch sieht der Premier auch am 28. Mai keinen Grund, in der Kraftprobe mit seinem Außenminister nachzugeben. Churchill hält ihm entgegen, dass Mussolini als Vermittler »uns das Fell über die Ohren ziehen würde«. Und von »Herrn Hitler« sei erst recht nichts Gutes zu erwarten: »Wenn wir weiterkämpfen, selbst wenn wir geschlagen würden, bekämen wir keine schlechteren Bedingungen als jetzt.« Damit hat er sein stärkstes Argument gefunden. Anders als in der Öffentlichkeit spricht er nicht von einem Sieg, und er schließt Verhandlungen auch nicht auf Dauer aus. Die übrigen ständigen Mitglieder der Runde – Chamberlain, Attlee und ein weiterer Labour-Mann – lassen ihre Unterstützung für Churchill erkennen; das größte Gewicht hat die Meinung des Ex-Premiers. Die Sache ist damit im Grunde entschieden, mehr als zwei Tage nach Beginn der Auseinandersetzung. Die Sitzung wird unterbrochen.

Churchill will sich den Sieg nicht mehr aus der Hand nehmen lassen. In seinem Arbeitszimmer im Unterhaus versammelt er die zwei Dutzend Minister um sich, die nicht dem Kriegskabinett angehören. Er berichtet ihnen von der Lage in Dünkirchen und den Folgen: Wie es die Pflicht gebiete, habe er über Verhandlungen nachgedacht – und sich dagegen entschieden. Da er seine Position mit rhetorischem Feuer darstellen kann, ohne dass ihm jemand widerspricht, hat er hier leichtes Spiel. Der Applaus geht in einen Begeisterungssturm über, den ersten, der ihm seit seiner Ernennung zuteilwird. Churchill hat es geschafft, aus den Ministern kampfbereite Vaterlandsverteidiger zu machen, Heldenmut und Todesverachtung liegen in der Luft. Irgendwelche Gespräche »mit diesem Kerl (*that man*)« in Berlin sind jetzt endgültig vom Tisch.

Als der Premier anschließend im Kriegskabinett über die Versammlung berichtet, weiß Halifax bereits, dass er verloren hat. Er bleibt noch einige Monate Außenminister, dann schickt Churchill ihn als Botschafter nach Washington.

8

»Langsam wird's Zeit für die 17«: Churchills Spiel

Von dem erbitterten Richtungsstreit, der Ende Mai im innersten Kreis ihrer Staatsführung ausgetragen wurde, erfahren die allermeisten Briten kein Wort. Churchill schweigt eisern über jene drei Tage, sogar nach dem Krieg.

Statt in seinem Erinnerungswerk darüber zu berichten, lügt er seine Leser an: »Künftige Generationen dürften es bemerkenswert finden, dass die alles entscheidende Frage, ob wir allein weiterkämpfen würden, nie auf der Tagesordnung des Kriegskabinetts stand. Die dort versammelten Männer aller Parteien hielten dies für selbstverständlich, und wir waren viel zu beschäftigt, um unsere Zeit mit solch wirklichkeitsfremden, akademischen Fragen zu verschwenden.« Bemerkenswerterweise hat er im Manuskript bis hin zur »vorläufigen Endfassung« die Wahrheit zumindest kurz erwähnt, ehe er sein Buch schließlich doch mit der absichtlichen Falschdarstellung veröffentlicht. Dokumentiert ist, dass er Rücksicht auf Halifax nimmt, und vielleicht will er auch nicht am Bild der britischen Geschlossenheit kratzen.

Die allgemeine Stimmung jener Tage lässt sich aus den Berichten des »Projekts Massenbeobachtung« (*Mass-Observation Project*) erschließen, einer privaten Initiative von Akademikern und Medienleuten. Ende Mai 1940 registriert das Projekt »zahllose Ausdrücke eines Gefühls der Unterlegenheit gegenüber Deutschland«; Hitler werde vielfach gelobt und bewundert. Ein Fünftel der Briten gehe vorsichtshalber mit Gasmaske aus dem Haus. Der Pessimismus im Land nehme zu.

Dann hellt sich die Stimmung schlagartig auf: Das »Wunder

von Dünkirchen« lässt die Herzen höherschlagen. Wider Erwarten gelingt es dem britischen Militär, mit der *Operation Dynamo* einen großen Teil der umzingelten Truppen in Sicherheit zu bringen. 47 000 Mann erreichen am 29. Mai das rettende englische Ufer, in den nächsten Tagen werden es sogar noch mehr. Insgesamt können fast 340 000 Soldaten, davon mehr als ein Drittel Franzosen, vor der Wehrmacht entkommen. Auch wenn es sich nicht um einen Sieg handelt, sondern nur um eine geglückte Flucht, wirkt die Rettungsaktion wie ein Wendepunkt und gehört bis heute zu den legendären Ereignissen des Krieges.

Das Glück ist auch deshalb mit den Briten, weil Hitler und sein Kommandeur Gerd von Rundstedt den Vormarsch ihrer Truppen aus einer Reihe von Gründen gebremst haben. In den »Halt-Befehl« ist häufig hineininterpretiert worden, der deutsche Diktator habe ihn als Zeichen des guten Willens gegenüber London erteilt, doch dafür fehlt ein nachprüfbarer Beleg. Churchill wundert sich noch Jahre danach: »Warum die deutsche Armee die britische Armee in Dünkirchen nicht erledigt hat, werde ich nie verstehen.«

Weil Freiheit für Churchill vor Sicherheit geht, ist er auf glückliche Fügungen angewiesen. Zweifellos wägt er seine großen Entscheidungen als Kriegspremier sorgfältig ab, aber das ändert nichts daran, dass er für sich und sein Land enorm viel riskiert.

Sein fester Entschluss, allein gegen Hitler zu kämpfen, stützt sich nicht nur auf die heimische Widerstandskraft, die er direkt beeinflussen kann. Er braucht auch militärische Fortüne – und Hilfe von außen. Ohne die Vereinigten Staaten an seiner Seite droht ihm früher oder später der Untergang. Er weiß das von der ersten Minute an und umwirbt darum den US-Präsidenten, wie er es noch nie bei einem Politiker getan hat. Roosevelt macht es ihm allerdings nicht gerade leicht. Ende Mai beklagt sich Churchill im Kriegskabinett, bisher sei über den Atlantik »praktisch keine Hilfe« geflossen; stockend kommt die amerikanische Unterstützung schließlich in Gang. Einen Meilenstein stellt die Zusage aus Washington dar, mindestens 50 Zerstörer aus den Beständen der US-Marine zu liefern. Im Gegenzug verpachtet London den Amerikanern Marinebasen und Flugplätze in Neufundland, Britisch Guayana, auf Jamaica, St. Lucia,

Trinidad und den Bahamas. Per Gesetz haben sich die USA zu strikter Neutralität verpflichtet, aber sie finden nun Wege, davon abzuweichen und Waffen über den Atlantik zu schicken. Einem seiner Minister erklärt es Roosevelt so: »Je länger wir sie [die Briten] am Laufen halten, umso länger bleiben wir dem Krieg fern.«

Mit den Zerstörern aus dem Ersten Weltkrieg machen die USA ein glänzendes Geschäft, die meisten sind nämlich schrottreif und stehen bereits für 4–5000 Dollar zum Verkauf. Der Deal, sie im Tausch gegen wertvolle Militärbasen loszuwerden, sei »das Beste, was für unser Land erreicht wurde, so lange Sie und ich leben«, schreibt Roosevelt einem Senator. Im Übrigen könne er versichern: »Wir werden nicht in den Krieg ziehen, es sei denn, die Deutschen kommen auf die Idee, uns anzugreifen.« Churchill mag werben, wie er will, sein Einfluss auf diese fundamentale Entscheidung geht gegen null (mehr dazu in Teil III).

Wenn die Verantwortlichen in London beisammensitzen, müssen alle ständig auf schlechte Nachrichten gefasst sein. Anthony Eden, der Halifax als Außenminister nachfolgt, hat eine kleine Begebenheit festgehalten, die tief blicken lässt. An einem besonders trübseligen Tag habe Churchill zu ihm gesagt: »Langsam wird's Zeit für die 17, oder?«

Hintergrund ist ein gemeinsamer Abend im Spielcasino von Cannes. Eden hat am Roulettetisch auf die 17 gesetzt, Churchill kommt dazu und legt seine Chips auf dieselbe Zahl. Beide verlieren zunächst, gewinnen aber dann umso mehr. Dass der Kriegspremier in einem düsteren Moment an sein Casinoglück denkt, weist auf einen wichtigen Charakterzug hin: Churchill ist ein Spieler. Seine Neigung, beim Roulette hohe Summen zu riskieren, bereitet Clementine häufig Kummer; ihr Mann nimmt darauf keine allzu große Rücksicht und frequentiert die feinen Casinos an der Mittelmeerküste bis ins hohe Alter. Börsenspekulationen sowie Wetten auf dieses und jenes im *Other Club* zählen ebenfalls zu seinen Leidenschaften.

Im Politiker Churchill ist der Spieler niemals abwesend, im Gegenteil. Als sein Lebensweg den ersehnten Höhepunkt erreicht, setzt er mit großer Geste auf Freiheit und Sieg, wohl wissend, dass die existenzielle Frage des Erfolgs oder Misserfolgs von Faktoren abhängt, auf die er keinen Einfluss hat, nicht anders als bei einer Wette oder im Casino.[3]

Wäre Churchill nicht so ein erfahrener und nervenstarker Spieler, er hätte es mit einem Gegner wie Hitler auf Dauer nicht aufnehmen können. Als er bereits fünf Monate im Amt ist, notiert sein Sekretär Jock Colville nach einer langen Runde mit den Chefs der *Royal Air Force*: » Er sagte ihnen, er sei sicher, dass wir den Krieg gewinnen würden, ehrlicherweise wisse er aber noch nicht genau wie. « Ein Dreivierteljahr später ist er einem konkreten Plan kein Stück näher gekommen: » Alle großen Kämpfe der Geschichte wurden durch überlegene Willenskraft gewonnen, die den Sieg gegen jede Wahrscheinlichkeit oder mit knappstem Vorsprung errungen hat «, erklärt Churchill im Unterhaus während einer geheimen Sitzung, in der er offener reden kann als sonst. Das politische Angebot, das er in diese Formulierung kleidet, ist so dürftig, dass ein anderer als er damit wohl nicht durchgekommen wäre.

Wie schwer ihn die Last der Verantwortung drückt, lässt er sich nur selten anmerken. Sein Stabschef Ismay beobachtet einmal, wie ihm auf der Straße zugerufen wird: » Alles Gute, Winnie, Gott segne Sie. « Hinterher habe Churchill mit Tränen in den Augen gesagt: » Die armen Leute. Sie vertrauen mir, und auf lange Zeit ist alles, was ich ihnen bieten kann, eine Katastrophe. «

---

3 Vor einer wichtigen Rede während Churchills zweiter Amtszeit notiert sein Leibarzt Lord Moran: » Er ist wie ein Spieler, der seinen Einsatz verdoppelt und verdreifacht, bis alles, was er hat, von einem Würfelwurf abhängt. «

9

»And England shall be free«: Deutschlands Angriff scheitert

Am 16. Juli 1940 gibt Adolf Hitler den Befehl, das Unternehmen »Seelöwe« vorzubereiten, die Unterwerfung Großbritanniens. Er gibt ihn widerwillig. Nur »wenn nötig« soll die Invasion wirklich beginnen.

Hofft er immer noch auf Verhandlungen? In einer Rede, die der Diktator drei Tage später im Reichstag hält, hört es sich danach an; allerdings muss ihm längst klar sein, dass er bei Churchill und dessen Regierung auf Granit beißt. Das erste militärische Ziel der Deutschen besteht darin, die Lufthoheit über dem Königreich zu erringen. Erst dann wäre überhaupt daran zu denken, nach einer gigantischen Landungsoperation auf London vorzustoßen und mit Fallschirmjägern die Schaltstellen der Insel zu erobern. »Wir stellen den britischen Löwen/Zum letzten entscheidenden Schlag« heißt es im Propagandalied »Bomben auf Engelland«. Auf der anderen Seite singen die Menschen: »There'll always be an England/And England shall be free.«

Damit der deutsche Plan aufgeht, müsste die Luftwaffe innerhalb weniger Wochen die Verteidigungsfähigkeit der *Royal Air Force* zerstören. Denn Ende September wird gewöhnlich das Wetter zu schlecht, um massenhaft Truppen über den Kanal bringen zu können. Die deutschen Bomber konzentrieren sich anfangs auf den Schiffsverkehr der Alliierten und militärische Anlagen an der Küste. Dann dringen sie tiefer ins Land vor und greifen Start- und Landeplätze, Kommandoeinrichtungen und Flugzeugfabriken an. Dort stoßen sie auf erbitterten Widerstand. »Die Briten metzeln deutsche Piloten und Maschinen nieder, wie sie es nie zu hoffen gewagt hatten«, notiert der nach London entsandte US-Militärbeobachter Raymond E. Lee.

Churchill hat diesen Kampf in einer seiner großen Reden Mitte Juni schon angekündigt: »Ich rechne damit, dass die Schlacht um Großbritannien (*Battle of Britain*) bald anfangen wird. Von dieser Schlacht hängt das Überleben der christlichen Zivilisation ab. Von ihr hängen unsere britische Lebensweise und der Fortbestand unserer Institutionen und unseres Empire ab ... Hitler weiß, dass er uns auf dieser Insel schlagen muss, weil er sonst den Krieg verliert. Wenn wir ihm die Stirn bieten, kann ganz Europa frei sein.«

Für viele Engländer brechen Zeiten dauernder Angst und Anspannung an. Die Schriftstellerin Virginia Woolf, die mit ihrem Ehemann Leonard meist in einem alten Farmhaus nahe der Südküste wohnt, notiert: »Heute morgen haben wir über Selbstmord gesprochen, falls Hitler hier landet.« Zu allen Tages- und Nachtzeiten heult der Fliegeralarm durch das Dorf. Im August schreibt Woolf: »Sie kamen sehr nah heran. Wir legten uns unter den Baum. Es klang, als würde jemand genau über uns in der Luft sägen ... Bomben ließen die Fensterscheiben meines Häuschens klirren. Wird es einstürzen? fragte ich. Wenn ja, dann zerbrechen wir gemeinsam.« Bei einem Fliegerangriff im September wird das Haus der Woolfs in London schwer beschädigt.

Städtische Wohngebiete lagen ursprünglich weitab von den bombardierten Zielen. Aber im September verändert die von Reichsmarschall Göring befehligte Luftwaffe ihre Kampfstrategie. Die nötigen Ortsangaben haben die Deutschen schon vor 1939 mithilfe von Luftaufklärung und Industriespionage zusammengetragen. Im Mittelpunkt steht nun nicht mehr die Ausschaltung der *Royal Air Force* und ihrer Infrastruktur, sondern die Zerstörung von Industriebetrieben, Kraftwerken, Kommunikations- und Hafenanlagen, um das Land im Kern zu treffen. Darum unterscheiden die Briten, anders als die Deutschen, bis heute zwischen der *Battle of Britain* und *The Blitz*, wie die Bombenangriffe auf London und andere Städte genannt werden.

Dass die Kampfgeschwader ihre Zielplanung so deutlich verändern, hängt auch mit einer Entscheidung Churchills zusammen.

Ende August ergreift er eine Gelegenheit, Hitler zu provozieren. Offenkundig aus Versehen sind einige deutsche Bomben nahe der Londoner City niedergegangen, ohne größeren Schaden anzurichten. Die anschließenden Gegenschläge führen die Briten auf Berlin, wie Churchill es anordnet: »Da sie jetzt angefangen haben, die Hauptstadt zu behelligen, möchte ich, dass wir sie hart treffen, und Berlin ist dafür der richtige Ort.« Der Schrecken, den er den Deutschen damit einjagt, ist erheblich größer als die materielle Auswirkung. »Die Berliner sind wie gelähmt«, beobachtet der US-Journalist William Shirer. Hitler kündigt während einer Rede, die er im Sportpalast der Reichshauptstadt hält, massive Vergeltung an: »Wir werden ihre Städte ausradieren.«

In seinen Anweisungen geht er allerdings nicht so weit, wie die maßlose Rhetorik suggeriert. Das Kriegstagebuch des Führerhauptquartiers vermerkt: »Terrorangriffe gegen reine Wohnviertel sollten als letztes Druckmittel vorbehalten bleiben und daher jetzt noch nicht zur Anwendung kommen.« Was der Diktator wirklich will, kann sein Umfeld oft nur erraten. Göring sagt später bei einer Vernehmung in Nürnberg, er habe nie gewusst, »was wir tatsächlich ausführen und was wir auf sich beruhen lassen sollten«. Eine glaubwürdige Bemerkung, die einen Charakterzug Hitlers beschreibt.

Am 7. September, als die Deutschen den ersten Großangriff auf Ziele in London fliegen, geht aus britischer Sicht die Luftschlacht um das Land in den *Blitz* über. Für die Zivilbevölkerung beginnt nun eine harte Leidenszeit mit mehr als 43 000 Toten, vorwiegend in den urbanen und industriellen Zentren. Denn selbst wenn sich eine Bomberstaffel alle Mühe gibt, eine Fabrik- oder Hafenanlage genau zu treffen – meist gelingt es nicht. Ein großer Teil der Sprengsätze geht irgendwo anders nieder, oft genug in einem Wohngebiet.

Churchill und seine Militärs haben eine eigene Sicht auf die Städtebombardements: Für sie sind sie beinah so etwas wie eine Erlösung, jedenfalls zu Beginn. Das ist kein Zynismus, sondern folgt der unerbittlichen Logik des Krieges. Denn im Spätsommer 1940 scheint nicht viel zu fehlen, und die deutschen Piloten könnten trotz aller Gegenwehr die für eine Invasion nötige Überlegenheit erreichen. Wie nah sie der Lufthoheit tatsächlich kommen, lässt sich nur schwer sagen. Sicher ist jedoch: Die Feindflüge auf die britische Hauptstadt, die Hitler als Rache für den Angriff auf Berlin angeordnet hat, bringen ihn dem großen Ziel kein bisschen näher, eher im Gegenteil.

Churchill beschreibt es so: »Viel wichtiger als der Schutz Londons vor Terror-Bombardements waren für uns das Funktionieren und die Anbindung unserer Flugplätze und der von dort aus operierenden Staffeln. ... Im Kampf um Leben und Tod der beiden Luftstreitkräfte war dies eine entscheidende Phase.« Das bedeutet: Die von ihm provozierte Bombardierung Londons ist der Preis, den der Kriegspremier für die Rettung des ganzen Landes zu zahlen bereit ist. Ähnlich wie er es einmal gesagt hat, benutzt er die Hauptstadt als Köder, »um das Raubtier anzulocken« (siehe Kapitel 2). Nur kann er das seinen leidgeprüften Landsleuten nicht in dieser Deutlichkeit mitteilen. Früher oder später, auch das gehört zum Gesamtbild, wären die britischen Städte ohnehin von der Luftwaffe attackiert worden.

Die legendäre britische Ruhe und Gefasstheit während der *Blitz*-Schläge geht nicht zuletzt auf politische Direktiven zurück. Im Krieg ist die Meinungsfreiheit auf der Insel deutlich eingeschränkt; was die Zeitungen schreiben und der Rundfunk verbreitet, unterliegt einer Mischung aus Zensur und Selbstzensur. Churchill weist den Informationsminister an: »Die Tatsachen sollten berichtet werden, ohne sie durch Schlagzeilen und Platzierung übermäßig hervorzuheben.« Er wolle, dass sich die Menschen an Luftangriffe gewöhnen, wie sie an Gewitter gewöhnt sind.

Ihm selbst fällt das nicht schwer. Wenn die Sirenen heulen, geht Churchill weiterhin lieber aufs Dach als in den Schutzraum, weil er sehen will, was passiert. Oft trägt er einen nach seinen Anweisungen geschneiderten »Alarmanzug« (*siren suit*), einen Einteiler mit Reißverschlüssen und großen Taschen, der schnell anzuziehen und außerdem bequem ist. Mehrmals führt er während des Krieges offizielle Gespräche im blauen, grünen oder weinroten Alarmanzug, der in seiner Umgebung »Strampler« genannt wird. Bunker meidet er nach Möglichkeit. Allerdings muss er bis ins Frühjahr 1941 und dann wieder im letzten Kriegsjahr viel Zeit in den ausgebauten Kellern der *Central War Rooms* verbringen (heute unter dem Namen *Chur-*

chill War Rooms ein Museum). Auf den Armlehnen seines Stuhls am Kabinettstisch sind die Spuren seiner Anspannung und Ungeduld während der Sitzungen zu sehen: Rechts hat er mit seinem Siegelring eine Kerbe hineingehämmert, links haben seine Fingernägel deutliche Kratzspuren im Holz hinterlassen. In dem unterirdischen Komplex gibt es für Clementine und ihn separate Schlafzimmer, die sie selten nutzen.

Regelmäßig sucht Churchill die Orte der Zerstörung auf, um den Menschen Mut zu machen, und oft ist er dabei zu Tränen gerührt.[4] Sein Ansehen erreicht ungeahnte Höhen, beflügelt durch die Kraft seiner Reden, deren beste Formulierungen in den englischen Sprachschatz eingehen. »Seit Menschengedenken gab es keinen Kampf, in dem so viele so wenigen so großen Dank schuldeten (*never in the field of human conflict was so much owed by so many to so few*).« Mit diesem Satz verneigt er sich vor den Piloten der Fliegerstaffeln, die den deutschen Angriffen trotz hoher Verluste standhalten. Das Informationsministerium lässt ihn gleich auf Plakate drucken.

Andererseits kann er äußerst kaltschnäuzig sein. Sogar Männer, die schon einiges erlebt haben, staunen darüber, wie etwa der französische General de Gaulle. In seinen Memoiren hat er die Episode festgehalten, wie Churchill mit zum Himmel erhobener Faust ausgerufen habe: »Sie kommen einfach nicht!« Ob der Engländer es nicht abwarten könne, seine Städte von deutschen Bomben demoliert zu sehen, habe er ihn gefragt. »Schauen Sie«, habe Churchill geantwortet, »die Bombardierung von Oxford, Coventry, Canterbury wird in den Vereinigten Staaten eine solche Welle der Empörung auslösen, dass sie in den Krieg eintreten.« Das sei keineswegs sicher, widerspricht de Gaulle, womit er recht behält.

Coventry, ein Zentrum der Rüstungsproduktion, muss im November einen besonders schweren Schlag einstecken. Eigentliches Ziel sind die Flugmotorenwerke und andere Industrieanlagen; aber auch die Kathedrale mit der historischen Altstadt und mehr als die Hälfte der Wohnungen werden beschädigt oder zerstört. 554 Menschen

4 Der Herzog und die Herzogin von Windsor haben für Churchill den Spitznamen »Heulsuse« (*crybaby*).

sterben nach offizieller Zählung während der Angriffsnacht. Danach erfindet die Nazipropaganda ein weiteres Unwort: coventrieren. Die letzten zivilisatorischen Hemmungen, wie sie im Kriegsrecht niedergelegt sind, gehen nach und nach verloren.

Eine Legende besagt, Churchill hätte Coventry warnen können, weil er durch entschlüsselte Funksprüche über die Attacke informiert gewesen sei. Um nicht zu verraten, dass es die Spezialisten in der Kryptografiezentrale *Bletchley Park* unter höchster Geheimhaltung geschafft haben, das Chiffriersystem der deutschen »Enigma«-Maschinen zu knacken, habe er die Stadt schutzlos dem Verderben ausgeliefert. Vorab den Engländern bekannt ist tatsächlich, dass in der fraglichen Nacht das Unternehmen »Mondscheinsonate« stattfinden soll, ein großer Luftangriff. Aus den decodierten Nachrichten geht allerdings das Ziel der Piloten nicht hervor.

Im Frühjahr 1941 treffen deutsche Bomben den Sitzungssaal des Unterhauses so schwer, dass er erst nach dem Krieg wieder aufgebaut wird. Hinter den Angriffen steht aber kein konkreter Plan mehr, sondern bloß die vage Hoffnung, den Widerstandsgeist der Feindnation vielleicht doch noch zu brechen oder wenigstens ihre militärische Potenz zu schwächen. Die Luftwaffe zerstört und tötet, verliert jedoch die Schlacht. Das Unternehmen »Seelöwe« hat Hitler verschoben. Er wird es nie mehr in Angriff nehmen.

Ein anderes Vorhaben findet der Diktator viel wichtiger: die Unterwerfung der Sowjetunion. Nicht nur sein lang gehegter Plan vom »Lebensraum« in Osteuropa soll dadurch in Erfüllung gehen. Er stellt sich auch vor, auf dem Umweg über Moskau endlich London bezwingen zu können. Schon am 31. Juli 1940 hat er seinen Generälen die Planung des Ostfeldzugs befohlen und dazu erklärt: »Ist aber Russland zerschlagen, dann ist Englands letzte Hoffnung getilgt.«

Im Licht der späteren Kriegsereignisse erscheint der Angriff auf Stalins Reich wie eine Wahnsinnstat. Aus der Perspektive Hitlers und der Wehrmachtführung gibt es dafür jedoch Argumente: Im Winterkrieg gegen Finnland hat sich die Rote Armee als überraschend schwach erwiesen – nicht zuletzt, weil Stalin vorher bei seinen politischen Säuberungen massenhaft versierte Offiziere abräumen und durch unerfahrene Nachrücker ersetzen ließ. Von den 101 obersten Kommandeuren wurden 91 verhaftet, 80 von ihnen wurden erschossen. Die Zeit würde nicht für die Wehrmacht, sondern für das Wiedererstarken der Roten Armee arbeiten. Außerdem traut Hitler dem Kremlherrscher zu, dass dieser den Nichtangriffspakt von 1939 bricht und zu einer Gefahr für Deutschland wird. Warum soll er ihn auch für vertragstreuer halten, als er selbst es ist?

Durch Churchills Krisendiplomatie könnte Hitler sich bestätigt fühlen. Der Premierminister, der einen deutschen Angriff auf Moskau seit Langem für möglich hält, hat bereits wenige Wochen nach der Amtsübernahme die Fühler nach Osten ausgestreckt. Seinen ersten Brief an Stalin schreibt er am 25. Juni 1940, Anlass ist ein Botschafterwechsel in Moskau: »Unsere Länder sollten ihre früheren Kontakte wieder aufnehmen.« Dem Sowjetführer müsse das deutsche Streben nach »Hegemonie über Europa« zu denken geben. Aus dem Kreml kommt keine Antwort.

Kurz vor Weihnachten 1940 erteilt Hitler in seiner »Weisung Nr. 21/Fall Barbarossa« den Befehl: »Die deutsche Wehrmacht muss darauf vorbereitet sein, auch vor Beendigung des Krieges gegen England, Sowjetrussland in einem schnellen Feldzug niederzuwerfen.« Stalin weiß natürlich, dass ein deutscher Angriff droht. Zu dieser Zeit geht er allerdings fest davon aus, dass ihm anderthalb Jahre bleiben, um die geschwächten Streitkräfte verteidigungsbereit zu machen. Aus seiner Umgebung hört er nur noch das Echo seiner eigenen Meinung.

Bis Ende März 1941 glaubt auch Churchill nicht, dass Hitler schon jetzt nach Russland marschieren will, dorthin, wo selbst Napoleon scheiterte. Die Wehrmacht hat den Krieg inzwischen auf den Balkan, Griechenland, Rumänien, Bulgarien und bis Nordafrika ausgeweitet – eine Überdehnung der Herrschaft, die sämtliche Maßstäbe der deutschen Geschichte übersteigt. Als decodierte Funksprüche deutsche Truppenbewegungen in Richtung der sowjetischen Gebiete erkennen lassen, bleibt die dahinter stehende Absicht zunächst unklar. Churchill schreibt im Rückblick: »Dass Deutschland zu diesem Zeitpunkt und vor der Behauptung des Balkans einen weiteren großen Krieg, den Krieg mit Russland, beginnen würde, schien mir zu schön, um wahr zu sein.«

Dann ändert er seine Meinung. Anders als die meisten Experten im Militär und den Geheimdiensten ist er nach eigenen Angaben nun sicher: Der deutsche Angriff steht bevor. Unter der Legende, ein »vertrauenswürdiger Agent« habe die Informationen geliefert, lässt er die in *Bletchley Park* entschlüsselten Erkenntnisse über die Umgruppierungen der Wehrmacht dem Kreml zukommen. Stalin hält Churchills warnenden Hinweis jedoch für den Versuch, ihn zu einem Krieg gegen Deutschland zu verleiten: »Es ist ein raffiniertes politisches Spiel«, sagt er einem seiner höchsten Generäle.

Machen Briten und Deutsche vielleicht heimlich gemeinsame Sache? Sogar das hält Stalin für möglich. Der irrwitzige Flug von Rudolf Heß im Mai 1941 nach Schottland scheint in diese Richtung zu deuten; doch Hitlers Stellvertreter an der NSDAP-Spitze hat für seine Friedensmission kein Mandat des »Führers«, wie sich herausstellt, sondern handelt allein. Das weiß außerhalb des Reichs aber nur die britische Regierung, die den seltsamen Nazi festsetzt, verhört und überwacht.

Auf Anraten des Außenministeriums nutzt der Premier den Fall Heß auf schwer nachvollziehbare Weise, um propagandistische Verwirrung zu stiften – was Stalins Misstrauen verstärkt. In seinem Memoirenwerk blendet Churchill das britische Doppel- und Dreifachspiel aus und schreibt, damals hätten in Moskau »Dummköpfe« und »Stümper« regiert. Es sind haltlose Bemerkungen, die ihn selbst besser aussehen lassen und während des Kalten Krieges, als das Buch erscheint, gut bei seinen Lesern ankommen.

Ähnliche Nachrichten wie aus England erhält Stalin im zweiten Quartal 1941 aus weiteren Quellen, darunter der hervorragend informierte Spion Richard Sorge und der Informant Harro Schulze-Boysen, ein Widerstandskämpfer. Dass der Diktator einen Hinweis nach dem anderen beiseitewischt, lässt sich durch Unvermögen nicht erklären.

Mehrere Gründe kommen zusammen: Wunschdenken, weil er weiß, dass die Rote Armee schwach ist. Paranoia, weil er keinem traut, weder Churchill noch den Geheimdienstquellen im Feindesland noch seinen eigenen Generälen. Und nicht zuletzt Skepsis, vernünftige Skepsis, weil die vielen Meldungen, die ihm täglich vorgelegt werden, oft widersprüchlich sind. Fast jede Information könnte sich als Desinformation entpuppen. In der selbst gewählten Einsamkeit des Tyrannen bleibt Stalin nur, seinem Bauchgefühl zu folgen – das ihn in die Irre führt.

Als die Wehrmacht am 22. Juni angreift und in rasender Geschwindigkeit Hunderte Kilometer tief in sein Reich vordringt, ist der Diktator schockiert. »Lenin hat unseren Staat geschaffen, und wir haben ihn verschissen«, sagt er beim Verlassen des Volkskommissariats für Verteidigung. An keiner Front wird der Krieg auch nur annähernd mit so großen Opfern geführt werden wie im Kampf zwischen deutscher und sowjetischer Armee.

Churchill bereitet die Briten gleich am Abend des 22. Juni auf den logischen nächsten Schritt vor: die Zusammenarbeit mit der Sowjetunion, die er selbst schon lange anstrebt. In diesen Zeiten gebe es Wichtigeres als die Abwehr des Kommunismus: »Wir haben nur ein Ziel und eine einzige, unwiderrufliche Verpflichtung. Wir sind entschlossen, Hitler und sämtliche Spuren des Naziregimes zu vernichten … Mit Hitler oder irgendwem aus seiner Bande werden wir niemals verhandeln.« Ein förmliches Bündnis zwischen Moskau und London kommt Mitte Juli zustande.

Churchill und Stalin schreiben sich jetzt ausführliche Telegramme, deren Grundmelodie in den nächsten Jahren immer dieselbe bleiben wird: Im Rahmen seiner Möglichkeiten stellt der Brite materielle Hilfe, vor allem Waffen und Munition, in Aussicht. Außerdem streicht er die Leistungen der *Royal Air Force* im Luftkrieg gegen die Deutschen heraus. Der Sowjetherrscher nimmt die Angebote an, verlangt nach mehr und drängt darauf, dass an der Atlantikküste ein Vorstoß auf die von Deutschland eroberten Gebiete beginnt. Denn die »zweite Front« im Westen würde sein taumelndes Reich entlasten.

US-Präsident Roosevelt verfolgt all dies genau. Dass er den britisch-sowjetischen Pakt unterstützen werde, hat er Churchill bereits vor der Unterzeichnung mitgeteilt. Die kriegsentscheidende Allianz London-Moskau-Washington nimmt Gestalt an: das immer noch größte globale Imperium, der ausgedehnteste Flächenstaat der Welt, die stärkste Wirtschaftsmacht, die es je gegeben hat, gemeinsam gegen das Reich der Nationalsozialisten und seine Verbündeten, die Achsenmächte.

Aber wann werden sich die Vereinigten Staaten mit voller Kraft an der Allianz beteiligen? Wollen sie das überhaupt?

Teil III

Der Preis des Sieges (1941–1951)

Er verfolgt ein Ziel, nur ein einziges: den Krieg zu gewinnen.

König George VI. über Churchill (1941)

1

»Ich mag diesen Mann«: Die Gipfeltreffen der Nazi-Gegner

Stalins roter Stern leuchtet wieder. Wie damals, als der Kremlherrscher den US-Präsidenten und den britischen Premierminister empfangen hat, bilden Hunderte von Geranien im großen Innenhof von Schloss Cecilienhof das fünfzackige Symbol des Sozialismus.

Auch sonst sieht es hier beinah so aus wie im Juli 1945, als die »Großen Drei« zusammengekommen sind, um über die neue staatliche Ordnung in Europa zu entscheiden. Sicher, seit der jüngsten Renovierung fehlt den hohen, putzig verzierten Schornsteinen, den mit Schnitzereien geschmückten Holzbalken ein wenig die Patina; den einst üppigen Efeu haben die Hausherren von der Stiftung Preußische Schlösser und Gärten gründlich zurückstutzen lassen. Dennoch ist der Hohenzollern-Bau heute der einzige Ort, wo man sich jederzeit einen authentischen Eindruck von einem Treffen der Großmächte während des Zweiten Weltkriegs verschaffen kann.[1]

Churchill hatte zunächst vorgeschlagen, die Konferenz in Jena abzuhalten. Dann einigten sich die drei Sieger auf Berlin, wo sie (und als vierte die Franzosen) bald je einen Sektor kontrollieren würden. Aber weil die Stadt nach den Bombardements der Briten und Amerikaner sowie der Eroberung durch die Rote Armee ein Trümmerfeld ist, erweist sich das nahe gelegene Potsdam als die bessere Lösung.

Der Bombenhagel, der noch kurz vor Kriegsende über Potsdam niedergegangen ist, hat größere Teile der Stadt verschont, darunter

1 Der im Süden der Krim-Halbinsel gelegene Liwadija-Palast, in dem die Konferenz von Jalta stattfand, ist zwar ebenfalls ein Museum, für nichtrussische Besucher aber nur schwer erreichbar.

das in einem Park zwischen Jungfernsee und Heiligem See gelegene Schloss Cecilienhof. Für die aufwendige Zusammenkunft der Anti-Hitler-Koalition bietet es genügend Platz und Komfort, das Gelände lässt sich perfekt von der Außenwelt abschotten. Jede der drei Nationen kontrolliert einen Teil des Gebäudes, es ist ein kleines Abbild der Lage draußen, ein Miniaturdeutschland ohne Trümmer.

Praktischerweise stehen wenige Autominuten entfernt im Vorort Babelsberg die unzerstörten Villen der Bankiers, Verleger und Ufa-Filmstars, in denen nun die Delegationen der Sieger ihre Quartiere beziehen. Den Bewohnern haben die Sowjets zwei Tage Zeit gegeben, um ihre Häuser zu räumen. Die Möbel müssen sie zurücklassen. Manchen haben die Kommissare versprochen, sie dürften bald wiederkehren, doch nach der Konferenz will offiziell niemand mehr etwas davon wissen.

Cecilienhof ist ein eigenartiges Gebäude, das letzte der großen Adelsschlösser Europas. Fertiggestellt wurde es 1917 als Wohnsitz für den preußischen Kronprinzen und seine Familie. Die im historisierenden Tudorstil gestalteten Fachwerkfassaden lassen die Residenz mit ihren 176 Zimmern kleiner erscheinen, als sie ist. Der Thronfolger, auf den seit der Revolution von 1918 kein Thron mehr wartet, lebt dort bis zum Beginn des letzten Kriegsjahres und flüchtet schließlich vor der heranrückenden Roten Armee. Weil Wilhelm Prinz von Preußen ein glühender Nazi ist, hat er Adolf Hitler und andere führende Männer des NS-Regimes gerne nach Cecilienhof eingeladen.

Churchill hat bereits 1943 verkündet: »Die beiden Kernelemente des Deutschtums, die unbedingt zerstört werden müssen, sind die Nazi-Tyrannei und der preußische Militarismus.«

Für ihn und seine Bündnispartner ist der Tagungsort darum auch symbolisch bedeutsam. Sie demonstrieren dort ihren vollständigen Sieg über die beiden Exzesse deutscher Wesensart, die in zwei Weltkriegen Unheil über die Erde gebracht haben. Potsdam ist nicht bloß ein schöner Wohnort vor den Toren Berlins mit viel Wasser und Grün, sondern vor allem eine Garnisonsstadt und seit Jahrhunderten Residenz des Herrschergeschlechts von Brandenburg und Preußen. Jetzt führt hier die Rote Armee das Kommando.

Vor der letzten Alliierten-Konferenz des Krieges, der in Ostasien noch andauert, wird wenigstens im äußeren Ablauf alles genau bedacht. Der britische Premier bekommt in Cecilienhof kein Eckzimmer als Arbeitsraum, anders als der Moskauer Diktator und der US-Präsident. Dafür darf nur er an den Konferenztagen die Hauptauffahrt durch den großen Innenhof benutzen, und jedes Mal muss Churchills Blick aus seinem gepanzerten Humber Pullman auf den Sowjetstern aus roten Blüten fallen. Stalin liebt es, seine Macht bildhaft auszudrücken: Er ist hier der Gastgeber. Es waren seine Truppen, die ins Herz des Nazireichs einmarschiert sind und Hitler in den Selbstmord getrieben haben.

Als einziger der drei Staats- und Regierungschefs hat Churchill den Krieg während der gesamten Zeit von fast sechs Jahren in verantwortlicher Position erlebt und mitgeführt. Hinter ihm liegt eine lange Kette von verzweifelten und triumphalen Tagen, von Glücksgriffen und Fehlentscheidungen, immer begleitet von der Sorge um sein Land und seine eigene Stellung in dessen Geschichte, in der Welt- und Menschheitsgeschichte. Als Erbe einer Tradition, die bis Julius Cäsar zurückreicht, sieht er sich als Handelnder und zugleich als Autor, der die gesamte Handlung erzählt.

Schon im Dezember 1940 hat er Jock Colville abends beim Brandy anvertraut, er werde nach Kriegsende ein Buch über die Ereignisse schreiben, »das bereits Kapitel für Kapitel im Geist entworfen sei«. Der schöpferische, immer noch kindliche Größenwahn, der aus diesen Worten spricht, ist beinah rührend. Einen Plan, wie er den Krieg gewinnen will, hat er nicht, aber immerhin ein Buchkonzept. Gut, dass Colville die Churchill'sche Hybris bloß in seinem Tagebuch festhält und ansonsten verschwiegen ist. Die sechs Bände erscheinen dann von 1948 bis 1953, eine wiederkehrende »Moral des Werks« geht jedem voran: »Im Krieg: Entschlossenheit. In der Niederlage: Widerstand. Im Sieg: Großmut. Im Frieden: Wohlwollen« – ein Selbstporträt des Verfassers in wenigen Worten. Zu einem Historiker aus der Schar seiner Mitarbeiter sagt Churchill: »Das hier ist keine Geschichtsschreibung. Es geht darum, wie ich die Dinge sehe.«

Vermutlich ist *The Second World War* das einflussreichste und bestbezahlte historische Werk der neueren Geschichte. Die Geldsorgen des Autors sind für immer passé. Mithilfe von Verlegern und Agenten sorgt er dafür, dass parallel zur Publikation in den USA und Großbritannien Auszüge in großen Zeitungen und Magazinen rund um die Erde erscheinen. 15 internationale Ausgaben in elf Sprachen folgen rasch. Churchill ist eine Weltmarke, sein Buch ein globales Medienereignis. Es enthält jede Menge Quellen und Dokumente, die damals keinem anderen zugänglich gewesen wären, verbunden durch seinen suggestiven Erzählton, mit dem er seine Leserschaft fesselt und gelegentlich an der Wahrheit vorbeiführt (wie bei seinem unerwähnt bleibenden Kampf gegen Halifax oder im Fall Heß).

Am Rande der Potsdamer Konferenz betritt er zum ersten und einzigen Mal im Leben die deutsche Hauptstadt. Berlin, schreibt er, »war nichts als ein Chaos aus Ruinen«. Einigen in Churchills Delegation sticht Verwesungsgeruch in die Nase. Lord Moran, sein Leibarzt, fühlt sich an den Moment erinnert, als er einem Chirurgen dabei zusah, »wie er einen Bauch aufschnitt und die Gedärme herausquollen«. Pug Ismay fragt sich, »wie viele Leichen noch in den Ruinen liegen«. Zurück in Babelsberg nimmt der General sofort »ein heißes Bad mit einer Menge Desinfektionsmittel«. Churchill hat nichts in dieser Art überliefert. Er lässt sich zur Reichskanzlei fahren und steigt aus, um die zerbombte Machtzentrale des Feindstaats zu besichtigen, vor der sich viele Menschen aufhalten. Niemand hat gewusst, dass er kommt, doch an seiner Zigarre wird er sofort erkannt. »Bis auf einen alten Mann, der missbilligend den Kopf schüttelte, jubelten mir alle zu«, beschreibt er die Begegnung zwischen Sieger und Besiegten in seiner Kriegsgeschichte. Wie präzise diese Erinnerung ist, mag dahingestellt sein; vermutlich hört er die Jubelrufe herbeieilender britischer Soldaten.

Aufschlussreicher erscheint eine andere Bemerkung über die Berliner, die Deutschen: »Mein Hass war mit ihrer Kapitulation erloschen, und ich war sehr gerührt durch ihren Zuspruch, aber auch durch ihre hagere Erscheinung und ihre abgewetzte Kleidung.« Von einem sowjetischen Offizier lässt er sich das Zimmer im Bunker zeigen, in dem der »Führer« und Eva Braun, die nur einen Tag lang den Nachnamen Hitler trug, sich umbrachten. Manche aus der britischen Delegation nehmen Souvenirs mit, Eiserne Kreuze, den Überrest einer Weltkarte oder ein Stück Marmor von Hitlers zerbrochenem Schreibtisch als Briefbeschwerer.

Das Besatzungsregime soll nach Churchills Vorstellung möglichst pragmatisch handeln und die Besiegten mit in die Verantwortung nehmen. Den Einwand, Nazi-Funktionäre von gestern dürften nicht heute schon wieder Anweisungen geben, weist er zurück. Einem seiner Spitzenbeamten schreibt er: »Ohne die Deutschen werden wir Deutschland nie beherrschen können, es sei denn, Sie machen sich darauf gefasst, dass jedes elende kleine deutsche Schulkind seinen müden Kopf in Ihren ohnehin überlasteten Schoß bettet.«

Sein Quartier bezieht Churchill in der Babelsberger »Villa Urbig«, die der bedeutende Architekt Ludwig Mies van der Rohe für einen Bankier dieses Namens entworfen hat (heute gehört sie dem SAP-Mitgründer Hasso Plattner). In den nächsten zehn Tagen verhandelt er zum letzten Mal auf der höchsten politischen Ebene über das Schicksal von Millionen Menschen in Deutschland, Polen, Japan und anderen Ländern. Viele Fragen sind offen, als er nach London zurückkehren muss, um dort das Ergebnis der Parlamentswahl zu erfahren, der ersten seit 1935 (mehr zur Konferenz und zur Wahl in Kapitel 6).

Das Potsdamer Treffen bildet den Abschluss einer langen Reihe von Begegnungen zwischen den alliierten Staats- und Regierungschefs. Immer wieder ist es Churchill, der die Initiative zu diesen Konferenzen ergreift. Er ist ein großer Freund persönlicher Gespräche, für die er bereitwillig weite, strapaziöse und auch gefährliche Reisen in Kauf nimmt. Der für Zusammenkünfte von Spitzenpolitikern gebräuchliche Ausdruck Gipfel (*summit*) geht auf Churchill zurück. Kein einziger der Zweier- und Dreiergipfel findet ohne ihn statt. Er reist nach Washington zu Roosevelt und nach Moskau zu Stalin. Den US-Präsidenten trifft er bei neun verschiedenen Gelegenheiten, den Sowjetdiktator fünfmal. Als in Teheran jemand scherzhaft bemerkt, die Großen Drei erinnerten an die Dreifaltigkeit, sagt Stalin, der ehemalige Priesterseminarist: »In diesem Fall wäre Churchill der Heilige Geist, weil er so viel durch die Gegend fliegt.«

Nie kommt einer der anderen aus dem Kreis der Großen Drei zu ihm nach Großbritannien. Schon allein der Gipfelkalender gibt Aufschluss über das Selbstverständnis und das politische Gewicht in der Anti-Hitler-Koalition: In keiner Phase des Krieges befindet sich der britische Premierminister in der Position, dass er sich zurücklehnen und die anderen kommen lassen könnte. Churchill muss das akzeptieren, und es fügt sich für ihn, weil er lieber unterwegs ist, als nur am Kabinettstisch zu sitzen. Jede Reise bedeutet auch ein kleines Abenteuer, auf das er sich freut. Außerdem geht er fest davon aus, dass er seinem Land am besten dient, indem er seine Beredsamkeit und seine Persönlichkeit unmittelbar auf andere wirken lässt.

Darin gleicht er seinem im Herbst 1940 gestorbenen Amtsvorgänger, von dem er sich eigentlich abgrenzt: »Der arme Neville Chamberlain hat geglaubt, Hitler vertrauen zu können. Da lag er falsch. Aber ich glaube nicht, dass ich bei Stalin falsch liege.« Vor Stalins Verbrechen im eigenen Land und in Polen verschließt er lange die Augen, weil er ihn als Alliierten braucht. Das wäre politisch auch kaum anders möglich, aber Churchill geht noch einiges weiter. Er lobt Stalins Humor, bezeichnet ihn als »gut und groß« und scheint wirklich zu glauben, was er da sagt. In Potsdam notiert Außenminister Eden genervt: »Schon wieder hat Stalin ihn in seinen Bann geschlagen. Ständig wiederholt er: ›Ich mag diesen Mann‹.«

Ist Churchill ein schlechter Menschenkenner? Vielleicht. Seine Meinung von Personen und ganzen Nationen unterliegt oft starken Schwankungen, weil sie sich im Kraftfeld einer bestimmten Situation und seiner daraus resultierenden Interessen formt. In einer veränderten Situation hat er häufig ein ganz anderes Bild als vorher. Die Worte »Ich mag diesen Mann« wird man im Kalten Krieg von Churchill über Stalin nicht mehr hören.

Bereits in der Zeit davor scheint er über ihn zwei Meinungen gleichzeitig zu haben. Denn während er behauptet, den Diktator zu mögen und ihm zu vertrauen, betreibt er eine Politik der Vorsicht und der Eindämmung gegenüber der Sowjetmacht. Nicht nur der alte Anti-Bolschewist kommt darin wieder zum Vorschein, sondern auch der Wahrer das ewigen britischen Interesses, keine kontinentale Nation übermächtig werden zu lassen. Churchills manchmal naiv erscheinende Bemerkungen dürfen nicht darüber hinweg täuschen, dass er in Stalin niemals nur den jovialen »Onkel Joe« sieht, den er zum Zigarrenrauchen animiert, sondern immer auch den tückischen »Bären«, vor dem er größten Respekt hat. Der sowjetische Geheimdienstchef Lawrenti Beria schreibt später, Churchill habe Stalin besser verstanden als die anderen westlichen Spitzenpolitiker: »Es gelang ihm, fast alle seine Manöver zu durchschauen.« Als geborener Macht- und Interessenpolitiker, für den moralische und ideologische Fragen stets zweitrangig sind, kann er sich ähnlich wie bereits bei Hitler in ein schwieriges Gegenüber hineinversetzen. Beria versäumt allerdings nicht, auch auf eine Beschränkung hinzuweisen: Als Churchill annahm, Stalin beeinflussen zu können, habe er sich geirrt.

2

»Sie legen Ihr Blatt nie auf den Tisch«: Das Rätsel Roosevelt

Am 4. August 1941 besteigt Franklin D. Roosevelt an der Küste von Connecticut die *Potomac,* seine 50 Meter lange Präsidentenjacht. Die Fahrt soll eine sommerliche Ferienreise sein, heißt es. Journalisten erhalten einen Tag lang reichlich Gelegenheit, ihn beim Angeln zu beobachten. Unbemerkt wartet unterdessen vor der Urlaubsinsel Martha's Vineyard ein anderes Schiff der US-Marine, die *Augusta.* Als die Journalisten ihre Bilder gemacht und ihre Eindrücke notiert haben, steigt Roosevelt in aller Stille von seiner Jacht auf den Schweren Kreuzer um und fährt Richtung Norden.

Ebenfalls am 4. August kommt Churchill, begleitet von einer größeren Entourage, auf der schottischen Marinebasis Scapa Flow an. An Bord des neuen Schlachtschiffs *Prince of Wales* wird er bereits von Harry Hopkins erwartet, dem wichtigsten Berater Roosevelts. Hopkins ist gerade von Gesprächen mit Stalin zurückgekommen und hat zur allgemeinen Freude reichlich Kaviar aus Moskau mitgebracht. Die *Prince of Wales* nimmt Kurs über den Atlantik, immer auf der Hut vor deutschen U-Booten. In der Einsamkeit der britischen Dominion Neufundland (heute eine kanadische Provinz) steht die erste persönliche Begegnung des Premierministers mit dem Präsidenten während des Krieges bevor. Der Codename für das Treffen lautet *Riviera.* Die Öffentlichkeit und die Achsenmächte sollen noch nichts davon erfahren.

Roosevelt ist ein protestantischer Patrizier wie aus dem amerikanischen Bilderbuch: grau meliertes Haar, gewinnendes Lächeln, begabt mit natürlichem Charme, gerne trägt er einen weichen, eleganten Filzhut, Zigaretten raucht er aus einer Spitze, Französisch spricht er fließend. Durch geschickte Arrangements überspielt er in der Öffentlichkeit, dass er von der Hüfte abwärts weitgehend bewegungsunfähig ist, seit er mit 39 Jahren an Kinderlähmung erkrankte. Churchills Russisch-Dolmetscher Hugh Lunghi muss bei der ersten Begegnung mit Roosevelt seine Überraschung darüber verbergen, dass der Präsident im Rollstuhl sitzt. Nur einmal haben sich die Spitzenpolitiker vorher gesehen, im Juli 1918. Als Staatssekretär im Marineministerium besuchte Roosevelt Großbritannien und traf bei einem Abendessen auf Churchill, den er sehr unsympathisch fand (» ein Ekel «). Churchill konnte sich an die Begegnung bald nicht mehr erinnern. Allerdings verfolgte er den Weg des Demokraten ins Weiße Haus; im Gedenken an seine eigene Zeit als Sozialreformer bewunderte er Roosevelts *New Deal* und schickte ihm 1933 den ersten Band seiner Marlborough-Biografie – » mit aufrichtigen Wünschen für den Erfolg der großartigsten Kampagne unserer Zeit «.

Die Antwort lässt sechs Jahre auf sich warten, ist dafür aber umso wichtiger für Churchill. Im September 1939, wenige Tage nach seiner zweiten Berufung zum Marineminister, schreibt ihm der US-Präsident einen freundschaftlichen Brief, in dem er daran anknüpft, dass beide im Ersten Weltkrieg » ähnliche Positionen innehatten «. Er wolle sagen, » wie froh ich bin, dass Sie wieder in der Admiralität sind «. Churchill möge ihn bitte jederzeit » persönlich über alles informieren, was Sie mir mitteilen wollen «, das Einverständnis seines Regierungschefs natürlich vorausgesetzt. Den Marlborough habe er » mit großem Vergnügen gelesen «.

Dass ein Staatspräsident in dieser Weise auf den Minister eines anderen Landes zugeht, ist äußerst ungewöhnlich. Was Roosevelt dazu bewegt, lässt sich schwer sagen, denn anders als Churchill ist er nicht der Mann, der sich den Menschen seiner Umgebung anvertraut. Im Gegenteil, der Präsident ist berüchtigt dafür, dass selbst seine engsten Mitarbeiter oft nicht wissen, was er wirklich denkt und plant. Harold Ickes, der während seiner zwölf Jahre als Roosevelts Innenminister ungezählte Gespräche mit ihm führt, sagt ihm unter vier Augen, er finde die Zusammenarbeit extrem schwierig, aus einem Grund: » Sie halten Ihre Karten immer eng an der Brust und legen Ihr Blatt nie auf den Tisch. «

Churchill ergreift ohne Zögern die Gelegenheit, mit dem US-Präsidenten zu korrespondieren. Ihre telegrafische Brieffreundschaft wird bis zu Roosevelts Tod im April 1945 andauern; fast zweitausend Schreiben gehen hin und her und festigen die Allianz beider Länder wie weniges sonst. Teils aus Gründen der Geheimhaltung, teils aus spielerischer Freude zeichnet Churchill meist nicht mit seinem Namen, sondern als »Marineperson« (*naval person*), später im Premiersamt als »frühere Marineperson«.

Das Gefühl der Nähe, das sich bei ihm durch den direkten Austausch einstellt, erweist sich nicht selten als trügerisch. Nach Beginn des Krieges gegen Deutschland hofft er vergeblich auf ein schnelles und entschlossenes Eingreifen des mächtigen Mannes, dem er in sorgfältig gewählten Worten die Dringlichkeit seiner Hilferufe vor Augen führt. Weniges beschäftigt ihn stärker als die Frage, was er tun müsste, um Washington in den Krieg hineinzuziehen. »Nie zuvor hat ein Liebhaber sämtliche Launen seiner Herzensdame so genau beobachtet wie ich die von Präsident Roosevelt«, sagt er später. Wie an jeder großen Diva perlt auch an Roosevelt das meiste ab. Die eigentümliche Mischung aus Nähe und Distanziertheit trägt viel zu den politischen Erfolgen bei, denen er seinen Ruhm als einer der bedeutendsten US-Präsidenten seit der Staatsgründung verdankt. Kaum jemand beherrscht wie er die Kunst der strategischen Kommunikation. Er achtet sorgfältig auf die Stimmungen im Land, für die er ein feines Gespür hat, und vermag sie im Sinne seiner längerfristigen Ziele zu beeinflussen. Zugespitzt formuliert: Während die Menschen noch glauben, er setze das um, was sie wollen, wollen sie bereits, was er geplant hat.

Als in Europa 1939 wieder ein Krieg beginnt, möchten mehr als 90 Prozent der US-Amerikaner damit nichts zu tun haben, wie eine Umfrage ergibt. Die Verlusterfahrungen von 1917/18 wirken traumatisch nach. Gegenüber den »englischen Vettern« hegen viele im Land gemischte Gefühle bis hin zu offenem Ressentiment. Durch das damalige Eingreifen in Europa habe man für das arrogante und dekadente britische Königreich »die Kastanien aus dem Feuer geholt«, lautet ein oft wiederholter Vorwurf. Ihre Kreditschulden aus dem Ersten Weltkrieg haben die Briten auch noch nicht abbezahlt. Gerade in den Reihen der Demokraten ist Anglophobie eine verbreitete Grundeinstellung. Roosevelt fügt sich nahtlos ein: Bis 1940, schreibt der US-Politologe Walter Russell Mead, habe er sich »in seiner antibritischen Haltung so konsequent wie kein anderer Präsident der amerikanischen Geschichte« gezeigt.

Mit dem deutschen Überfall auf Frankreich und die Beneluxländer werden indes die Stimmen lauter, die für ein größeres Engagement aufseiten der Nazi-Gegner plädieren. Die im Mai 1940 gegründete Lobbygruppe »Komitee zur Verteidigung Amerikas durch Hilfe für die Alliierten« bringt es auf 750 000 Mitglieder. Ein Jahr später beginnt die Organisation »Kampf für die Freiheit« ihre Kampagne mit dem Ziel, Washington zum Eingreifen zu bewegen. Die Walt Disney Studios schicken Micky Maus, Donald Duck und Goofy in die Propagandaschlacht für den Kriegseintritt.

Auf der Gegenseite versammeln sich Isolationisten und Pazifisten unter dem Slogan *America First*. Prominentestes Gesicht der Organisation ist der Pilot Charles Lindbergh, der seit dem ersten Alleinflug über den Atlantik 1927 weltberühmt ist. Lindbergh bezieht zwar Stellung gegen die Nationalsozialisten, bewegt sich jedoch mit seinen rassistischen und antisemitischen Ansichten in ideologischer Nähe zu ihnen. Ähnlich verhält es sich bei einem anderen bedeutenden Unterstützer des *America First Committee*, dem Autofabrikanten Henry Ford.

Briten und Deutsche mischen sich ebenfalls ein. Mit Churchills voller Unterstützung und dem Segen Roosevelts unterhält der *MI6* eine verdeckte Organisation im New Yorker Rockefeller Center. Hunderte Frauen und Männer sind unter anderem damit beschäftigt, die US-Netzwerke der Nazis zu enttarnen oder probritische und antideutsche Berichte in den Medien zu lancieren. Ein wichtiger Agent des Hitler-Regimes ist der Rechtsanwalt Gerhard Westrick, der Verbindungen zu einigen der besten Adressen der amerikanischen Industrie unterhält. Nach dem deutschen Sieg über Frankreich lädt er ins *Waldorf Astoria Hotel* zu einem Festessen, das vom Ölkonzern Texaco gesponsert wird. Unter den Gästen ist Edsel Ford, Henrys Sohn. Als die britischen Spione auf Westrick aufmerksam werden, leiten sie ihre Informationen der US-Presse zu, die groß über ihn berichtet. Dem Anwalt bleibt nur die Ausreise.

Während das Meinungsklima im Land gespalten ist, führt Roosevelt im Herbst 1940 den Wahlkampf, der ihm beispiellos seine dritte Amtszeit als Präsident sichern soll. Er verspricht seinen Landsleuten, außer zur Selbstverteidigung keinerlei Truppen in einen Krieg zu schicken – »und ich werde es wieder und wieder und wieder sagen«. Was er nicht sagt: Zu der Zeit wären die Vereinigten Staaten überhaupt noch nicht in der Lage, militärisch sinnvoll in Europa einzuschreiten. Als der deutsche Westfeldzug beginnt, unterhalten sie ein reguläres Heer von 275 000 Mann, kleiner als das der Niederlande. Nachdem Roosevelt die Wahl gewonnen hat, schreibt ihm Churchill einen 15 Seiten langen Brief, der mehrere Fassungen durchläuft, ehe er chiffriert und versendet wird. Allein die ungewöhnlich langwierige Entstehungsgeschichte des Schreibens lässt erahnen, wie wichtig der Inhalt ist. Es geht um die prekäre Lage Großbritanniens, das von Importen auf dem Seeweg abhängt. Darum stellen die Torpedos der deutschen U-Boote im Atlantik inzwischen eine größere Bedrohung dar als die Bomben der Luftwaffe. Als weiteres Problem kommt dazu, dass London das Geld ausgeht, um die dringend nötigen Einkäufe im Ausland bezahlen zu können. Dies alles wird in dem Brief ausführlich dargelegt.

Nie zuvor hat ein britischer Premier einen solchen Offenbarungseid geleistet. US-Finanzminister Henry Morgenthau stellt zutreffend fest, »dass Mr. Churchill sich voller Vertrauen in Mr. Roosevelts Hände gibt«. In Morgenthaus Bemerkung kann man, so wie der Historiker Ian Kershaw, bereits einen »Nachruf auf das britische Empire« sehen.

Roosevelt liest den Brief während einer Erholungsreise durch die Karibik, er liest ihn einmal, zweimal, immer wieder. Nach tagelangen Überlegungen trifft er eine Entscheidung: Er wird den Briten das, was sie brauchen, nicht verkaufen. Er wird es ihnen leihen – was immer das genau bedeutet. Es ist der Geburtsmoment des Leih- und Pachtprogramms (*Lend-Lease*), das in den kommenden Kriegsjahren von immenser Bedeutung sein wird. Auch die Sowjetunion wird auf diese Weise große Unterstützung aus Washington erhalten. Doch außer seinem Ratgeber Hopkins, der ihn auf der Schiffsfahrt begleitet, erzählt der Präsident zunächst niemandem davon. Die Sache ist zu groß, um sie auf einen Schlag zu enthüllen. Und er muss den Kongress und die Bürger überzeugen, dass er das Richtige tut.

In der nächsten seiner gelegentlichen Rundfunkansprachen – sie heißen »Plauderei am Kamin« – gelingt ihm Ende 1940 das Kunststück, seine Zuhörer auf Veränderungen vorzubereiten und gleichzeitig den Eindruck zu erwecken, alles werde im Grunde so bleiben wie immer. »Jedes Gerede über die Entsendung von Truppen nach Europa« sei eine Lüge, versichert Roosevelt. Allerdings erfordere der Kampf gegen »die Kräfte des Bösen« weitere Anstrengungen. »Wir müssen das große Arsenal der Demokratie sein«, also Waffen bauen und liefern, im eigenen Interesse. »Der einzige Zweck besteht darin, den Krieg von unserem Land und unserem Volk fernzuhalten.« Drei Viertel der US-Bürger hören ihm an den Radiogeräten zu. Was der Präsident ihnen erzählt, leuchtet den meisten ein: Unterstützung für Großbritannien, aber nur, um selber nicht Kriegspartei zu werden. Anhänger von *America First* beschimpfen ihn zwar als »Kriegstreiber« und »Diktator«, verlieren aber an Zuspruch.

Das Echo aus dem Munde Churchills lässt nicht lange auf sich warten. »Geben Sie uns die Mittel, und wir bringen die Sache zu Ende«, appelliert er in einer Rundfunkrede an Roosevelt (*give us the tools, and we will finish the job*). Zweifellos weiß der Premier, dass er weder die ganze noch die halbe Wahrheit sagt. Die Lieferung von Schiffen und Flugzeugen, Waffen und Munition, Rohstoffen und Nahrungsmitteln wird Großbritannien am Leben halten. Für einen Sieg über Nazi-Deutschland reicht das alles nicht. Churchills flotter Spruch ist in erster Linie ein Mutmacher für seine Landsleute.

Nach dem Durchbruch mit *Lend-Lease* hat er einen guten Grund, wieder optimistisch zu sein. Roosevelt rühmt das Gesetz in Worten, wie sie auch Churchill gern gebraucht: »Diese Entscheidung ist das Ende aller Appeasementversuche in unserem Land, allen Drängens, uns doch mit den Diktatoren abzufinden, aller Kompromisse mit der Tyrannei und den Kräften der Unterdrückung.« Die Demokratie werde ihre Überlegenheit beweisen, sagt der Präsident im Frühjahr 1941. Es hört sich an, als stehe der nächste Schritt der Beweisführung bevor.

Die meisten US-Bürger haben sich inzwischen damit abgefunden, dass ihnen die Teilnahme am Krieg wohl nicht erspart bleibt. Mehr als zwei Drittel rechnen laut Umfragen mit dem Eintritt ihres Landes. Kriegsbegeisterung bleibt die Ausnahme, aber die Bereitschaft, etwas zu tun, wächst. Auf die Frage, ob die Briten Hilfe erhalten sollen, selbst wenn das Kriegsrisiko für die USA dadurch steigt, antwortet eine klare Mehrheit mit Ja. Hauptsächlicher Grund für den Meinungsumschwung ist die Sorge, die Nazis und ihre Verbündeten könnten so stark werden, dass sie in Nord- oder Südamerika angreifen. In seiner »Plauderei am Kamin« hat Roosevelt davor gewarnt. Er denkt allerdings weiterhin nicht daran, die USA in den Krieg zu führen. Churchill und einige Falken in seiner Regierung drängen ihn in diese Richtung, doch es stellt sich heraus: Roosevelt hat das Versprechen an seine Wähler ernst gemeint, sein Wort gilt.

Damit Frachtschiffe nicht auf dem Meeresgrund landen statt in einem britischen Hafen, müssen sie von der Kriegsmarine begleitet werden. Der Präsident zögert jedoch, Schiffe der *US Navy* dafür einzusetzen, denn sein Land soll nicht den ersten Schuss abgeben. Andererseits sorgt er dafür, dass die amerikanische Präsenz im Atlantik gestärkt wird. Einige US-Kriegsschiffe lässt er aus dem Pazifik dorthin verlegen. Das offiziell neutrale Island, das die Briten bereits militärisch kontrollieren, wird zu einer amerikanischen Truppenbasis. Im September erklärt er, dass in einer breiten maritimen Schutzzone vor dem amerikanischen Kontinent ab sofort Jagd auf deutsche U-Boote gemacht werde. Er nennt sie »die Klapperschlangen des Atlantiks«. Churchill fürchtet 1941 nichts so sehr wie feindliche Erfolge im U-Boot-Krieg. Als Jock Colville ihm einmal nachts um drei, der Premier ist noch wach, vom nächsten schweren Verlust auf dem Atlantik berichten muss und bemerkt, es sei »beunruhigend«, antwortet Churchill: »Beunruhigend? Es ist schrecklich. Wenn das so weitergeht, bedeutet es unser Ende.«

Was kann er realistischerweise von Roosevelt erwarten? Seinem Sohn Randolph, der als Offizier in Ägypten stationiert ist, schreibt er im Juni: »Die Vereinigten Staaten helfen uns jeden Tag mehr und sehnen sich nach einer Gelegenheit, den Sprung zu wagen. Ob sie es tun werden oder nicht, bleibt ein unergründliches Geheimnis der amerikanischen Politik.« Zwei Monate später ergibt sich endlich die Gelegenheit, seinem rätselhaften Brieffreund in die Augen zu sehen. Vor der Abfahrt zum ersten Kriegsgipfel kann Churchill seine Gefühle nicht verbergen. Er sei »so aufgeregt wie ein Schuljunge am letzten Tag vor den großen Ferien«, notiert Colville. Von Bord der *Prince of Wales* schreibt der Premier dem Präsidenten: »Wir sind gerade los. Heute vor siebenundzwanzig Jahre haben die Hunnen ihren letzten Krieg begonnen. Diesmal müssen wir es richtig machen. Zweimal sollte genug sein.«

3

»Germany First«: Amerika im Krieg

Die eine Geschichte über das *Riviera*-Treffen von Neufundland geht so: Churchill und Roosevelt verstehen sich prächtig, sie schließen eine Männerfreundschaft, die ihre Länder zum Sieg trägt. Auf ihren in der Placentia Bay ankernden Kriegsschiffen beschließen sie eine wegweisende Erklärung, die Atlantik-Charta, die zur Keimzelle der Vereinten Nationen wird. Die beiden führenden demokratischen Politiker der Welt formulieren darin die Vision einer globalen Friedensordnung für die Zeit »nach der endgültigen Vernichtung der Nazi-Tyrannei«. Außerdem warnen sie die Japaner davor, ihre Lust auf Expansion auszuleben.

Die andere Geschichte ist kürzer, sie lautet: Der Gipfel endet ohne konkretes Ergebnis.

Beim gemeinsamen Sonntagsgottesdienst auf dem Deck seines Schlachtschiffs freut sich Churchill darüber, »dass der *Union Jack* und die *Stars and Stripes* Seite an Seite über die Kanzel gebreitet sind«. Symbolische Bilder, Worte und Gesten können ihn allerdings nicht darüber hinwegtäuschen, dass er mit seinem wichtigsten Anliegen kein Stück vorankommt. »Ich hätte lieber jetzt die amerikanische Kriegserklärung und sechs Monate keine Lieferungen als eine Verdoppelung der Lieferungen und keine Kriegserklärung«, sagt er zu Roosevelt, der seine Linie freilich nicht zu ändern gedenkt. Als Versorgungsstation für den Gipfel dient die nach dem Zerstörer-Deal gepachtete US-Militärbasis Argentia. Dort ist gerade Elliott Roosevelt im Einsatz, der bei vielen Gesprächen dabei sein darf. Elliotts Aufzeichnungen bezeugen die Distanz seines Vaters zu Churchill, der vergeblich versucht, den Präsidenten rhetorisch zu überrollen, »mit Sätzen, die so reif und fruchtig waren, dass es schien, man könne sie in der bloßen Hand pressen, bis der Saft herausläuft«. Roosevelt kontert mit ironischen Spitzen und lässt es sich nicht nehmen, seinen Gesprächspartner an einer seiner empfindlichsten Stellen zu treffen: seiner Liebe zum Empire. In den Gesprächen über die globale Nachkriegsordnung macht er deutlich, dass die lange Ära der britischen Kolonialherrschaft an ihr Ende gekommen ist. Bei aller Erregung, die ihn bei dem Thema ergreift, muss sich Churchill in das Unvermeidliche fügen; Elliott zitiert ihn mit den Worten: »Sie wissen, dass wir wissen, dass unser Empire ohne Amerika nicht zu halten ist.« Niemand widerspricht.

Unter vier Augen macht der Präsident seinen Sohn darauf aufmerksam, dass Churchill sich für die Zeit nach dem Krieg letztlich nicht interessiere: »Winnie hat eine alles überragende Aufgabe im Leben, bloß eine. Er ist der perfekte Premierminister für den Krieg. Sein großer und einziger Job ist es, dafür zu sorgen, dass Großbritannien diesen Krieg überlebt.« Ein äußeres Zeichen ist Churchills Vorliebe für Uniformen, ganz ungewöhnlich für einen zivilen Regierungschef. In Neufundland kleidet er sich in die maritime Tracht eines *Elder Brother of Trinity House*, zu anderen Gipfeln erscheint er als Kommodore der Luftwaffe oder Husarenoberst. An der Spitze einer Regierung in Friedenszeiten kann Roosevelt sich diesen Mann nicht vorstellen, »es würde niemals funktionieren«. Ein Vierteljahr nach seinem Tod wird sich die Prognose zunächst erfüllen.

Zu der Eskorte, die den Heimweg der *Prince of Wales* absichert, gehören zwei US-Zerstörer, auf einem davon tut ein weiterer Sohn Roosevelts seinen Dienst. Als Churchill schließlich mit dem Zug im Londoner Bahnhof King's Cross ankommt, wird er von seinem Kabinett empfangen und zeigt ein breites Lächeln. Vor seinen Ministern und in einer Rundfunkrede an die Nation äußert er sich voll des Lobes über den US-Präsidenten. In Wahrheit ist er tief enttäuscht. »Durch das Kabinett und andere informierte Kreise lief eine Welle der Niedergeschlagenheit«, lässt er Harry Hopkins wissen. Dem neuen US-Botschafter John Winant, der den unzuverlässigen Joseph Kennedy im März 1941 abgelöst hat, sagt er: Amerika könne »unter Wahrung seiner Ehre nicht draußen bleiben« und auch »nicht mit Söldnern kämpfen«. Es scheint, als wolle er mit dem Kopf durch die Wand.

Churchills Enttäuschung ist verständlich, Roosevelts Zurückhaltung allerdings auch. Völlig zu recht stellt der US-Präsident die Interessen seines Landes über die Wünsche aus London. Die Freiheit, der er sich verpflichtet fühlt, verpflichtet fühlen muss, ist die Freiheit Amerikas, alles andere kommt danach.[2] In diesem Sinne hat er, wie oben gezeigt, seinen Landsleuten im Wahlkampf versprochen, sie aus dem Krieg herauszuhalten. Die Last der Entscheidung, was in einer konkreten Situation das Richtige ist, wird dadurch nicht kleiner.

Es ist sicher nicht zu weit hergeholt, gewisse Parallelen zur westlichen Militärhilfe für die Ukraine zu sehen: Kiews Wünsche sind größer als die Leistungen, die EU- und NATO-Staaten zu erbringen bereit sind. Anders als Churchill bittet Präsident Selenskyi zwar nicht um eine direkte Kriegsbeteiligung seiner Unterstützer, aber die Regierungen in Berlin, Paris, London oder Washington wägen permanent ab, wie weit sie gehen können, ohne zur Kriegspartei zu werden. Weil es darauf keine fertigen Antworten gibt und niemand genau weiß, was im Kreml vor sich geht, fallen die Entscheidungen immer wieder unterschiedlich aus. Klar erkennbar ist wie damals bei Roosevelt das Bemühen, dem angegriffenen Land zu helfen, ohne das nationale Wohl zu gefährden.

Dass der Westen im eigenen Interesse alles, wirklich alles tun müsse, der Ukraine zu helfen, ist ein oft gebrauchtes Argument. Die wesentliche Begründung lautet: Moskau werde jede Art von Erfolg als Ermutigung verstehen, weitere Länder unter Druck zu setzen und anzugreifen. Lässt sich daraus eine Analogie zwischen dem deutschen Machtstreben der NS-Zeit und dem russischen Imperialismus der Putin-Ära ableiten? Bei solchen Vergleichen ist Vorsicht gebo-

---

2 Gelegentlich ist zu hören, die USA hätten den Zweiten Weltkrieg geführt, um Deutschland und Europa vom Naziterror zu befreien, doch so war es nicht. Condoleezza Rice, US-Außenministerin 2005–2009, hat im Rückblick auf ihre Amtszeit einen erhellenden Vergleich angestellt: »Wir sind nicht in den Irak gegangen, um dort die Demokratie einzuführen, genauso wenig wie Roosevelt gegen Hitler in den Krieg zog, um Deutschland zu demokratisieren, obwohl dies nach dem Sieg über die Nazis zur amerikanischen Politik wurde.«

ten, dennoch ein Versuch: Vorausgesetzt, der Kremlherrscher hat tatsächlich einen weitergehenden Expansionsplan im Kopf, wäre die nächste Frage, an welchem Punkt der historischen Parallele wir uns befinden. Die beste Chance, Putin in die Schranken zu weisen, ist vermutlich schon bei der Besetzung der Ostukraine und der Annexion der Krim vertan worden, so wie die Rheinland-Besetzung 1936 der ideale Moment gewesen wäre, Hitler zu stoppen. Der Überfall auf die gesamte Ukraine bewegt sich bereits in einer anderen Dimension. Nach dem hoffnungsvollen zweiten Kriegsjahr zeichnet sich seit Beginn des dritten ab, dass Russland die Kontrolle über die eroberten Gebiete behalten und weiter attackieren wird. Die Zeit läuft jetzt offensichtlich für den Angreifer. Putins Skrupellosigkeit hat Hitlersche Ausmaße und dürfte zunächst auf ähnlich unerträgliche Weise belohnt werden wie die Eroberungszüge der Deutschen, die in den ersten Jahren des Zweiten Weltkriegs so furchtbar erfolgreich waren.

Am 7. Dezember 1941 bombardieren japanische Marineflieger die US-Pazifikflotte in ihrer neuen Heimatbasis Pearl Harbor auf Hawaii. 2400 Amerikaner sterben, fünf Schlachtschiffe sinken, andere Schiffe werden stark beschädigt. Als die ersten, noch vorsichtig formulierten Nachrichten von dem Angriff in Washington eintreffen, sitzen Roosevelt und Hopkins im Weißen Haus beim Mittagessen. Hopkins notiert, der Präsident habe über »seinen aufrichtigen Wunsch« gesprochen, niemals Krieg führen zu müssen. Sollten sich die Meldungen aus Pearl Harbor jedoch als wahr herausstellen, »läge die Sache nicht mehr in seinen Händen, denn die Japaner hätten ihm die Entscheidung abgenommen«.

Churchill erfährt die Neuigkeit durch die abendlichen Neun-Uhr-Nachrichten der BBC. Umgehend lässt er sich mit Roosevelt verbinden, der die Meldung bestätigt: »Wir sitzen jetzt alle im selben Boot.« Am nächsten Tag erfolgt die US-Kriegserklärung an Japan durch den Kongress. In seinen Erinnerungen beschreibt Churchill sein Gefühl »größter Freude« über die Mitteilung aus dem Weißen Haus. »Nun hatten wir den Krieg doch noch gewonnen!« In jener Nacht habe er »den Schlaf der Geretteten und Dankbaren geschlafen«.

Vorher hat er noch dem japanischen Geschäftsträger in London seine eilig abgestimmte Kriegserklärung übermittelt. Die kaiserlichen Streitkräfte sind dabei, auch auf britische Kolonial- und Interessengebiete in Südostasien vorzustoßen. Einer der ersten großen Verluste ist die *Prince of Wales* mit ihrem Begleitschiff. 840 Seemänner kommen ums Leben. Churchill hat stets geglaubt, Japan werde vor einem Krieg zurückscheuen. Die daher rührenden Versäumnisse werden im Februar zum Fall der Kronkolonie Singapur beitragen, für ihn selbst »die schlimmste Katastrophe und die größte Kapitulation der britischen Geschichte«. Es spricht Churchill, der trauernde Kolonialherr. Auf den asiatischen Kriegsschauplätzen erzielen die Japaner ähnlich rasche Erfolge wie ihre deutschen Verbündeten in den Jahren davor. Den Briten nehmen sie Hongkong, Malaya (das heutige Malaysia) und Burma (Myanmar) ab – eine schwere Schmach für den Premierminister in London, der nun alles daran setzt, die verlorenen Gebiete zurückzuerobern. Zwischen Churchill und seinen Militärs kommt es zu heftigen Auseinandersetzungen, denn die Generäle halten es für wichtiger, Japan direkt zu schwächen, als einzelne Kolonien wiederzugewinnen. Erst die Kapitulation des Kaiserreichs nach dem Abwurf der beiden amerikanischen Atombomben beendet diesen zähen Streit.

Churchills Euphorie über den US-Kriegseintritt flaut in den Tagen nach Pearl Harbor ab. Seine alte Sorge kehrt in neuer Gestalt wieder: Konzentriert Roosevelt seine Aufmerksamkeit womöglich ganz auf den Pazifik? Der britische Premier hält es für »eine ernste Gefahr«, dass Amerika Europa sich selbst überlässt.

Kein anderer als Hitler ist es, der diese Gefahr abwendet. Die japanische Attacke hat auch ihn überrascht, doch sofort sieht er darin einen willkommenen Glücksfall. Denn von der Ostfront bleiben die guten Nachrichten für ihn aus, seit der Winter und die sowjetische Gegenwehr den deutschen Vormarsch gestoppt haben. Aber jetzt habe er »einen Bundesgenossen, der in 3000 Jahren nicht besiegt worden ist«. Daraus folgert der »Führer«: »Wir können den Krieg gar nicht verlieren.« In Absprache mit Tokio erklärt er den USA am 11. Dezember 1941 den Krieg. Hitler nimmt an, Roosevelt damit zuvorzukommen, was er aus Prestigegründen wichtig findet. Außenminister Ribbentrop, wie üblich sein Sprachrohr, sagt: »Eine Großmacht lässt sich nicht den Krieg erklären, sie erklärt ihn selbst.«

Der lange Weg der Vereinigten Staaten in den Zweiten Weltkrieg ist damit beendet. Bis zum Sieg wird die Strecke noch einiges mühsamer und länger sein.

Welchen Anteil hat Churchill? Ist er der entscheidende Wegbereiter des Kriegseintritts? Kurz gesagt: nein. Der Präsident und sein Land hören dem Premier genau zu, handeln aber nach eigenem Ermessen und letztlich unter dem Druck der Angreifer. Churchill hat vergeblich versucht, Amerika durch die Kraft seiner Worte in den Krieg zu treiben. (Alles andere ist eine Legende, die sich hartnäckig hält und prominent zuletzt von Boris Johnson vorgetragen wurde: »Mit List, Charme und schlichter Schmeichelei hatte er Amerika hineingezogen.« Hitlers Kriegserklärung habe bloß noch Churchills Werk vollendet, behauptet Johnson.)

Dass die USA nun weltumspannend Kriegspartei sind, ist eine große Sache, beantwortet aber nicht die nächste große Frage: Welches Kriegsziel wird Washington verfolgen? Wo will das Land seine Kräfte stärker bündeln, auf der pazifischen oder der atlantischen Seite? Churchill befürchtet, dass Amerika im Kampf gegen Japan womöglich Ressourcen aufbieten wird, die in der Schlacht um Europa fehlen. Um das zu verhindern, lädt er sich selbst in die US-Hauptstadt ein, zum zweiten Gipfeltreffen mit Roosevelt. Kurz vor Weihnachten kommt er dort an.

Für ihn, für Großbritannien und Europa geht die Sache gut aus. Obwohl vieles für eine vorrangige Hinwendung zum Pazifik spricht, verpflichtet sich der Präsident auf das Kriegsziel »Germany First«. Hitler zu besiegen wird zur ersten Aufgabe der amerikanischen Streitkräfte. Japan kann warten. Grundlage der Entscheidung sind auch jetzt nicht die Argumente des britischen Premierministers, sondern in diesem Fall die Überlegungen von Harold R. Stark, dem Chef des US-Admiralstabs. Im November 1940 hat Stark ein Memorandum verfasst, in dem er vier Varianten einer eventuellen amerikanischen Kriegsbeteiligung analysiert. Die drei ersten beschreiben einen Krieg mit Japan, die vierte einen Krieg mit Deutschland und

Italien. Der Admiral empfiehlt, sich auf Letzteres einzustellen, weil die darauf beruhende Gesamtstrategie »am meisten dazu beitragen wird, den Status quo in der westlichen Hemisphäre zu sichern und unsere hauptsächlichen nationalen Interessen zu fördern«. Roosevelt unterstützt den Vorschlag.

Unter britischen und amerikanischen Spitzenmilitärs wird Starks Memorandum danach weiter diskutiert und ausgearbeitet, im Februar 1941 auch mit Beteiligung kanadischer Kollegen. In den drei Wochen rund um Weihnachten und den Jahreswechsel 1941/42, in denen Churchill Nordamerika besucht, treffen sich die Stabschefs zwölfmal, was für die anschließende Kriegsführung nicht weniger wichtig ist als die Gespräche zwischen Premier und Präsident oder die politisch-symbolisch bedeutsame Rede, die Churchill vor beiden Kongresskammern in Washington hält.

Aus der Runde der Top-Kommandeure geht die Institution der Verbundenen Stabschefs (*Combined Chiefs of Staff*) hervor, fortan das zentrale Gremium der westlichen Allianz. Aus Sicht des US-Militärhistorikers Louis Morton ist der zweite Kriegsgipfel »in vieler Hinsicht der wichtigste«, denn er etabliert »eine Organisation für die Führung des Koalitionskrieges, die allen Belastungen durch widerstreitende nationale Interessen« standhalten werde. Und nicht zuletzt bekräftigen die Militärs in Washington das Prinzip »Deutschland zuerst« als ihre *Grand Strategy*: »Ungeachtet des japanischen Kriegseintritts halten wir an unserer Sichtweise fest, dass Deutschland der Hauptfeind bleibt und seine Niederlage der Schlüssel zum Sieg ist.« Churchill kann zufrieden abreisen. Auf dem Heimweg überquert er den Atlantik zum ersten Mal in der Luft, an Bord eines komfortablen Flugboots vom Typ Boeing 314 Clipper. Während der ersten Etappe nach Bermuda setzt er sich zwischendurch im Cockpit ans Steuer.

Hitler hat in Roosevelt nun einen dritten großen Gegner, neben Churchill und Stalin. Die US-Kriegswirtschaft, zentral gesteuert durch die Regierung, stellt alles in den Schatten, was die Welt je in dieser Art gesehen hat. Der Ausstoß an Rüstungsgütern erreicht in den folgenden Kriegsjahren ungeahnte Dimensionen.

Churchill bleibt dennoch der Mann, an dem sich Hitler besonders abarbeitet, jedenfalls lassen seine Monologe im Führerhauptquartier darauf schließen. Keinen Namen, abgesehen von dem des SS-Chefs Heinrich Himmler, nennt er häufiger als den seines Widersachers in London. Die enttäuschte Liebe zu England, die sich in Hass verkehrt hat, wirkt vermutlich nach. »Betrüger« ist eine der maßvolleren Bezeichnungen. Anfang 1942 sagt er: »Churchill ist der übelste Typ eines korrupten Journalismus, eine richtige politische Hure.« In seinen Reden firmiert der Premier als »Faulpelz ersten Ranges«, »Schwätzer und Trunkenbold«, »whiskyseliger Herr«, »wahnsinniger Säufer«, »miserabler Soldat«, »stümperhaftester Stratege« oder »Weltbrandstifter«. Hitlers Sekretärin Christa Schroeder hat berichtet, wie ihr Chef beim Diktat der betreffenden Passagen regelmäßig rot vor Zorn wurde, wobei seine Stimme »bis zur höchsten Lautstärke« anschwoll und sich überschlug.

Ein Jahr nach seinem ersten Gipfeltreffen mit Roosevelt steht Churchill eine der anstrengendsten Reisen seines Lebens bevor. Stalin ist zu einem persönlichen Gespräch bereit, unter der Voraussetzung, dass der Premierminister nach Moskau kommt. Da Europa von der Arktis bis nach Kreta von den Nazis beherrscht wird und die Türkei einen Freundschaftsvertrag mit Deutschland abgeschlossen hat, führt der Weg von London aus über Gibraltar, Kairo und Teheran. Kairo hat Churchill ohnehin auf seinen Reiseplan gesetzt, weil er etwas gegen die schlechten Leistungen der dortigen britischen Verbände tun will, die von Generalfeldmarschall Erwin Rommel bedrängt werden. Dessen Truppen sind dem Suezkanal, einer der britischen Lebensadern, schon gefährlich nahe gekommen.

In Teheran herrschen de facto die Alliierten, denn Briten und Sowjets haben das Königreich Iran 1941 besetzt. Durch den völkerrechtswidrigen Einmarsch kontrollieren sie zum einen die Ölquellen des Landes, zum anderen sichern sie die Nachschublinie für die Versorgung der Sowjetunion über den Persischen Golf (die andere Linie verläuft via Nordmeer und Barentsee). Der Schah ist ins Exil gegangen, auf dem Thron sitzt nun sein Sohn Mohammad Reza, der sich dort bis zur islamistischen Revolution von 1979 halten wird.

Die Mühsal der Reise – Churchill fliegt in einem umgebauten Langstreckenbomber ohne Druckkabine, in dem es kalt und laut ist – empfindet er vermutlich als willkommene Ablenkung von den Mühen daheim. Im Unterhaus musste er eine Vertrauensabstimmung über sich ergehen lassen, die er zwar mit 475 zu 25 Stimmen gewonnen hat, aber allein die Tatsache, dass über seine Ablösung diskutiert wurde, nagt an ihm. Grund der Debatte war eine Serie von Niederlagen: Singapur wurde von den Japanern erobert, die libysche Hafenstadt Tobruk von Deutschen und Italienern – trotz deren geringerer Truppen- und Materialstärke. Die deutschen U-Boote schlagen seit vielen Wochen zu wie nie, allein im Juni 1942 verlieren die Alliierten und ihre Handelspartner 173 Schiffe, mehr als in jedem anderen Monat bis dahin.

Der Empfang durch Stalin ist nicht geeignet, die Stimmung zu heben. Winston besuche »den Oger in seiner Höhle«, hat Clementine gesagt, und so fühlt es sich wohl auch an. Der Kremlherrscher piesackt seinen Gast mit Bemerkungen über die britische Kampfmoral, womit er einen wunden Punkt trifft, denn Churchill hält selbst nur wenig von den Leistungen seiner Armeen im Feld. An Roosevelt sowie sein Kriegskabinett telegrafiert er aus Moskau, Stalin habe ihm »eine ganze Menge beleidigende Sachen« an den Kopf geworfen. Die wichtigste und heikelste Frage ist Stalins Forderung, in Westeuropa eine zweite Front gegen die Nazis zu eröffnen. Churchill versucht, ihm die Übereinkunft zu erklären, in die Roosevelt auf sein Drängen eingewilligt hat: Weil die Kräfte der Westalliierten für eine Invasion noch nicht ausreichen, soll zuerst ein Angriff auf Marokko, Algerien und Tunesien erfolgen, Länder, in denen Vichy-Frankreich herrscht. Dadurch werde es gelingen, Rommel in den Rücken zu fallen und dann von Süden her auf Italien vorzustoßen. Er entfaltet eine Karte des Mittelmeers, erklärt dem Diktator die geografischen Gegebenheiten und zeichnet ein Krokodil. Beabsichtigt sei, »den weichen Bauch des Krokodils anzugreifen, während er [Stalin] dessen harte Schnauze attackiert«.

Je nach Laune scheint Stalin dies zu akzeptieren oder nicht. Sein Gesicht mit den listigen Augen und dem markanten Schnurrbart gibt keinen Aufschluss darüber, was er denkt und was er bloß darstellen will. Es wird viel gegessen und getrunken, die beiden sonst so ungleichen Verbündeten zechen gern bis weit nach Mitternacht. Exzentrisch, wie Churchill ist, zeigt er sich in Moskau mit einem überdimensionalen Cowboyhut, einem *ten gallon hat*. Als er nach vier Tagen abreist, nennt er seinen Gastgeber einen »großen Mann«. Seinen Ministern versichert er später, er habe zu ihm »eine persönliche Beziehung« aufgebaut, die noch hilfreich sein werde. Stalin dagegen misstraut dem Premier, wie er praktisch jedem Menschen misstraut; er fürchtet, dass Briten und Deutsche früher oder später einen Separatfrieden zulasten der Sowjetunion schließen. Und er beklagt die Feigheit des Engländers, der sich ohne größere Opfer durchlavieren wolle.

Der einzige echte Trumpf, den Churchill bei seinem Besuch ausspielen kann, sind die Luftangriffe der *Royal Air Force*. Die deutsche Zivilbevölkerung sei ein legitimes »militärisches Ziel« für die britischen Bomben: »Wir werden keine Gnade zeigen.« Wenn nötig, werde man »im Verlauf des Krieges fast jedes Haus in jeder deutschen Stadt zerstören«.

»Marschall Stalin lächelte und sagte, das wäre nicht schlecht«, vermerkt das Protokoll.

4

»Sind wir Bestien?«: Casablanca und der alliierte Luftkrieg

Für die 21 Gäste, die den Jahreswechsel 1942/43 zusammen mit dem Ehepaar Roosevelt feiern, hat der Präsident etwas Besonderes vorbereitet. Nach dem Festessen bittet er sie in den kleinen Kinosaal des Weißen Hauses und zeigt ihnen einen Film, der den Namen einer fernen Stadt als Titel hat: Casablanca. Drei Wochen danach kommt er in die Kinos. Schon für die Dreharbeiten mit den Hauptdarstellern Humphrey Bogart und Ingrid Bergman hat sich Roosevelt interessiert, denn die Geschichte hat eine Moral, und sie lautet: Gegenüber den Nazis kann es keine Neutralität geben. Die spezielle Mischung aus Romanze und Politthriller, dazu der ungewöhnliche Schauplatz in Marokko, die melancholische Musik und die Aura der beiden Stars machen den Film zu einem Klassiker des Hollywood-Kinos.

Wenige Tage später, im Januar 1943, beginnt der US-Präsident eine geheime Reise, die ihn nach Casablanca führt. Das französische Protektorat Marokko wird nach dem erfolgreichen Angriff der Alliierten von den Gegnern Deutschlands kontrolliert. Zu ihnen zählt auch das Freie Frankreich unter General de Gaulle. Als Roosevelt ankommt, hat Churchill bereits einen »Kriegsraum« mit Karten aller Kampfschauplätze eingerichtet. In einem Brief an Clementine lobt er das gute Essen und die milden Temperaturen an der südlichen Küste: »Bisher habe ich hier, was man einen perfekten Urlaub nennen kann.« Nach dem Ende der Konferenz fährt er für zwei Tage nach Marrakesch, der US-Präsident begleitet ihn. Marrakesch ist eine von Churchills Lieblingsstädten, »das Paris der Sahara«. Nach Roosevelts Abreise setzt er sich nachmittags an die Staffelei und malt in einem Zug das leuchtende Stadtpanorama vor dem Hintergrund des Atlasgebirges. Es ist das einzige seiner Bilder, das während des Krieges entsteht; er nennt es »Der Turm der Katoubia-Moschee« und schenkt es Roosevelt.[3]

Stalin ist, anders als erhofft, daheim in Moskau geblieben. Die Schlacht um Stalingrad erfordere seine Anwesenheit im Kreml, heißt es. Der wahre Grund ist ein machtpolitischer: Er spürt, dass sich das Kriegsglück zu seinen Gunsten wendet, und will erst dann an einem Dreiergipfel teilnehmen, wenn er seine Position noch weiter gestärkt sieht. Als es im November schließlich so weit ist, schreibt Churchill aus Teheran an Clementine: »Die Dreieckskonferenzen sind düster und verwirrend.« Er muss sich daran gewöhnen.

Das Dauerthema der zweiten Front durch eine Invasion an der französischen Atlantikküste beschäftigt Churchill und Roosevelt auch in Stalins Abwesenheit. Wie schon bisher ist der Brite der Bremser. Churchill argumentiert, dass eine solche, vermutlich kriegsentscheidende Operation erst im Vollbesitz aller militärischen Kräfte durchgeführt werden könne, und dafür brauche man noch Zeit. Zu diesem sachlichen Grund kommt eine persönliche Eigenheit Churchills hinzu: Im Krieg sucht er immer nach einem Weg, durch die Peripherie auf das Herz des Gegners vorzustoßen, anstatt ihn frontal anzugreifen. Aus seiner Sicht ist es eine clevere, die eigenen Kräfte schonende Methode, aber militärische Profis wenden regelmäßig ein, der Vormarsch über Umwege sei langsam und ineffektiv.

Churchill setzt sich in Casablanca mit seinem Plan durch, zunächst Sizilien und die italienische Halbinsel zu erobern, ehe Bodentruppen das Deutsche Reich von Westen her attackieren sollen. Größer wird sein Einfluss auf wesentliche Entscheidungen der Allianz nicht mehr werden.

Der britischen 8. Armee unter ihrem neuen Befehlshaber Bernard Montgomery ist es wenige Wochen zuvor gelungen, bei El Alamein

---

3 2011 erwirbt es der Schauspieler Brad Pitt und schenkt es seiner damaligen Frau Angelina Jolie. Bei einer Auktion geht das Bild zehn Jahre später an einen unbekannten Käufer, der mehr als acht Millionen Pfund zahlt.

eine entscheidende Schlacht gegen Rommels Truppen zu gewinnen; der Suezkanal bleibt britisch. Anschließend lässt Churchill zum ersten Mal nach langer Zeit wieder die Kirchenglocken im Königreich läuten. Auf scheinbar paradoxe Weise führen die militärischen Erfolge der Alliierten jedoch dazu, dass Churchill an politischem Gewicht verliert. Das Bündnis gegen Hitler und die Achsenmächte hat sich in dunkelsten Zeiten um ihn herum formiert. Als langsam wieder Licht einfällt und der Weg zum Sieg erkennbar wird, geht das Momentum zunächst schleichend und dann immer deutlicher auf Stalin und Roosevelt über. Der britische Premier will das zunächst nicht wahrhaben.[4] Aber im Spätherbst des Jahres 1943, beim Teheraner Dreiergipfel, muss er der Wahrheit ins Auge sehen. Er habe zum ersten Mal begriffen, schreibt er seiner Vertrauten Violet Bonham Carter, »was für eine kleine Nation wir sind«.

In Casablanca fällt fast beiläufig eine Entscheidung von großer Tragweite: Die Kriegsgegner sollen so lange bekämpft werden, bis sie »bedingungslos« kapitulieren. Verhandlungen, die den Namen verdienen, sind damit ausgeschlossen. Die Zeichen stehen jetzt nicht mehr nur auf Sieg, sie stehen auf einen überwältigenden, kompromisslosen Sieg. Und auf eine totale Niederlage. Dass der Krieg härter und verlustreicher wird, je näher er seinem Ende kommt, liegt am Fanatismus der Deutschen (und der Japaner), aber auch am Kriegsziel der Alliierten, wie sie es im Januar 1943 an der marokkanischen Küste formuliert haben.

Wie ist es zu der Entscheidung gekommen? Roosevelt hat daran schon länger gedacht, wie üblich ohne viel darüber zu reden. Sein Sohn Elliott, der in Casablanca wieder dabei ist, beschreibt ein Abendessen im kleinen Kreis, bei dem sein Vater die Idee in den Raum geworfen habe (allerdings gibt Elliott ein falsches Datum an).

---

4 Im Februar 1943 schreibt Churchill dem spanischen Diktator Francisco Franco, der ihn vor der Gefahr einer sowjetischen Dominanz in Europa gewarnt hat: »Ich wage die Vorhersage, dass England nach dem Krieg die größte militärische Macht in Europa sein wird.« Moskau werde zu schwach sein, um eine Gefahr darzustellen. Lange konnte er an dieser Selbsttäuschung allerdings nicht festhalten.

Churchill sei nach einigen Augenblicken des Nachdenkens einverstanden gewesen: »Perfekt! Ich sehe es schon vor mir, wie Goebbels und die anderen aufkreischen!« Während des Essens habe der Präsident noch erklärt, dass die Formel von der bedingungslosen Kapitulation »das Richtige für die Russen« sei: »Onkel Joe könnte es selbst erfunden haben.« Onkel Joe, so nennen sie Stalin, wenn er nicht da ist.

Erstaunlicherweise scheint Churchill die neue Doktrin der bedingungslosen Kapitulation nicht besonders wichtig zu finden. In einem seiner regelmäßigen Schreiben ans Kriegskabinett nennt er sie als sechsten von acht Punkten, versteckt zwischen Banalitäten. Die Antwort aus London zeigt, dass Punkt sechs dort keinerlei Aufsehen erregt hat. Viele in der Regierung denken schon länger so. Alexander Cadogan, der lange Zeit amtierende Staatssekretär im Außenministerium, ist bereits 1939 der Meinung, dass den Deutschen die Lust an militärischen Abenteuern ein für alle Mal vergehen müsse: »Das erste wesentliche Element ist eine vollständige Niederlage Deutschlands oder ein völliger Zusammenbruch.«

Zwischen internen Überlegungen wie denen von Cadogan und einer öffentlichen Proklamation besteht allerdings ein Unterschied. Als Roosevelt die Doktrin in der abschließenden Pressekonferenz des Gipfels erwähnt, wirkt Churchill, als höre er zum ersten Mal davon. Gewöhnlich wird ihm unterstellt, er habe für die folgenschwere Entscheidung nicht die volle Verantwortung übernehmen wollen (wofür es Indizien aus der Nachkriegszeit gibt). Aber vielleicht hat er die Sache in Casablanca einfach nur unterschätzt. Ein großer Teil seiner Aufmerksamkeit wird dort von zwei Franzosen absorbiert: Die konkurrierenden Generäle Charles de Gaulle und Henri Giraud sollen sich vertragen und werden unter erheblichen Mühen zu einem Händedruck genötigt, der für den militärischen Fortgang des Krieges vollkommen irrelevant ist. Roosevelt spottet, de Gaulle sei Churchills »Problemkind«.

NS-Propagandaminister Goebbels hat wenig Mühe, die Forderung nach bedingungsloser Kapitulation für seine Zwecke auszuschlachten. »Roosevelt verlangt Vernichtung des deutschen Volkes«, lässt er behaupten. Schon im Jahr davor hat er bemerkt: »Je mehr die Engländer einen erbarmungslosen Frieden für Deutschland prophezeien, desto leichter ist es für mich, den deutschen Widerstand zu stählen.« Es bedeutet: Seine Demagogie gegen die Westmächte verfängt, weil sie einen realen Bezugspunkt hat. Vor diesem Hintergrund gelingt es Goebbels im Februar 1943, kurz nach dem Desaster der Wehrmacht in Stalingrad, mit einer Rede vor ausgewählten Regimeanhängern im Berliner Sportpalast einen großen Propagandaerfolg zu erzielen. Er münzt die von den Alliierten geforderte totale Niederlage in seinen grausigen Aufruf zum »totalen Krieg« um. Das eine hängt mit dem anderen zusammen.

James P. Warburg, der für die US-amerikanische Kriegspropaganda in Europa verantwortlich ist, kann Goebbels und seinem Apparat wenig entgegensetzen – zu groß ist seiner Meinung nach der Schatten, den die Casablanca-Doktrin wirft. Der in Hamburg geborene Spross einer bedeutenden jüdischen Bankiersfamilie spricht später von »einem Glücksfund« für Goebbels, »dem ohne dieses Stichwort damals nicht mehr viel hätte einfallen können, um das deutsche Volk weiter in einen bereits sinnlos gewordenen Widerstand hineinzuhetzen«.

Churchill erläutert den Sinn der Forderung einige Monate nach dem Gipfel. Verlangt werde »von den nationalsozialistischen, faschistischen und japanischen Tyranneien ... dass sie sich unserem Urteil und unserer Barmherzigkeit vollständig unterwerfen müssen«. Nie wieder dürfe die Welt solchen Aggressoren ausgesetzt sein. Mit Rachegelüsten habe dies nichts zu tun, im Gegenteil, die Menschen sollen ihr Leben überall nach dem Satz der US-Unabhängigkeitserklärung gestalten können, der »Leben, Freiheit und das Streben nach Glück« verspricht. Bei anderer Gelegenheit weist er darauf hin, nach dem Ersten Weltkrieg sei es ein Fehler gewesen, die Kapitulation des Kaiserreichs mit den berühmten 14 Punkten des damaligen US-Präsidenten Woodrow Wilson zu verbinden, anstatt sie strikt auf die militärische Niederlage zurückzuführen – hier spielt Churchill auf die fatale Dolchstoßlegende an. Gab es nach dem Ersten Weltkrieg Zweifel, ob Deutschland militärisch wirklich besiegt sei, das ist die Folgerung, so soll das nach dem Ende dieses Krieges klar und eindeutig sein.

Dann wieder kommen ihm Bedenken. An Außenminister Eden schreibt er im August 1943, es sei unklug, »ständig das Schlagwort ›bedingungslose Kapitulation‹ im Mund zu führen«. Dies würde bloß dazu führen, dass alle Deutschen verzweifelt zusammenrücken. Käme es stattdessen zur inneren Auflösung des Regimes, könne dies den Krieg verkürzen und Hunderttausende britische und amerikanische Soldaten vor dem Tod bewahren. Entgegen Roosevelts Annahme stellt sich schließlich heraus, dass Stalin kein Befürworter der Doktrin ist: Er hält sie für eine »schlechte Taktik« und regt an, die Großen Drei sollten zusammen »Konditionen« für eine Beendigung des Krieges ausarbeiten, die den Deutschen mitgeteilt werden. Churchill stimmt spontan zu. Das sei, notiert Eden seine Worte, »ein besserer Vorschlag«. Die Idee wird jedoch nicht ernsthaft weiterverfolgt.

Argumente, Gegenargumente, Zweifel. Was ist davon zu halten? Aus heutiger Sicht kann man feststellen: Ihrem Ziel, Deutschland den Militarismus auszutreiben, sind die Alliierten durch ihre Doktrin der bedingungslosen Kapitulation sicherlich näher gekommen. Der Preis dafür war die Entfesselung des totalen Krieges: Auf der einen Seite musste das Bündnis der Hitler-Gegner die Deutschen nicht nur besiegen, sondern kampfunfähig machen. Damit konfrontiert, blieb dem NS-Regime bloß die Gegenwehr mit allen Mitteln, um die vernichtende Niederlage vielleicht doch noch abzuwenden. War die Grundsatzentscheidung von Casablanca trotzdem richtig? Ein Gesamturteil zu fällen ist ähnlich schwierig wie im Fall der Appeasement-Politik von 1938, zumal es unmöglich ist, etwas Sicheres über den alternativen, das heißt fiktiven Verlauf der Ereignisse zu sagen.

Noch vielschichtiger ist eine weitere zentrale Frage des Krieges: Was haben die alliierten Luftangriffe bewirkt?

In Casablanca vereinbaren die Verbundenen Stabschefs einen Sieben-Punkte-Plan, der bis zuletzt eine wesentliche Grundlage des Bombenkriegs bildet. In soldatisch-hölzerner Sprache gibt der erste Satz alles Weitere vor: »Hauptziel wird die fortschreitende Zerstörung und Untauglichmachung des militärischen, industriellen und wirtschaftlichen Systems in Deutschland sein sowie die Untergrabung der Kampfmoral des deutschen Volkes bis zu dem Punkt, an dem seine Fähigkeit zum bewaffneten Widerstand entscheidend geschwächt ist.« Von der Direktive C.C.S. 166/1/D führt ein direkter Weg zu den Ruinenlandschaften, die Deutschland am Tag der Kapitulation in alle Himmelsrichtungen überziehen werden. Es ist ein Weg, auf dem die Verbündeten manchmal zögern oder miteinander streiten, auf dem sie experimentieren und Verluste erleiden, den sie aber nicht mehr verlassen werden. Um Stalin bei Laune zu halten, schicken ihm die Briten ab und zu Fotoalben mit Luftaufnahmen von zerbombten deutschen Städten.

Als Luftkriegsplaner der ersten Stunde nimmt Churchill lebhaften Anteil an allem, was mit Bombenabwürfen zusammenhängt. Schon vor dem Ersten Weltkrieg hat er die bewaffnete Fliegerei gefördert. 1925 erklärt er dann, in den »Kriegen der Zukunft« könne sich niemand mehr sicher fühlen: »Männer, Frauen und Kinder, Alte und Schwache, Soldaten und Zivilisten, Kranke und Verwundete, unterschiedslos werden sie der Bombardierung aus der Luft ausgesetzt sein.« In seinem Essay erweckt er den Eindruck, als handele es sich um eine zwar bedauerliche, aber unaufhaltsame Entwicklung. Auf die damals intensiv geführte Debatte um das humanitäre Völkerrecht speziell für den Luftkrieg – in Anlehnung an die Land- und Seekriegsordnungen – geht er nicht ein.

Für technologische Neuerungen, die sich militärisch nutzen lassen, interessiert er sich viel mehr. Besonders mit Frederick Lindemann (seinem »Prof«, dem späteren Baron Cherwell), tauscht er sich gern darüber aus. 1927 empfiehlt er ihn dem Chef der britischen Luftwaffe: Der Physikprofessor sei eine »höchst erfahrene Autorität auf dem Gebiet der Bombardierung«. Als sich Churchill Anfang der Dreißigerjahre vehement für den Ausbau der Luftverteidigung einsetzt, findet er drastische Worte: Angriffe auf Zivilisten seien »eine grauenhafte, sinnlose, brutale Methode der Kriegsführung«. Und außerdem militärisch ohne großen Nutzen. Je nach seinen Interessen und dem politischen Umfeld nimmt er im Lauf der Jahrzehnte ganz unterschiedliche Positionen zum Luftkrieg ein.

Im Vorfeld des Casablanca-Gipfels möchte Churchill die Amerikaner dazu bringen, Deutschland im Schutz der Nacht anzugreifen, wie es die *Royal Air Force* macht. Weil die Briten mit dem Versuch gescheitert sind, gezielt gegen Industrie-, Militär- und Verkehrsanlagen vorzugehen, haben sie sich auf Flächenbombardements während der Dunkelheit verlegt. Laut einem Memorandum des Ministeriums für wirtschaftliche Kriegsführung würde die Zerstörung von 100 aufgelisteten Industriestädten dazu führen, dass die Wehrmacht aus Mangel an Nachschub kampfunfähig wäre.

Die Chefs der US-Luftwaffe halten dennoch an ihrem eigenen Plan fest: Mit schweren Bombern vom Typ Boeing B-17, genannt »Fliegende Festung«, wollen sie tagsüber und dadurch mit größerer Präzision zuschlagen. Sie haben sechs industrielle Komplexe und 154 Einzelziele definiert, nach deren Ausschaltung die deutsche Kriegswirtschaft zusammenbrechen werde. Massenhaft Zivilisten zu töten, so wie ihre Verbündeten, finden sie ethisch bedenklich und daheim schwer vermittelbar.

Schließlich wird die Arbeitsteilung verabredet, dass britische Geschwader nachts einfliegen und deutsche Städte mit Bombenteppichen bedecken (»Untergrabung der Kampfmoral« gemäß der oben genannten Direktive C. C. S. 166/1/D), während die Amerikaner bei Tageslicht versuchen, ausgewählte Ziele zu treffen (»Zerstörung des Systems«). Sauber unterscheiden lässt sich das nicht, denn von einer »chirurgischen« Präzision, wie sie spätere Lenkwaffen ermöglichen, kann noch keine Rede sein. Allerdings wird die technische Ausrüstung der Fliegerstaffeln permanent und mit großem Erfolg verbessert. Für den neuen Bomber B-29 »Superfestung«, der im Frühjahr 1944 in Dienst gestellt wird, gibt Washington rund drei Milliarden Dollar aus, es ist das teuerste Rüstungsprogramm des gesamten Krieges (Entwicklung und Bau der Atombombe kosten eine Milliarde weniger). Gleichzeitig folgt die militärische Planung ihren eigenen Gesetzen: Gerade in den letzten Kriegsmonaten, als die Voraussetzungen für zielgenaue Bombenabwürfe so gut sind wie nie, verschwimmt der in Casablanca definierte Unterschied stärker als zuvor – die Kommandeure wollen es so.

Letztlich stützen die politisch und militärisch Verantwortlichen alles auf die Behauptung, der Krieg werde durch ihr Handeln kürzer und die Gesamtzahl der Toten kleiner als ohne die Bombardierungen. Der Zweck soll die Mittel heiligen. Explizit heißt es zum Beispiel im »Streng geheimen Kommandobefehl Nr. 173«, den das britische *Bomber Command* vor dem Großangriff auf Hamburg ausgibt: »Die totale Zerstörung dieser Stadt« werde »eine sehr wichtige Rolle dabei spielen, den Krieg zu verkürzen und zu gewinnen«. Der durch die *Operation Gomorrah* ausgelöste Feuersturm vom Juli 1943 kostet 35 000 Menschen in Hamburg das Leben.[5] Bis zur Kapitulation der Wehrmacht vergehen dann noch fast zwei Jahre.

Die politische Grundlage solcher Aktionen ist das sogenannte Enthausungspapier (*dehousing paper*), das Churchills Regierung im Frühjahr 1942 verabschiedet hat. Verfasser des Papiers ist Baron Cherwell, der inzwischen geadelte »Prof«. Im Duktus wissenschaftlicher Genauigkeit schreibt er: »Die Zerstörung des Zuhauses führt zur größten Beeinträchtigung des Durchhaltewillens«, mehr als der Tod von Angehörigen und Freunden. An Berechnungen und Statistiken mangelt es in der britischen Kriegsplanung nie; Cherwells Endergebnis lautet: Würden die 58 größten deutschen Städte zerstört, wäre dies ein entscheidender Schritt zum Sieg. Vorrangig sollten die Quartiere von Arbeiterfamilien angegriffen werden. In ihrem Kampf gegen die deutsche Wohnbevölkerung hat die *Royal Air Force* also breite Unterstützung in London. Vorbei ist die Zeit, als Churchills Vorgänger Chamberlain im Parlament erklärte: »Es verstößt gegen das Völkerrecht, Zivilisten als solche zu bombardieren und vorsätzliche Angriffe auf die Zivilbevölkerung durchzuführen.«

Zum Chef der Bomberflotte wird Arthur Harris ernannt, der sich durch leidenschaftlichen, rücksichtslosen Einsatz auszeichnet. Von Beschönigungen hält er nichts, darum appelliert er ans Luftfahrtministerium, über die Flächenbombardements – oft als *moral bombing* bezeichnet – öffentlich die Wahrheit zu sagen. Die Zerstörung von

---

5 Den tödlichsten konventionellen Angriff des gesamten Krieges fliegt die US-Luftwaffe auf Tokio, wo viele Zivilisten in Heimarbeit und kleinen Handwerksbetrieben der Rüstungsindustrie zuliefern. In der Nacht vom 9. auf den 10. März 1945 sterben dort rund 100 000 Menschen im Feuersturm. Sie werden »versengt, gekocht und gebacken«, wie der verantwortliche US-General Curtis LeMay sagt, »es musste sein«.

Häusern und ziviler Infrastruktur und die Tötung vieler Menschen seien zulässige Methoden: »Keinesfalls sind sie Nebenwirkungen von Versuchen, Fabriken zu treffen.« Den politisch Verantwortlichen im Ministerium geht das zu weit. Sie halten daran fest, zur Beruhigung des nationalen Gewissens von einer »unvermeidlichen Begleiterscheinung« zu sprechen.

Ende 1943 sagt Harris voraus, unter der Gewalt seiner Attacken werde Deutschland im April des nächsten Jahres zusammenbrechen. Churchill findet das überzogen. Er glaube nicht, schreibt er dem Bomberkommandeur, »dass der Krieg allein durch Luftangriffe beendet werden kann«. Die britische Resilienz in den Monaten des *Blitz* hat ihm die beschränkte Wirkung dieser Art der Kriegsführung deutlich gezeigt.

Dennoch bleibt Churchill der oberste Antreiber. Im Radio redet er über ungefähr »70 Millionen bösartige Hunnen, von denen sich einige heilen und andere töten lassen«. Oder er erklärt im Herbst 1943 im Unterhaus, »die nationalsozialistische Tyrannei« müsse ausgerottet werden; »solange dies nicht erreicht ist, gibt es keine Opfer, die wir nicht bringen, und keine Gewalt, die wir nicht anwenden werden«. Auf erschreckend schlichte Weise führt er auch noch nach dem Krieg das Rachemotiv an: »Mit der abscheulichen Methode, unbefestigte Städte aus der Luft zu bombardieren, haben einst die Deutschen angefangen, was ihnen durch die wachsende Macht der Alliierten zwanzigfach vergolten wurde und dann in der atomaren Auslöschung von Hiroshima und Nagasaki kulminierte.« Anders als später erscheint die Atombombe im Umfeld des Abwurfs nicht unbedingt als Waffe eigener Art. Es ist damals möglich, ihren Einsatz als effizientere Form des Flächenbombardements zu betrachten, Churchill ist nicht der Einzige, der das tut.

Der Bombenkrieg zerstört nicht bloß, er bindet auch Kräfte im Feindesland, Kräfte für Reparaturen, für zivile Schutzmaßnahmen, für die militärische Verteidigung, Kräfte, die der Wehrmacht anderswo fehlen. Darin liegt für Briten und Amerikaner ein wesentlicher Nutzen. Wie groß dieser Nutzen ist, lässt sich nur schwer ermessen. Manche Historiker folgen dem Argument der Alliierten, ihre vorsätzlichen Angriffe auf die Zivilbevölkerung hätten den

Krieg verkürzt. Andere kommen zum gegenteiligen Ergebnis, da es spätestens 1944 technisch möglich gewesen wäre, die militärische Infrastruktur der Deutschen gezielt und effizient zu zertrümmern. Ein Beispiel: Vor der Invasion an der normannischen Küste (*Operation Overlord*) gelingt es den alliierten Bombern mit erstaunlicher Präzision, ausgewählte Brücken und Eisenbahnanlagen in Frankreich zu treffen. Die Fähigkeit der Wehrmacht zur Gegenwehr wird erheblich geschwächt.

Churchill hat den Angriffen zur Unterstützung von *Operation Overlord* bloß widerstrebend zugestimmt. Denn bei allem Bemühen um Genauigkeit ist klar, dass die Bomben auch nichts ahnende Frauen, Männer und Kinder töten, weshalb sich die Stimmung in Frankreich gegen die Westmächte wenden könnte. Rund 10 000 französische Zivilisten verlieren schließlich bei den Angriffen auf das Schienennetz ihr Leben. Sie sind nicht die Ersten, die von ihren Befreiern getroffen werden.[6] Besonders intensiv haben die Alliierten zwei Hafenstädte am Golf von Biskaya attackiert: Lorient und Saint-Nazaire. Die deutsche Marine unterhält dort wichtige U-Boot-Stützpunkte.

Ihre ersten Angriffe auf die beiden Häfen fliegt die US-Luftwaffe im Oktober 1942. Als britische Militärs mitmachen wollen, spricht Churchill sich zunächst dagegen aus, weil »die unnötige Abschlachtung französischer Zivilisten« negative politische Folgen haben werde. Dann ändert er seine Meinung. Dem ebenfalls skeptischen Außenminister Eden teilt er im Januar mit: »Wir sollten diese Häfen mit Flugblättern warnen und dann alles tun, um sie unbewohnbar zu machen.« Tatsächlich flüchten die meisten der so gewarnten Einwohner; einige Hundert sterben dennoch. Beide Städte sind nach den Angriffen völlig verwüstet, wie von Churchill gewollt. Den deutschen U-Boot-Bunkern können die Bomben allerdings nichts anhaben, ihre bis zu vier Meter dicken Betondecken hal-

---

6 Die Gesamtzahl der Französinnen und Franzosen, die durch Bomben der Alliierten ums Leben kommen, liegt bei ungefähr 60 000. Viele sterben bei Angriffen auf Fabriken, die Kriegsgüter für Deutschland produzieren.

ten allen Explosionen und Feuerstürmen stand. Die Anlagen stehen noch heute.

Lorient und Saint-Nazaire sind Fehlschläge, schlimm genug, aber nicht mehr. Es gibt andere Fälle. Zum Fanal der exzessiven Kriegsführung wird der Angriff auf Dresden im Februar 1945.

Die von Osten her vorrückende Rote Armee soll Unterstützung aus der Luft erhalten. Noch sind die Pläne vage, auch wenn »Bomber Harris« schon länger ein Auge auf Chemnitz, Leipzig und Dresden geworfen hat. Denn die Ziele in Deutschland hängen auch von der Reichweite ab: Bis Sommer 1943 müssen die Bomber von Großbritannien aus starten, danach kommen sie auch aus Italien und ab Sommer 1944 außerdem aus Frankreich. Churchill drängt seinen Luftfahrtminister Archibald Sinclair Ende Januar 1945, tätig zu werden: Berlin und »andere große Städte in Ostdeutschland« seien momentan »besonders attraktive Ziele«. Wie verlangt erhält er einen Tag später die Meldung, »gegen Berlin, Dresden, Chemnitz und Leipzig« würden die verfügbaren Kräfte nun vorgehen, sobald die Mondphase und das Wetter günstig seien. Damit ist der Premier zufrieden

Am 4. Februar 1945, dem ersten Tag der Konferenz von Jalta, bekräftigen die Sowjets ihre Bitte gegenüber Churchill und Roosevelt: Um zu verhindern, dass die Wehrmacht ihre Ostfront verstärken kann, sollen britische und amerikanische Bomber auf die deutschen Kommunikationslinien zielen und insbesondere »die Knotenpunkte Berlin und Leipzig lahmlegen«. Weitere Städte werden nicht erwähnt.[7]

Am 13. Februar fliegen 773 Lancaster-Bomber in der Dunkelheit über Dresden ein und entfachen ein Inferno, wie es vorher nur Hamburg erlebt hat. »Mit Sicherheit war dies der Höhepunkt

---

7 Der damalige britische Dolmetscher Hugh Lunghi hat lange nach dem Krieg in Interviews gesagt, sowjetische Militärs hätten auch Dresden als Ziel benannt. Martin Gilbert hat außerhalb seiner offiziellen Biografie überliefert, Stalin habe Churchill in Jalta mit dem Satz begrüßt: »Warum habt ihr Dresden nicht bombardiert?« In Dokumenten und zeitnahen Erinnerungen steht davon nichts.

der nächtlichen Flächenoffensive«, heißt es im amtlichen Bericht der britischen Luftwaffe, der 1961 erschienen ist. Der Stolz auf die militärtechnische Leistung, innerhalb weniger Stunden annähernd 25 000 Menschen in den Tod befördert zu haben, klingt deutlich durch: »Es war die Krönung der langen, mühsamen und unnachgiebigen Entwicklung.« Vier Tage später, nach Angriffen auf Berlin, Chemnitz und Cottbus, meldet die Nachrichtenagentur *Associated Press* aus dem Hauptquartier der alliierten Truppen: Die Kommandeure hätten »die lang erwartete Entscheidung getroffen, gezielte Terrorbombardements auf deutsche Bevölkerungszentren als rücksichtsloses Mittel zur Beschleunigung von Hitlers Untergang einzusetzen«. Die sensationelle, weil völlig ungeschminkte Nachricht wird zwar rasch einkassiert, lässt sich aber nicht mehr aus der Welt schaffen. Nachweislich falsch ist die rasch hinterhergeschobene und seitdem oft wiederholte Behauptung, das Stadtzentrum von Dresden sei auf ausdrücklichen Wunsch der Sowjets zerstört worden.

Churchill, einer der Initiatoren des Angriffs, hat jetzt ein schlechtes Gewissen. Seinen obersten Militärs schreibt er Ende März: Der Moment sei gekommen, »in dem die Frage der Bombardierung deutscher Städte unter gewissen Vorwänden, nur um den Terror zu verstärken, überprüft werden sollte. Andernfalls werden wir die Kontrolle über ein völlig zerstörtes Land erlangen.« Gleich noch einmal benutzt er die heikle Vokabel: »Wir sollten uns wirklich auf militärische Ziele wie Treibstoff und Kommunikationslinien hinter der unmittelbaren Kampfzone konzentrieren, statt auf bloße Terrorakte und mutwillige Zerstörungen, so beeindruckend sie auch sein mögen.« Das ist starker Stoff und bleibt nicht ohne Echo. Nach einer Intervention von Charles Portal, dem Oberbefehlshaber der Luftstreitkräfte, macht Churchill etwas Seltenes: Er korrigiert sich. In der Neufassung seiner Direktive kommt das Wort Terror nicht mehr vor.

Seine moralische Aufwallung beim Diktat der Ursprungsversion hat einen Vorläufer. Im Juni 1943, als er Filmaufnahmen eines nächtlichen Luftangriffs auf Wuppertal anschaut, fragt er in den Raum: »Sind wir Bestien? Treiben wir es zu weit?« Als oberster Kriegsherr hält er sich aber mit so etwas nicht lange auf. Erst muss der Sieg kommen, dann kommt die Moral. Mehrmals denkt er während des Krieges intensiv darüber nach, Deutschland mit Giftgas zu bombardieren. Im Februar 1943 ist es ein möglicherweise bevorstehender Gaseinsatz der Wehrmacht in der Ostukraine, der ihn zu einer Mitteilung an die britischen Stabschefs veranlasst: »Wir werden Vergeltung üben, indem wir die deutschen Städte in größtmöglichem Umfang mit Gas überfluten. Wir müssen mit ihren Gegenmaßnahmen rechnen. Ist für diese Eventualität in beiden Richtungen alles vorbereitet?«

Der Frühsommer 1944 beschert den Engländern eine hässliche Überraschung. Im Großraum London schlagen neuartige Sprengsätze ein, *flying bombs*, die Deutschen nennen sie V-1, das V steht für Vergeltung. Die in Peenemünde getesteten Marschflugkörper sind, wie in ihrem Namen schon anklingt, reine Terrorwaffen. Ab September kommen Wernher von Brauns V-2-Raketen dazu, die von Zehntausenden KZ-Häftlingen und Zwangsarbeitern unter mörderischen Bedingungen produziert werden. Obwohl die Vergeltung aus der Luft keinen strategischen Wert hat, gelingt es Goebbels und seinem NS-Propagandaapparat, bei vielen Deutschen die Illusion einer kriegsentscheidenden »Wunderwaffe« zu erzeugen. Eine der Raketen explodiert unweit von Churchills Landsitz Chartwell in der Luft; auf den Garten, die Rinderweide und den Tennisplatz prasseln die Metallsplitter.

Als durch den V-1-Beschuss in einem Monat 2700 Briten umgekommen sind, denkt Churchill wieder an Gas, giftiges, ätzendes, in manchen Fällen tödliches Senfgas. Die Generalstabschefs sind zwar dagegen, aber der Premier insistiert auf eine Weise, die ein längeres Zitat lohnt: »Ich wünsche von Ihnen, dass Sie sehr ernsthaft über das Problem, Gas anzuwenden, nachdenken … Es ist absurd, dieses Thema von der moralischen Seite her zu betrachten, da es im letzten Krieg jeder, ohne irgendeinen Einspruch der Moralisten oder der Kirche, benutzt hat. Andererseits sah man die Bombardierung ungeschützter Städte im letzten Krieg als verboten an. Jetzt tut es jeder, als ob es sich um eine Selbstverständlichkeit handeln würde. Es ist ganz einfach eine Frage der Mode, die hier genauso wechselt wie zwischen langen und kurzen Frauenkleidern.« Er will, dass die Sache »von vernünftigen Leuten kaltblütig durchdacht wird und nicht von diesen psalmensingenden uniformierten Defätisten, die einem hin und wieder über den Weg laufen«. Ist er in den Momenten, in denen er solche Sätze aufschreiben und abschicken lässt, so kaltblütig, wie er es von anderen fordert? Es hört sich nicht danach an.

Wenige Tage später verlangt er, auch die biologische Kriegsführung genau zu prüfen. Baron Cherwell hält ihn seit einiger Zeit über die Arbeiten an einer entsprechenden Bombe auf dem Laufenden; der Buchstabe N steht für Milzbranderreger: »N-Sporen können monatelang oder vielleicht sogar jahrelang ruhig auf dem Boden liegen, werden aber durch Explosionen, Fahrzeuge und sogar durch vorbeigehende Leute wie sehr feiner Staub aufgewirbelt ... Es scheint sich um eine Waffe mit beängstigendem Wirkungsvermögen zu handeln.« Churchill ordnet an, eine halbe Million Milzbrand-Kartuschen à vier Pfund zu bestellen. Produziert werden sie in den USA. Aus Geländetests und Experimenten an Affen schließen die Briten, dass bei einem massiven Biowaffen-Angriff auf ausgewählte Städte – genannt werden Berlin, Hamburg, Stuttgart, Frankfurt, Wilhelmshaven und Aachen – »50 Prozent der Einwohner, die der Milzbrandwolke ausgesetzt wären, durch Einatmung getötet werden und viele andere durch die nachfolgende Verseuchung der Haut sterben würden«.

Es handelt sich um ernsthafte, aufwendige, fürchterliche, höchst geheime Einsatzplanungen, die allerdings eines gemeinsam haben: Keine der vorbereiteten B- und C-Waffen kommt zur Anwendung. Die Militärs sind dagegen, Churchill fügt sich. Er könne, sagt er, »nicht gegen Pfarrer und Krieger gleichzeitig vorgehen«. Ob und in welchem Umfang er bei einem anderen Votum seiner Stabschefs Deutschland mit Gas und Anthrax attackiert hätte, bleibt eine unbeantwortbare Frage. Als der Sieg 1945 in greifbarer Nähe liegt, stoppt der Premier die heimische Giftgasproduktion. »Dem Personal soll gedankt werden«, fügt er hinzu.

Die Angriffe mit Spreng- und Brandbomben enden erst wenige Tage, bevor die Wehrmacht kapituliert. Relativ zur Einwohnerzahl sterben die meisten Menschen nicht in Dresden oder Hamburg, auch nicht in Berlin, Köln, Mannheim, Lübeck, Mainz, Würzburg,

Kassel oder Magdeburg, sondern in Pforzheim. Zehn Tage nach der Verwüstung Dresdens erzeugen 450 000 je 1,8 Kilo schwere Stabbrandbomben dort einen Feuersturm, in dem 18 000 der 60 000 Einwohner ums Leben kommen. Insgesamt liegt die Zahl der Luftkriegsopfer in Deutschland bei rund einer halben Million Menschen, unter ihnen eine nicht näher bestimmbare Anzahl Zwangsarbeiter und Kriegsgefangene. Gleich nach Kriegsende bedankt sich Churchill bei »Bomber Harris« mit den Worten, die Arbeit seiner Truppe werde »als ein Beispiel edler Pflichterfüllung noch lange in Erinnerung bleiben«.[8] Danach distanziert er sich jedoch von ihm. Der in Deutschland ohnehin verhasste Kommandeur ist nun auch in seiner Heimat eine umstrittene Figur. (Die Frage, ob Churchill als politisch Verantwortlicher Kriegsverbrechen begangen hat, wird in Teil IV erörtert.)

Durch deutsche Bomben und V-Waffen sterben 58 000 Briten. Beinah genauso hoch ist die Zahl der Piloten und anderen Besatzungsmitglieder des *Bomber Command*, die von ihren Feindflügen nicht zurückkehren – das sind 44 Prozent dieser Truppe. An jeder der genannten Zahlen ist die Brutalität des entfesselten Luftkriegs ablesbar.

Zur Bilanz gehört noch, was der britische Historiker Richard Overy sagt, der die Ereignisse mit großer Sorgfalt untersucht hat: »Bombenangriffe waren in Europa zu keinem Zeitpunkt eine kriegsentscheidende Strategie.« Die Verfasser der Direktive C. C. S. 166/1/D haben es sich anders vorgestellt, Churchill an manchen Tagen bestimmt auch.

---

8 Die nationale Verehrung für die Bomberpiloten erreicht ihren Höhepunkt 1955 mit dem sehr erfolgreichen Kinofilm *The Dam Busters*, der die kampftechnisch schwierige Zerstörung der Eder- und der Möhnetalsperre darstellt. Durch die Flutwelle kommen mindestens 1300 Menschen ums Leben, nach anderen Angaben mehr als 2400. Viele davon sind Zwangsarbeiter und Kriegsgefangene.

5

»Eine Leibwache aus Lügen«: Auf dem Weg zum Sieg

Im Frühjahr 1944 sieht Churchill endlich wieder eine Gelegenheit, den Krieg als Abenteuer zu erleben. Nach langen, aufwendigen Vorbereitungen steht die Eröffnung der zweiten Front gegen die Deutschen bevor, die Invasion in der Normandie, der größte amphibische Angriff aller Zeiten. Wenn die *Operation Overlord* gelingt, sind Hitler und seine Weltmachtträume, die Weltmachtträume von Millionen Deutschen, Geschichte. Und wenn Geschichte gemacht wird, will Churchill ganz vorne dabei sein, am liebsten »unter den Ersten auf dem Brückenkopf«.

»Was wäre es für ein Spaß, vor Monty dort anzukommen«, sagt er zu Jock Colville, seinem Sekretär. General Montgomery, der Sieger von El Alamein, befehligt bei der Invasion die Bodentruppen. Kann sich der Premierminister des Vereinigten Königreichs in die vorderen Reihen der Kämpfer mischen? Die Idee ist völlig absurd.

Aber Churchill hat sich etwas in den Kopf gesetzt und verlangt von seinen Militärs, dass sie sich Alternativen einfallen lassen. Mitte Mai schickt ihm der Marinechef der Invasionstruppen einen Plan, der dem Premier »eine kurze Strandbesichtigung« ermöglichen würde, wobei auf vermintes Gelände zu achten wäre. Allerdings habe sich Dwight D. Eisenhower, der oberste Kommandeur der alliierten Streitkräfte in Europa, schon »sehr ablehnend« dazu geäußert. Das kümmert Churchill nicht.

Im Gegenteil, er findet einen Verbündeten, und zwar den besten, den es geben kann: den König. Nach einem der wöchentlichen Mittagessen des Souveräns mit seinem Regierungschef ist George VI. fest entschlossen, Churchill an die maritime Front zu begleiten.

Wenigstens wollen sie am D-Day, dem Tag des Losschlagens, vom Schiff aus dabei zuschauen, wie die deutschen Festungsanlagen bombardiert werden und die alliierten Soldaten den Strand erobern.

Alan »Tommy« Lascelles, der Königliche Privatsekretär, ist entsetzt, als er davon hört. Aus patriotischer Verantwortung hält er es für seine Aufgabe, den Ausflug zum Kriegsschauplatz zu verhindern. Lascelles stellt dem Monarchen einige wohlüberlegte Fragen: Was, wenn es zum Äußersten käme? Wen sollte die 18-jährige Kronprinzessin Elizabeth, die auf einmal die Last der Entscheidung tragen müsste, zum neuen Premierminister ernennen? Erwartungsgemäß kommt der König ins Grübeln und macht einen Rückzieher. Um Churchill ebenfalls zum Einlenken zu bewegen, schreibt George VI. ihm einen taktvollen Brief.

Es hilft nichts, der Premier bleibt stur und lässt sich auch durch ein persönliches Gespräch am nächsten Tag nicht umstimmen. »Er benimmt sich wie ein ungezogenes Kind«, findet Lascelles, der anschließend einen zweiten, längeren, strenger gehaltenen Brief für den König entwirft. Nur schweren Herzens, teilt George VI. seinem Regierungschef darin mit, habe er auf die Besichtigung der Kämpfe verzichtet. »Ist es fair, wenn Sie nun genau das tun, was ich selbst gern getan hätte?« Dem kann Churchill nichts mehr entgegensetzen. Seiner Enttäuschung lässt er im Antwortschreiben freien Lauf: »Ich muss Eure Majestät mit Nachdruck darum ersuchen, dass meine Bewegungsfreiheit grundsätzlich nicht eingeschränkt wird.« Lascelles fällt ein Stein vom Herzen: »Immerhin haben wir ihn besiegt, was während der vergangenen vier Jahre nicht vielen Leuten geglückt ist!« Die Morgenstunden am D-Day verbringt Churchill nun nicht auf dem Kreuzer *Belfast*, sondern zusammen mit Clementine daheim in London.

Das Wetter an diesem 6. Juni 1944 könnte besser sein. Durch die schwere See kämpfen sich 6480 Schiffe und Boote vor Sonnenaufgang Richtung Küste, allein am ersten Tag schaffen es die Alliierten, 155 000 Mann und 16 000 Panzer, Jeeps und Lastwagen dort abzusetzen. Ungefähr 10 000 ihrer Soldaten kommen ums Leben. Auf britischem Boden hält sich ein Drei-Millionen-Heer für die Überfahrt bereit. Am Tag danach meldet die angegriffene deutsche Armee nach Berlin: »Dem Feind gelang es, durch gewaltige Überlegenheit in der Luft und zur See in überraschend kurzer Zeit an den Widerstandsnestern und Stützpunkten durchzukommen und verhältnismäßig schnell in die Tiefe des Hauptkampffelds hineinzustoßen.« Ein wesentlicher Erfolgsfaktor ist das umfangreiche, sorgfältig geplante Täuschungsmanöver, mit dem die Westmächte die Aufmerksamkeit der Wehrmacht auf die Straße von Dover gelenkt haben, weit entfernt von ihrem tatsächlichen Ziel. Ihren Namen *Operation Bodyguard* verdankt die Geheimdienstaktion einem Ausspruch Churchills auf der Konferenz von Teheran, den er in einer leicht ausgeschmückten Version überliefert hat: »In Zeiten des Krieges ist die Wahrheit so kostbar, dass sie immer von einer Leibwache aus Lügen beschützt werden sollte.«

Hitlers Reaktion auf die Nachrichten aus der Normandie zeigt, wie weit sein Realitätsverlust bereits fortgeschritten ist. »Jetzt haben wir sie endlich dort, wo wir sie schlagen können« freut er sich über den Einmarsch der Invasoren. In offener Feldschlacht werde es der Wehrmacht gelingen, Briten und Amerikaner zu bezwingen, glaubt er. Stattdessen machen sich einzelne Truppenteile das Leben durch Kompetenzstreitigkeiten schwer. Und es stellt sich heraus, dass der mit großem Aufwand errichtete Atlantikwall, die Verteidigungslinie aus Beton, Geschützen, Minen, Panzersperren und Stacheldraht, eine riesige Ressourcenverschwendung ist, die ihren Zweck verfehlt. Zug um Zug stoßen die Alliierten vor und befreien am 25. August Paris.

Fast gleichzeitig mit der Attacke im Westen hat die Rote Armee am 22. Juni 1944 ihre *Operatsija Bagration* begonnen. 1,5 Millionen Soldaten greifen die Heeresgruppe Mitte an und zerschlagen 28 ihrer 38 Divisionen. Es ist die schwerste Niederlage der deutschen Militärgeschichte. Für den weiteren Kriegsverlauf wird *Bagration* genauso wichtig wie die Invasion in der Normandie – unter viel größeren Opfern. Churchill geht jedoch davon aus, wie er Roosevelt schreibt, das Ausmaß der amerikanisch-britischen Offensive übertreffe »alles, was die Russen bei irgendeiner Gelegenheit getan haben, bei Weitem«.

Es ist nicht der einzige Fall, in dem er zu einer fragwürdigen Bewertung gelangt. Ein weiteres Beispiel ist sein Umgang mit dem deutschen Putschversuch vom 20. Juli 1944. In seinem riesigen Werk als Chronist der Kriegsjahre erübrigt Churchill dafür nur einen Absatz, was dem geplanten Umsturz, seinen Motiven und Folgen nicht gerecht wird. Als seine Mitarbeiter während der Schreibarbeiten auf das Missverhältnis hinweisen und für eine längere Passage plädieren, beharrt er auf seiner Darstellung.

Der Widerstand, der in Claus Schenk Graf Stauffenbergs Bombenanschlag kulminiert, ist der britischen Regierung immer fremd geblieben. Ähnlich wie schon 1938 findet sie auch im fünften Kriegsjahr viele Gründe, den adligen und bürgerlich-konservativen Regimegegnern zu misstrauen, aber keine, sie zu unterstützen. Eine Woche vor dem Anschlag fragt ein Labour-Abgeordneter den Premier, ob Mitglieder der »deutschen Untergrund-Bewegung« damit rechnen dürften, nach Kriegsende besser behandelt zu werden als die Masse ihrer Landsleute. Churchill antwortet mit spürbarem Desinteresse: »Ich konnte noch keinen Kontakt zu ihnen aufnehmen.« Das ist alles. Zwei Wochen nach Stauffenbergs Tat erklärt er im Unterhaus: »Die höchstgestellten Persönlichkeiten im Deutschen Reich ermorden sich gegenseitig oder versuchen es zumindest« – als hätte er es mit einem Gangsterkrieg zu tun. Beeinflussen lasse man sich davon keinesfalls. In diesem Sinne beschreibt die anglo-amerikanische Presse die Putschisten als unzufriedene Offiziere, die ihren vom Glück verlassenen »Führer« loswerden wollen, um die deutschen Expansionspläne umso besser verfolgen zu können. Die *New York Times* bringt am Tag danach die Schlagzeile: »Briten sehen in Hitler-Anschlag das Streben von Rivalen nach falschem Frieden.«

Wie kommt es zu dieser Fehldeutung? Die Meldungen, die unmittelbar aus Kreisen des Widerstands, durch neutrale Staaten wie Schweden sowie über Geheimdienstkanäle nach England gelangen, sind häufig verwirrend und widersprüchlich. Sogar Reichsmarschall Göring erscheint darin gelegentlich als Hoffnungsträger einer friedlicheren Zeit. Die Amerikaner sind nicht unbedingt besser orientiert. Carl Friedrich Goerdeler, führender Kopf des zivilen Widerstands, steht noch im Dezember 1942 auf einer »Liste der 400 wichtigsten Nazis« für US-Präsident Roosevelt, alphabetisch unmittelbar hinter Goebbels eingereiht. Ein klares Bild der Vorgänge können die Alliierten auf diese Weise kaum gewinnen. Aber das will Churchill auch gar nicht, denn er fürchtet, dass die Aussicht auf einen Regimewechsel in Berlin und vielleicht einen baldigen Frieden die britische Entschlossenheit zum Kampf schwächen würde. Darum hat er seine Regierung im Januar 1941 angewiesen, mit »absolutem Schweigen« auf Kontaktaufnahmen aus dem Reich zu reagieren. Er bekräftigt den Ukas dann noch einmal, um jeglichen Anschein zu vermeiden, die Briten könnten hinter dem Rücken ihrer Verbündeten irgendwelche Absprachen treffen.

Er selbst lässt sich weiter auf dem Laufenden halten. So erfährt er im November 1943 von seinem vertrauten Geheimdienstmann Desmond Morton: »Die Gerüchte über eine Verschwörung der deutschen Armee zum Sturz Hitlers mehren sich. Sie sind nicht mehr mit der Forderung nach einer vorherigen Zusammenarbeit mit den Alliierten verknüpft.« Im Juni 1944, einen Monat vor dem Attentat, erhält das Kabinett ein Memorandum des Außenministeriums über »Deutsche ›Dissidenten‹-Gruppen«, in dem es heißt: »Die Anzeichen deuten darauf hin, dass es diesen Personen weniger um aktive Schritte zur Beseitigung der Nazis geht, als vielmehr darum, in die Fußstapfen der Nazis zu treten, wenn die Nazis beseitigt sind.« Nach all dem besteht für den deutschen Widerstand um und hinter Stauffenberg nie der Hauch einer Chance, Unterstützung aus Großbritannien zu erhalten.

Die Casablanca-Doktrin der bedingungslosen Kapitulation errichtet eine weitere Hürde. Denn wäre der Staatsstreich gelungen, hätte die Nachfolgeregierung sich nur unter gewissen Bedingungen mit den Alliierten verständigen können. Im Sommer 1944 ist die Wehrmacht nicht final geschlagen: Nach aller politischen Logik bietet die militärische Lage noch Verhandlungsspielräume. Jede deutsche Staatsführung müsste sie nutzen, auch wenn die Gegenseite, wie alle wissen, keinen Spielraum zulassen will. Churchill behauptet fünf Jahre später gegenüber Fabian von Schlabrendorff, der als einer der wenigen Verschwörer die Verfolgung durch das Regime überlebt hat, er sei während des Krieges falsch informiert worden: »Ich habe den Eindruck, dass ich von meinen ganzen Mitarbeitern, Eden eingeschlossen, über die Kraft der Opposition in Deutschland nicht unterrichtet worden bin. Sonst hätte ich anders gehandelt.« So hat Schlabrendorff die Worte seines Gesprächspartners überliefert. Sie sind bestimmt nett gemeint, entsprechen aber wohl kaum der Wahrheit.

Hat Marion Gräfin Dönhoff recht, die ostpreußische Mitwisserin und führende bundesdeutsche Publizistin? Noch Jahrzehnte später spricht sie voller Zorn über die Missachtung der NS-Gegner: »Weil es den Alliierten nicht um Recht und Unrecht ging, sondern um Macht! Sie wollten die totale Erniedrigung und Unterwerfung Deutschlands, darum durfte es keinen deutschen Widerstand geben.« Zweifellos steckt in der Forderung nach bedingungsloser Kapitulation ein großer Machtanspruch. Aber die Beziehung – oder besser Nicht-Beziehung – zwischen den Westmächten und der konservativen Opposition reicht weit in die Zeit vor Casablanca zurück. Zu dieser Geschichte gehört auch die Verwunderung und Enttäuschung darüber, dass die Widerständler jahrelang zögern, auf eigenes Risiko zu handeln, sondern sich stattdessen in London und Washington absichern wollen. Dönhoffs Zorn ist angesichts ihrer vielen Freunde im Widerstand menschlich verständlich, geht politisch jedoch an der Sache vorbei. Churchill hätte es sehr begrüßt, wie er 1941 sagt, wäre das NS-Regime »vom deutschen Volk in Stücke gerissen« worden. Gemeint ist: ohne Hilfe von außen. Gewettet hat er auf einen Akt der Selbstreinigung nicht.

Britische Pläne, Hitler zu ermorden, gibt es auch. Zuständig ist das von Churchill gegründete Spezialeinsatzkommando (*Special Operations Executive*), das in feindlichen und besetzten Gebieten agiert. Mitarbeiter des Kommandos sind 1942 maßgeblich am Attentat auf SS-Obergruppenführer Reinhard Heydrich beteiligt, den Leiter des Reichssicherheitshauptamts. Auf Hitler wird 1944 ein Scharfschütze angesetzt, der getarnt als deutscher Gebirgsjäger in die Umgebung des Berghofs bei Berchtesgaden vordringen soll, um den Diktator dort beim Morgenspaziergang zu erschießen. Der Plan mit dem Decknamen *Foxley* bleibt unausgeführt.

Am 6. Juli 1944 berichtet Außenminister Eden dem Premierminister über eine Begegnung, die er am selben Tag mit Chaim Weizmann und einem weiteren hochrangigen Vertreter der Jewish Agency hatte. Sie sind mit einem außerordentlich ernsten Anliegen gekommen. Eden schreibt: »Wir sollten etwas tun, um das entsetzliche Massaker an Juden in Ungarn zu mildern« (richtig ist: aus Ungarn). Im Vernichtungslager Birkenau würden täglich viele Tausend Menschen »vergast und verbrannt«. Birkenau gehört zum Lagerkomplex Auschwitz. Es handelt sich um die größte jemals gebaute Einrichtung, die nur den einen Zweck hat, menschliches Leben auf effiziente Weise auszulöschen und die Körper ebenso effizient zu beseitigen. Weizmann, so Eden weiter, habe vorgeschlagen, die nach Auschwitz und zu anderen Vernichtungslagern führenden Eisenbahngleise sowie die Gaskammern und Krematorien zu bombardieren. »Ich bin dafür, beide Vorschläge umzusetzen.«

Churchill antwortet am nächsten Tag: »Wir sind völlig einer Meinung. Holen Sie aus unserer Luftwaffe das Maximale heraus, und binden Sie mich bei Bedarf ein.« Umgehend schickt Eden eine handschriftliche Mitteilung an Luftfahrtminister Sinclair, in der er um eine Einschätzung der möglichen Maßnahmen bittet. »Ich hoffe sehr, dass wir etwas tun können. Der Premierminister hat mich bevollmächtigt, sein Einverständnis zu übermitteln.« Das ist deutlich. Eine ganze Woche vergeht, bis Sinclair dem »lieben Anthony« antwortet. Er sei ebenfalls der Meinung, die Briten müssten eingreifen. Aber: Die Gleise zu bombardieren stehe »nicht in unserer Macht«, da Oberschlesien zu weit von den eigenen Militärbasen entfernt liege. Auch die Gaskammern und Krematorien seien für die *Royal Air Force* nicht treffgenau zu erreichen, vielleicht aber für die US-Luftwaffe. Eine andere Möglichkeit würde darin bestehen, das Lagergelände zu bombardieren und Pakete mit Waffen abzuwerfen, die den Insassen zur Flucht verhelfen könnten. Er werde die Amerikaner fragen, mache sich indes wenig Hoffnungen. »Auf typische Weise nicht hilfreich«, merkt Eden auf Sinclairs Schreiben an.

Weizmanns Gespräch mit Eden ist weder der erste noch der einzige Versuch, den Nazis in den Arm zu fallen, um Jüdinnen und

Juden mithilfe der Alliierten zu retten. Die größten Erwartungen richten sich an die USA, allerdings vergeblich. Mindestens einmal weist John J. McCloy, der stellvertretende Kriegsminister, seinen Assistenten nach einer Bitte um amerikanisches Eingreifen an, die Sache zu begraben: »Kill it.« Die Luftwaffe der Vereinigten Staaten bleibt untätig.

Erkenntnisse über das Ausmaß der deutschen Verbrechen liegen seit Langem und zur Genüge vor.

Im Januar 1941 wird die polnische Exilregierung bei der Führung der britischen Luftwaffe mit dem Anliegen vorstellig, das neu errichtete Konzentrationslager in Oświęcim (Auschwitz) zu bombardieren. Charles Portal, der Chef des Luftstabs, lehnt ab, da er alle Kräfte für den direkten Kampf gegen Deutschland einsetzen will; das KZ zu attackieren wäre »eine unerwünschte Ablenkung für unsere Bomberflotte und wird seinen Zweck wahrscheinlich nicht erreichen«. Zu dieser Zeit ist das Argument nachvollziehbar, jedenfalls nachvollziehbarer als in späteren Jahren, in denen es von alliierten Militärs und Politikern weiterhin vorgebracht wird, obwohl die Bomberflotten inzwischen viel größer und leistungsfähiger sind.

Eine andere frühe Quelle sind Funknachrichten deutscher Dienststellen, die in *Bletchley Park* decodiert werden. Churchill lässt sich die Übersetzungen täglich vorlegen. Im August und September 1941 liest er Meldungen über Massenerschießungen jüdischer Zivilisten auf dem Gebiet der Sowjetunion, bei denen an manchen Orten Tausende sterben. Mit roter Tinte kringelt er die Zahlen ein. Ein Jahr später erfährt er aus den Berichten, dass in Auschwitz binnen eines Monats 8354 jüdische Frauen und Männer umgekommen sind. In einer Radiosendung teilt er dieses Wissen mit seinen Landsleuten und all denen, die in Deutschland heimlich BBC hören. Im Auftrag Hitlers würden »die schrecklichsten Grausamkeiten« begangen: »Wir stehen vor einem namenlosen Verbrechen.« Um seine Quelle zu schützen, nennt er keine Details.

Damit die ganze Welt erfährt, was die Deutschen tun, erklären die USA und Großbritannien Ende 1942 namens der Vereinten Nationen: Die NS-Behörden »setzen nun Hitlers oft wiederholte Absicht in die Tat um, das jüdische Volk in Europa auszurotten«.

Aus Polen hätten sie ein »Schlachthaus« gemacht. Irgendwelche Zweifel an der Realität der »Endlösung« kann es nun nicht mehr geben. Der Erzbischof von York spricht vom »größten Verbrechen der Geschichte«. Churchill sieht das genauso. Dennoch wird seine Anordnung, aus der Luftwaffe »alles herauszuholen«, auf dem Instanzenweg zermahlen, und er nimmt es hin – was sonst nicht seine Art ist. Warum? Möglicherweise betrachtet er es als Erfolg, dass Miklós Horthy, Ungarns Staatsoberhaupt, bei den Nazis interveniert und dadurch die Deportation von Juden aus seinem Land für einige Zeit stoppt.[9]

Den negativen Bescheid, den das *Foreign Office* zwei Monate später an Weizmann schickt, erhält der Premier nicht einmal zur Kenntnis. Darin heißt es: »Es tut mir leid, Ihnen mitteilen zu müssen, dass wir angesichts der damit verbundenen sehr großen technischen Schwierigkeiten keine andere Wahl haben, als den Vorschlag unter den gegenwärtigen Umständen nicht weiterzuverfolgen.« Gleichzeitig attackieren die Alliierten deutsche Industrieanlagen, die im Umkreis von Birkenau liegen, zweimal auch die nur sieben Kilometer entfernten IG-Farben-Werke. Auf die Gleise, die nach Auschwitz führen, auf die Gaskammern, in denen nackte Menschen unter Krämpfen sterben, auf die Öfen, in denen ihre Körper verbrennen, fällt niemals eine Bombe. Die Vernichtungsmaschinerie der Nazis hätten die Alliierten aus der Luft wohl nicht stoppen, sondern bloß stören können. Aber sie haben nicht einmal ein Zeichen gesetzt.

Zur Wahrheit gehört auch, dass es unter den internationalen Vertretern der Juden gewichtige Stimmen gibt, die sich gegen Luftangriffe aussprechen. Kurz bevor Weizmann mit seinem Anliegen auf die britische Regierung zugeht, hält David Ben-Gurion, der spätere erste Ministerpräsident Israels, als Ergebnis einer Aussprache fest: »Wir sollten die Alliierten nicht darum bitten, Orte zu bombardie-

9 Die Gründe für Horthys Entscheidung sind unklar. Martin Gilbert sieht einen direkten Zusammenhang mit dem Wunsch des Premiers, die Vernichtung der ungarischen Juden in einem »möglichst großen öffentlichen Aufschrei« publik zu machen. Die von Gilbert suggerierte Kausalität ist freilich durch nichts belegt.

ren, an denen sich Juden befinden.« Aus Sicht der von Ben-Gurion geleiteten Runde sprechen zwei Gründe dagegen: Den Tod auch nur eines Juden durch einen Angriff könne man nicht auf sich nehmen. Und es bestehe die Gefahr, dass den Nazigegnern die Mordtaten der Nazis angehängt würden.

Das, worauf sich alle einigen können, ist die restlose Zerschlagung der NS-Herrschaft. Im September 1944 überschreiten die Amerikaner westlich von Bitburg erstmals die deutsche Grenze. Im Oktober erobern sie Aachen. Der Zusammenbruch des Regimes scheint nur noch eine Frage von Wochen zu sein, doch das täuscht. Die Wehrmacht leistet erbitterten Widerstand, sie verteidigt Mussolinis Marionettenstaat in Norditalien, und mit der Ardennen-Offensive gelingt den Deutschen im Dezember sogar noch ein überraschender Gegenschlag. Unter erheblichen Opfern wehrt vor allem die US-Armee den Angriff ab.

Churchill betritt am 3. März 1945 zum ersten Mal seit 1932 wieder deutschen Boden. Nachdem er die Nacht in Eisenhowers Sonderzug verbracht hat, lässt er sich bei Jülich zur *Siegfried Line* fahren, dem Westwall des Reichs. Ungefähr 20 Generäle begleiten ihn, dazu eine Gruppe Kriegsfotografen. Der britische Oberkommandierende Alan Brooke beschreibt, wie Churchill alle Fotografen anweist, die Finger vom Auslöser zu nehmen, denn er habe etwas vor: »Es ist eine der Operationen in diesem großen Krieg, die nicht im Bild wiedergegeben werden dürfen.« Dann öffnet er seinen Hosenlatz und pinkelt auf den Westwall. »Ich werde das kindliche Grinsen größter Befriedigung, das sich über sein ganzes Gesicht legte, nie vergessen«, notiert Brooke.

Drei Wochen später ist der Premier wieder auf Truppenbesuch unterwegs. Am Niederrhein schaut er zu, wie die von Montgomery geführten Einheiten das östliche Ufer erobern und die Wehrmacht zurückdrängen. Tags darauf sieht er in Büderich (heute ein Stadtteil von Wesel) ein Landungsboot, mit dem er übersetzen will. Der inzwischen zum Feldmarschall beförderte Montgomery sagt: »Warum nicht.« Bei strahlender Sonne gehen sie eine halbe Stunde am Fluss entlang, und als sie nach der Rückkehr die zerstörte Rheinbabenbrücke inspizieren, kommt plötzlich deutscher Artilleriebeschuss näher.[10] Churchill, der mit leuchtenden Augen über Betontrümmer und verbogene Stahlstreben kraxelt, muss den Rückzug antreten. Am nächsten Tag picknickt er mit Brooke und Montgomery auf freiem Gelände am Rhein.

Kurz nach seiner Heimkehr bricht Clementine zu einer Reise in die Sowjetunion auf. Fünf Wochen lang will sie dort die Krankenhäuser besuchen, denen der »Hilfsfonds für Russland« Geld gespendet hat. Sie hat unter dem Dach des Roten Kreuzes die Präsidentschaft übernommen. Ihr Mann schreibt an Stalin, die Hilfe sei »eine Liebesgabe« und bestehe »hauptsächlich aus den Pennys der armen Leute«, die voller Stolz ihren Beitrag geleistet hätten.

Die großen Gesten bleiben anderen vorbehalten. Bei Strehla an der Elbe begegnen sich am 25. April 1945 amerikanische und sowjetische Soldaten – zum ersten Mal während des Krieges auf deutschem Boden. Für die Kameras wird die Szene am nächsten Tag auf den Überresten der gesprengten Brücke bei Torgau nachgestellt. Als Symbol des Sieges geht der west-östliche Handschlag in die Geschichte ein, ohne britische Beteiligung. Churchill kann das nicht gefallen. Drei Wochen vorher hat er seiner Frau geschrieben: »Ich streite mich nur dann mit den Amerikanern, wenn sie uns keine faire Chance geben, Ruhm zu erlangen.«

Das Deutsche Reich ist am Ende. Hitler begeht im Berliner Führerbunker Selbstmord.

Die Nachricht vom Tod des Diktators erfährt die britische Regierung aus dem deutschen Rundfunk. Eine Woche danach, am 7. Mai gegen 2.40 Uhr, unterzeichnet Generaloberst Jodl in Eisenhowers Hauptquartier die Gesamtkapitulation der Wehrmacht, die am Folgetag in Kraft tritt. Den Sowjets genügt das nicht. Sie arrangieren ihre eigene Zeremonie während der Nacht auf den 9. Mai in Berlin-Karlshorst.

Churchill kann es kaum abwarten, seine Siegesrede zu halten.

---

10 Eisenhower schreibt später: »Die Erlaubnis, an diesem Tag den Rhein zu überqueren, hätte er in meiner Gegenwart nicht bekommen.« – Seit 2021 erinnert ein tonnenschwerer Findling mit einer Texttafel an Churchills Aufenthalt in Wesel.

Nachmittags am 7. Mai diktiert er den Text einer Radioansprache, als ihn zum wiederholten Mal aus Washington die Bitte erreicht, erst am 9. Mai zu feiern – Stalin wolle es so.

Grummelnd sagt der Premier den abendlichen BBC-Termin ab und schickt um 21.10 Uhr ein Telegramm nach Moskau. Seine Rede werde er nicht länger verschieben, teilt er Stalin mit. Er habe beschlossen, den 8. Mai »als Tag des Sieges in Europa« zu feiern. Nach dem letzten Diktat gegen 3 Uhr beendet er seinen Arbeitstag. Morgens bleibt er erst einmal wie üblich im Bett, während draußen kräftiger Frühlingsregen fällt. Churchill feilt an seiner Ansprache und erkundigt sich beim Ernährungsministerium, ob in London genügend Bier für die Siegesfeier vorrätig ist. Dann erhebt er sich aus seiner Kissenburg und fährt zum Lunch mit dem König in den Buckingham Palast. Zwischen den Wolken kommt nachmittags die Sonne durch.

Clementine ist weiterhin in Moskau. »An diesem größten Tag sind alle meine Gedanken bei Dir, mein Liebster«, schreibt sie in einem Telegramm. »Ohne Dich wäre es niemals dazu gekommen.« In einem weiteren Schreiben bittet sie ihren Mann, er möge am Folgetag, an dem auch in Moskau der Sieg begangen wird, gebührend weiterfeiern. Ganz in ihrem Sinne sagt Churchill in seiner Rundfunkrede: »Morgen werden wir vor allem unsere russischen Kameraden ehren.« Über dem Parlamentsplatz, wo sich eine Menschenmenge versammelt hat, hallen seine Worte aus den Lautsprechern. »Lang lebe die Sache der Freiheit! Gott schütze den König« – damit endet er. Wo immer der Premier sich anschließend zeigt, auf dem Weg ins Unterhaus, zusammen mit der königlichen Familie, auf Balkons in Whitehall, wird er bejubelt wie nie. Die Abgeordneten bereiten ihm einen fulminanten Empfang, sie erheben sich von ihren Sitzen, schwenken Taschentücher und Parlamentspapiere. Der 8. Mai 1945 ist Churchills Tag, das wissen alle im Land.

Er selbst weiß noch etwas anderes. Nur drei Tage vorher hat er Clementine den deutschen Zusammenbruch beschrieben und hinzugefügt. »Hinter diesen Triumphen verbergen sich giftige Politik und tödliche internationale Rivalitäten.« Der Krieg in Europa ist vorbei, doch was danach kommt, sieht nicht gut aus.

6

»Wo sind die Deutschen?«: Verschobene Grenzen und der Eiserne Vorhang

Dreimal trifft Churchill mit seinen mächtigsten Verbündeten zusammen, in Teheran, Jalta und Potsdam. Gemeinsam, wenn auch mit unterschiedlichen Interessen, bahnen sie sich einen Weg vom Krieg zur Nachkriegsordnung. Die Konferenz von Jalta gilt häufig als die wichtigste, weil dort die Spaltung Europas beschlossen worden sei, die Aufteilung in den kapitalistischen Westen und den sozialistischen Osten. Aber das ist vor allem die Sichtweise des Kalten Krieges, der in Jalta noch nicht begonnen hat, obwohl es Vorzeichen gibt. Näher kommt man der Wahrheit über die damaligen Gipfel, wenn man sie als ein Kontinuum betrachtet. Die dort gefassten Beschlüsse sind häufig unklar und interpretationsbedürftig, viel Arbeit für die Außenminister und ihre diplomatischen Apparate, die ihre nationalen Deutungen durchsetzen wollen – bis die obersten Entscheider wieder an einem Tisch sitzen.

Die Gruppendynamik der Dreierrunde wird hauptsächlich durch Stalins Machtzuwachs bestimmt. Der Marschall und Generalissimus lotet permanent aus, wie er die mit ungeheuren Opfern erkauften Siege seiner Armee in politisches Gewicht konvertieren kann.[11] In Jalta, das macht den Gipfel auf der Krim so besonders, ist Roosevelt weder willens noch physisch in der Lage, dem Gastgeber Paroli zu

11 Getötete Soldaten in Zahlen: zwischen 8,8 und 10,7 Millionen Rotarmisten, 383 800 Briten, 416 800 US-Amerikaner. Auf deutscher Seite 4,4 bis 5,3 Millionen.

bieten. Churchill versucht es, hat aber als Sachwalter eines versinkenden Imperiums oft Mühe, sich zu behaupten. Im Grunde sind die Großen Drei bloß noch die Großen Zweieinhalb. Der Älteste in der Runde wird zum Juniorpartner degradiert.

Seit Teheran steht halbwegs fest, dass mit der militärischen Niederlage des Deutschen Reichs seine staatliche Einheit enden soll. Was kommt dann? Ideen tauchen auf und verschwinden wieder, entschieden wird wenig. Stalin hat schon Ende 1941 darüber nachgedacht, Bayern zu einem eigenen Staat zu machen und das Rheinland von Preußen zu trennen. Ostpreußen soll künftig zu Polen gehören; aus diesem Vorschlag wird im Herbst 1943 eine Vereinbarung zwischen den alliierten Außenministern. In Teheran sichert Stalin sich einen Teil Ostpreußens rund um Königsberg für sein eigenes Reich.

Ein knappes Jahr später bei einem Zweiergipfel in Moskau beugen sich Churchill und Stalin über eine Deutschlandkarte. Churchill schlägt vor, Bayern und Österreich zu vereinen, Württemberg und Baden dazuzupacken und Wien zur Hauptstadt zu machen. Dem neuen deutschen Südstaat könnten die Sieger eine »milde Behandlung« zuteil werden lassen, für Preußen dagegen verlangt er eine »harte Behandlung«. Sachsen soll eventuell Preußen zugeschlagen werden. Für die industriellen Zentren an Rhein und Ruhr stellt Churchill sich ein Regime »internationaler Kontrolle« vor.

Etwa zur gleichen Zeit hat Roosevelt im Weißen Haus ebenfalls eine Deutschlandkarte vor sich. Für die Aufteilung in vier Territorien zeichnet er, nach eigenen Worten, »einen sehr groben Vorschlag« ein. Der Westteil soll in einem leichten Bogen von der dänischen Grenze bis zum Elsass reichen, der Nordteil von der Ostsee zum Harz, der Mittelteil von dort an den Main und der Süden bis zum Bodensee und der Donauregion. Es ist ein Dokument verblüffender Ahnungslosigkeit; die krakeligen Linien des Präsidenten enden nach Osten hin irgendwo im Ungefähren.

Churchill und Roosevelt haben sich einige Tage vorher im kanadischen Québec getroffen und dort ein Programm zur Behandlung Deutschlands nach ihrem Sieg abgesegnet. Der berüchtigte Morgenthau-Plan, benannt nach dem US-Finanzminister, sieht vor, das Nazireich radikal zu deindustrialisieren. »Deutschlands Weg zum Frieden liegt auf dem Bauernhof«, meint Morgenthau. Churchill ist zunächst skeptisch: »Ich bin völlig dafür, die Deutschen zu entwaffnen, wir sollten ihnen jedoch nicht verwehren, anständig zu leben«, sagt er dem Finanzminister. »Was getan werden muss, sollte schnell getan werden. Töten wir die Verbrecher, aber ziehen wir die ganze Sache nicht jahrelang hin.« Nazi-Täter sollen nach ihrer eindeutigen Identifizierung kurzerhand erschossen werden; dadurch will Churchill »die Verwicklungen eines Gerichtsverfahrens« vermeiden. Wäre es nach ihm gegangen, hätte es keine Nürnberger Prozesse gegeben.

Im Hinblick auf die Vorschläge Morgenthaus dreht er sich kurz darauf um 180 Grad, weil er auf großzügige US-Finanzhilfen hofft und außerdem einen Vorteil darin sieht, dem künftigen Agrarstaat Deutschland britische Industrieprodukte verkaufen zu können. Vor allem sein Allround-Berater Baron Cherwell alias »Prof« Lindemann hat ihm das Argument schmackhaft gemacht. Beide Außenminister und die US-Öffentlichkeit weisen den Morgenthau-Plan jedoch empört zurück, nur einige *Morgenthau Boys* in der US-Bürokratie halten noch daran fest. Der Einzige, der etwas davon hat, ist NS-Propagandaminister Goebbels, der gegen den »jüdischen Mordplan« zur »Versklavung Deutschlands« agitiert.

Ein konkretes Ergebnis erzielen Diplomaten und Fachbeamte im »Beratenden Komitee für Europa«, das in London tagt. Im Herbst 1944 legen sie die Grenzen für zunächst drei Besatzungszonen fest. Dass aus diesen Linien später die Grundlage der deutsch-deutschen Teilung wird, folgt keinem vorgefassten Plan. Stalin will allerdings in den sowjetisch besetzten Gebieten auch das sowjetische Gesellschaftsmodell einführen und nimmt ganz selbstverständlich an, die Westalliierten würden analog verfahren. Geredet wird darüber nicht. Roosevelt projiziert seine eigenen Vorstellungen in Stalin hinein: »Ich glaube wirklich, die Russen werden in der Ablehnung von Einflusssphären ... mit mir am gleichen Strang ziehen«, sagt er nach der Teheraner Konferenz. Es ist ein schwerer Irrtum.

Als schwierigstes Thema erweist sich die Zukunft Polens. Churchill fühlt sich für das Land, zu dessen Verteidigung Großbritannien 1939 offiziell in den Krieg gezogen ist, besonders verantwortlich. Dennoch bereitet es ihm in Teheran keine Mühe, die osteuropäische

Welt mit Stalins Augen zu sehen und die künftigen Grenzen Polens nach Westen zu verschieben. Weil er zur Veranschaulichung einmal drei Streichhölzer benutzt, die für die Sowjetunion, Polen und Deutschland stehen, wird ihm oft Leichtfertigkeit unterstellt, wahrscheinlich zu Unrecht. Die polnische Exilregierung in London lehnt den Verzicht auf die östlichen Landesteile ab. Gleichzeitig beharrt Churchill darauf, dass aus den Verwüstungen, die Deutsche (und auch Russen) in Polen angerichtet haben, wieder ein freies Land entstehen müsse. Ob er Stalins wiederholte Beteuerungen, die künftige polnische Unabhängigkeit zu respektieren, wirklich glaubt? Anfangs wohl schon, von einer Konferenz zur nächsten immer weniger. Aber öffentlich singt er immerzu sein Loblied auf die britisch-sowjetische Freundschaft. Letztlich kämpft er auf verlorenem Posten und macht sich darüber keine Illusionen. Einige Tage vor seiner Abreise nach Jalta vertraut er Colville an: »Für das arme Polen kann ich nichts tun.« Damit ist eigentlich alles gesagt, auch wenn Churchill sich in langen Verhandlungsrunden gegen seine Niederlage stemmt. Bei sieben der acht Plenarsitzungen steht Polen auf der Tagesordnung, allein das zeigt, wie wichtig und wie schwierig die staatliche Neugründung des Landes ist. In Potsdam gehen die Gespräche weiter.

Für sein eigenes Land erreicht Churchill auf den Konferenzen mehr: Griechenland bleibt Stalins Zugriff entzogen und orientiert sich potenziell nach Westen. Damit wahrt Großbritannien seine Interessen im östlichen Mittelmeer, dem maritimen Vorhof des Suezkanals. Frankreich wird in den Kreis der Siegermächte aufgenommen. Dadurch sichert sich London einen Verbündeten und schützt für alle Fälle die englische Küste. Aus demselben geopolitischen Grund ist es für Churchill essenziell, dass zur britischen Besatzungszone die gesamte deutsche Nordseeregion gehört. Um ein französisches Gebiet im Westen Deutschlands zu schaffen, müssen Briten und Amerikaner Teile ihrer Okkupationszone abgeben; Stalin lässt sich von seinem Territorium nichts abhandeln.

Roosevelt bleibt gegenüber dem Kremlherrscher nachgiebig. An Churchill, der eine härtere Gangart fordert, schreibt er am 12. April 1945: »Ich würde das allgemeine sowjetische Problem so weit wie möglich klein halten.« Schließlich gebe es dauernd irgendwelche

Unstimmigkeiten, die sich meist von selbst erledigten. Am selben Tag klagt der 63-Jährige plötzlich über »fürchterliche Kopfschmerzen«, dann ist sein Leben auf einmal vorbei. Der Arzt diagnostiziert eine letale Hirnblutung. Kurz nach Mitternacht erfährt Churchill vom Tod des US-Präsidenten, seines wichtigsten Verbündeten. »Ich spüre einen sehr schmerzhaften persönlichen Verlust«, telegrafiert er an Roosevelts Vertrauten Hopkins. »Ich habe Franklin wirklich gemocht.« Der gesetzliche Nachfolger, Vizepräsident Harry S. Truman, ist ihm völlig unbekannt.

Allerdings sieht Churchill in dem überraschenden Wechsel auch eine Chance. Er versucht, den alliierten Militärchef Eisenhower zu einem Vorstoß auf Berlin zu bewegen, um der Roten Armee die prestigeträchtige Eroberung der Reichshauptstadt streitig zu machen. Der Oberkommandierende lehnt das jedoch ab. Weil der Premier die Sowjetunion zurückdrängen will, gibt er nach der deutschen Kapitulation einen Plan in Auftrag, der so geheim ist, dass er erst 1998 bekannt wird: »Unternehmen Unvorstellbar« (*Operation Unthinkable*). Danach sollen 47 anglo-amerikanische Divisionen an der Ostsee und durch Niederschlesien gegen die Rote Armee vorrücken, unterstützt von polnischen und sogar von bis zu 100 000 wiederbewaffneten deutschen Soldaten. Wie schon der Deckname des Planspiels erahnen lässt, wird daraus nichts. Churchill darf zwar nie über diese Fantasterei sprechen, aber wenigstens kann er sich sagen, dass er zuletzt alles versucht hat, um Polen aus den Fängen Stalins zu befreien.

Truman, der plötzlich Präsident ist und vieles nicht weiß, weil niemand mit Roosevelts Tod gerechnet hat, wühlt sich durch Berge von Akten, um überhaupt entscheidungsfähig zu sein. Er lernt schnell. Manche sagen, er passt sich an. Anfangs nimmt er eine harte Haltung gegenüber Moskau ein, wie es Churchill gefällt, dann schwenkt er um. Mitte Juni teilt Truman dem britischen Premier mit, dass er den Rückzug sämtlicher US-Truppen aus den Gebieten anordnen wird, die zur vereinbarten Sowjetzone gehören. Es ist ein weiterer Schritt hin zur deutschen Nachkriegsordnung.

Stalins Anreise nach Potsdam wird zu einem Schauspiel eigener Art. Weil er unter Flugangst leidet, kommt er mit dem Zug. Auf der fast 2000 Kilometer langen Strecke, die von 19 000 Soldaten bewacht wird, fahren fünf gepanzerte Züge voraus, drei hinterher. Westlich von Weißrussland werden die Gleise auf die russische Breitspur umgenagelt. Am 16. Juli nimmt ihn Marschall Georgi Schukow, der Sieger der Schlacht um Berlin, in Empfang.

Am selben Tag explodiert 8700 Kilometer weiter westlich, in der Wüste von New Mexico, die erste Atombombe. Das *Manhattan Project* zur Entwicklung der stärksten Waffe aller Zeiten ist damit erfolgreich abgeschlossen. Truman erfährt es durch die Nachricht: »Die Geburt ist gelungen.« Churchill, der das britische Atomprojekt 1943 in das amerikanische überführt hat, wird informiert und ist begeistert. Weil Japan entschlossen ist, den pazifischen Krieg fortzusetzen, stimmt er einem Abwurf über dem Kaiserreich zu.

Stalin soll von der Atombombe vorerst nichts wissen. Als der US-Präsident ihm eine Woche später mitteilt, sein Land verfüge über »eine neue Waffe von ungewöhnlicher Zerstörungskraft«, verzieht er keine Miene. Er spielt den Ahnungslosen so überzeugend, dass Truman und Churchill darauf hereinfallen. In Wahrheit ist der Sowjetdiktator durch seine Spione, allen voran den deutsch-britischen Physiker Klaus Fuchs, über das *Manhattan Project* gut unterrichtet.

Die Potsdamer Konferenz dauert erheblich länger als die Gipfel von Teheran und Jalta, ist darum aber nicht produktiver. Als Churchill auf Schloss Cecilienhof ankommt, hat er seine Dossiers nicht gelesen, was er durch weitschweifige Reden kompensiert. Truman, der sich bei seiner weltpolitischen Premiere erstaunlich gut zurechtfindet, betrachtet Potsdam als weitere Zwischenstation auf dem Weg zu einer Friedenskonferenz (die erst 1990 in gewisser Weise stattfinden wird und mit dem Zwei-plus-vier-Vertrag endet). Stalin weiß aus Erfahrung, dass die Zeit für ihn läuft. Gleich zu Beginn entnimmt Churchill einem längeren Schreiben seines Außenministers, was er eigentlich im Kopf hat, aber während des ewigen Konferierens leicht vergisst. »Russland will das Maximum für sich herausholen und nutzt solche Treffen, um so viel wie möglich einzusacken.« Der Premier müsse gut aufpassen, warnt ihn Eden: »Mit jedem Tag werden sie dreister.«

Im zwölf Meter hohen, mit dunklem Eichenholz getäfelten Wohn- und Festsaal der preußischen Kronprinzenfamilie sitzen die

Delegationen auf mit rotem Samt gepolsterten Stühlen, die Sessel der drei Chefs sind mit vergoldeten Putten geschmückt. In der Mitte des in Moskau maßgeschreinerten Konferenztischs zeigen drei kleine Nationalflaggen die Sitzordnung an. Scheinbar einfache Fragen können politisch aufgeladen sein. In einer der Runden will Churchill wissen, was überhaupt gemeint ist, wenn sie über »Deutschland« sprechen. Er selbst denke an das Vorkriegsdeutschland. Aber, entgegnet Stalin, »die 1945 verlorenen Gebiete« müssten davon abgezogen werden. Sollten deutsche Beamte in Königsberg auftauchen, würde er sie fortjagen. Im Grunde gebe es kein Deutschland mehr, sondern nur noch vier Besatzungszonen. Truman verweist auf die ausstehende Friedenskonferenz, unterstützt jedoch Churchills Auffassung, die Grenzen von 1937 wenigstens »als Ausgangspunkt« zu nehmen. Dies sei eine akzeptable »Hypothese«, sagt Stalin, wodurch er einen längeren Streit vermeidet.

Gewonnen ist dadurch nichts. Die »Deutschland«-Debatte zeigt in charakteristischer Weise, wie es auf den Dreiergipfeln zu Scheinlösungen kommen kann. Denn die Demarkation der deutschen Grenzen hängt direkt mit der polnischen Frage zusammen. Und hierbei vertraut Stalin auf die Macht des Faktischen, losgelöst von allem, was er am Potsdamer Konferenztisch sagt. Über den gesamten Osten Deutschlands ist die Rote Armee hinweggerollt. Wer dort künftig regiert, bestimmt der Generalissimus weitgehend im Alleingang. Im neuen Polen kommen moskautreue Kräfte an die Spitze; die Londoner Exilregierung muss ohnmächtig zuschauen.

Gerungen wird noch um die genaue Ausdehnung des Landes nach Westen. Mit Stalins Hilfe seien die Polen auf einmal zur fünften Besatzungsmacht auf deutschem Boden geworden, beschwert sich Truman, so habe man das nicht abgemacht. Der Kremlherrscher weicht aus und tut so, als handele es sich um eine unabhängige Regierung. Zur territorialen Frage bemerkt er, die Oder sei als Grenzfluss im Norden unstrittig. Differenzen gebe es hauptsächlich um die Frage, welcher Nebenfluss im weiteren Verlauf die Grenze bilden soll: die östliche Glatzer Neiße, die zwischen Breslau und Oppeln in die Oder mündet, oder die westlicher gelegene Lausitzer Neiße, an der Görlitz liegt. Er bestehe auf der westlichen Neiße.

Wie zu erwarten setzt sich Stalin durch. Breslau, die erste deutsche Stadt, die Churchill einst besucht hat, wird zu Wrocław. Und obwohl die alte Hansestadt Stettin am westlichen Ufer der Oder liegt, kommt sie ebenfalls zu Polen. Millionen Deutsche, die bis dahin die Hoffnung haben, dass sie in Schlesien und Pommern bleiben können, werden aus ihrer Heimat vertrieben. Im fernen Kalifornien schreibt der entschiedene Nazi-Gegner Thomas Mann in sein Tagebuch: »Erschüttert, trotz allem, von den Verfügungen über Deutschland.«

Churchill spricht sich selbst von jeder Mitverantwortung frei.[12] In seiner Kriegshistorie schreibt er Jahre später, die polnischen Anführer seien bloß Marionetten Moskaus gewesen, »die riesige Teile des deutschen Territoriums verschlangen«. Aber weder er noch Außenminister Eden »hätten jemals die westliche Neiße als Grenzlinie akzeptiert«. Sein Plan sei gewesen, alle strittigen Punkte durch »eine Kraftprobe am Ende der Konferenz« zu bereinigen und notfalls einen Eklat zu produzieren – ob das stimmt, werden wir nie wissen. Denn am Ende der Konferenz sitzt ein anderer auf dem Stuhl des britischen Verhandlungsführers: Clement Attlee.

Vor Beginn des Gipfels, am 5. Juli, haben die Briten gewählt. Um das Votum der Wahlberechtigten aus den Kolonien und dem Ausland (also vor allem der Soldaten) berücksichtigen zu können, werden die Stimmzettel erst drei Wochen später ausgezählt. Churchill und seine Delegation reisen aus Potsdam heim, um dort das Ergebnis zu erfahren. Stalin prophezeit ihm einen Vorsprung von rund 80 Parlamentssitzen. Churchills Leibarzt Lord Moran lässt den größten Teil seines Gepäcks zurück, weil er fest mit dem Wahlsieg rechnet.

Stattdessen erringt Labour-Chef Attlee einen Erdrutschsieg.

---

12 Ein halbes Jahr vorher hat er sich im Unterhaus allerdings sehr positiv über die Menschenverschiebung geäußert: »Die nach unserem Ermessen befriedigendste und dauerhafteste Methode ist die Vertreibung. Eine Vermischung von Bevölkerungen, die zu endlosen Schwierigkeiten führt, wird es dadurch nicht geben ... Mich beunruhigen diese großen Umsiedlungen nicht, die unter modernen Verhältnissen besser durchgeführt werden können denn je.«

Seine Partei gewinnt 239 Sitze dazu und kann mit einem Vorsprung von 196 Sitzen die Regierung bilden. Die Wahlschlappe der Konservativen zeichnet sich schon bald nach Beginn der Auszählung ab. Churchill bittet Tommy Lascelles zu sich und empfängt ihn, wie der königliche Privatsekretär notiert, in seinem bequemen Alarmanzug »mit der üblichen bananengroßen Zigarre« in der Hand. Der abgewählte Premier wirkt gefasst und sagt, in vier Tagen werde er dem König seinen Rücktritt anbieten. Lascelles wendet ein, dass dadurch die Potsdamer Konferenz zu lange aufgehalten würde. Churchill versteht und vereinbart gleich für den Abend einen Termin im Buckingham-Palast. Den Hosenbandorden, den ihm George VI. anbietet (schon zum dritten Mal), lehnt er ab. Einige Jahre später, nach seinem Comeback, nimmt er die hohe Auszeichnung an und firmiert fortan als Sir Winston.

Warum wird er als gefeierter Kriegspremier aus dem Amt gejagt?

Wähler stimmen in der Regel nicht über die Leistungen der Vergangenheit ab, sondern über ihre Erwartungen für die Zukunft, und da hat Churchill wenig zu bieten. »Ich habe keine Botschaft«, klagt er während des Wahlkampfs. Stattdessen schimpft er über den Sozialismus und versteigt sich dazu, Labour mit der Gestapo zu vergleichen.

Als der Jubel über den Sieg verklungen ist, können alle sehen, wie teuer der Triumph über die Deutschen erkauft werden musste. Der Krieg hat die Wirtschaft des Landes zerrüttet und ihm Schulden von 4,7 Milliarden Pfund aufgebürdet. Das Exportvolumen ist auf ein Drittel im Vergleich zur Vorkriegszeit geschrumpft. Die Handelsbilanz, die Goldreserven, der Devisenvorrat sind in einem beklagenswerten Zustand. Von einem drohenden »finanziellen Dünkirchen« spricht der Ökonom John Maynard Keynes. Attlees Arbeitspartei präsentiert sich als die politische Kraft, die Reformen anpackt und dabei die sozialen Belange der Bevölkerung im Blick hat. Besonders groß ist der Zuspruch für das linke Lager in den Reihen des Militärs. Die Soldaten fürchten, unter einer konservativen Regierung könnten sie in Arbeitslosigkeit und Verelendung abstürzen, denn so ist es vielen nach dem Ersten Weltkrieg ergangen. In Fragen der Außen- und Sicherheitspolitik setzen die britischen Sozialdemokraten, die jahrelang in der großen Kriegskoalition mitregiert haben, den bisherigen Kurs fort. Sie lassen eine eigene Atombombe entwickeln und klammern sich an die welke Idee des Kolonialreichs. Der US-Geheimdienst OSS meldet nach Washington, die Neuen seien »so imperial gesinnt wie die konservative Vorgängerregierung unter Churchill«.

Der Wahlverlierer wahrt sein Gesicht, aber er leidet. Zu Eden sagt er, es sei »wie eine Wunde, die nach dem ersten Schock schmerzhafter wird«. Daheim benimmt er sich als Haustyrann und treibt Clementine zur Verzweiflung. Tochter Mary notiert verständnisvoll: »Nichts und niemand konnte den harten Schlag wirklich abmildern.« Mehr als alles andere fehlt Churchill das Adrenalin, das zu den stärksten Reizen der Machtausübung zählt.

Ein wenig mag es ihn trösten, wie viele anerkennende Briefe er bekommt. »Durch Ihre Führungsstärke haben Sie unsere Zivilisation gerettet«, schreibt ihm der tschechische Außenminister Jan Masaryk. Truman dankt ihm mit den Worten: »Sie haben die Barbaren in Schach gehalten, während wir uns vorbereiten konnten.« Die Parteizentrale der Tories stellt zeitweilig fünf ehrenamtliche Kräfte dafür ab, alle Zuschriften zu lesen und zu beantworten.

Sollte er sich nun zurückziehen wollen, könnte dies niemand einem 70-Jährigen verübeln. Doch Churchill denkt nicht daran, den Parteivorsitz abzugeben. Als Mitte August 1945 im Unterhaus die neue Sitzungsperiode eröffnet wird, beobachtet der wie immer aufmerksame Lascelles: »Er freut sich ersichtlich auf das Vergnügen, von der ersten Oppositionsbank aus den Kampf aufzunehmen.« Internationale Auftritte genießt er noch mehr. Schon im nächsten Jahr hält er eine weltweit beachtete Rede, zu der ihn Truman in seinen US-Heimatstaat Missouri begleitet. Das akademisch unbedeutende Westminster College in Fulton verleiht Churchill die Ehrendoktorwürde, die er annimmt, weil damit die Gelegenheit zu einer längeren Begegnung mit dem Präsidenten verbunden ist.[13] Während der gemeinsamen Zugfahrt spielen sie stundenlang Poker.

»Ein eiserner Vorhang ist über dem Kontinent niedergegan-

13 Churchill erhält viele weitere Ehrendoktorate, u. a. von Harvard, Leiden, Liverpool und Kopenhagen.

gen« – mit diesen Worten beschreibt Churchill in Fulton die beginnende Abschottung Osteuropas unter sowjetischer Vorherrschaft. Das Sprachbild geht danach in den Wortschatz vieler, vor allem westlicher Länder ein. Churchill hat es schon vorher verwendet, aber nicht erfunden. Früher als bei ihm findet sich die Metapher vom eisernen Vorhang zum Beispiel bei Joseph Goebbels, der sie in einem ganz ähnlichen Sinn für einen Leitartikel in der Wochenzeitung *Das Reich* verwendet (am 25. Februar 1945).

Seinen Auftritt in Fulton nutzt der britische Oppositionsführer, um eines seiner Lieblingsthemen vorzutragen: zum Zweiten Weltkrieg hätte es nicht kommen dürfen. »Nie zuvor in der Geschichte« wäre ein Krieg »durch rechtzeitiges Handeln leichter zu verhindern« gewesen, sagt er. »Deutschland könnte heute mächtig, wohlhabend und angesehen sein. Aber niemand wollte zuhören, und nach und nach wurden wir alle in den schrecklichen Strudel hineingezogen.« Über seine These vom »unnötigen Krieg« spricht Churchill bei vielen Gelegenheiten. In der zitierten Passage lassen drei Wörter erkennen, worum es ihm hauptsächlich geht: »Niemand wollte zuhören.« Man muss kein Gedächtnis von Churchill'scher Kapazität haben, um sich vorstellen zu können, dass er die Dreißigerjahre mit ihren Demütigungen nicht vergessen hat. Alle sollen sich jetzt wieder daran erinnern, wem man nicht zugehört hat, und sehen, wie recht er hatte. Als Rufer in der Wüste, der vor den Deutschen warnte, lag er zweifellos richtig. Mit seiner Erzählung vom »unnötigen Krieg« suggeriert er allerdings auch, er habe über einen Plan zur Wahrung des Friedens verfügt. Das gehört ins Reich der Legenden. Einige wichtige Aspekte der damaligen Auseinandersetzung sind oben schon erörtert worden (Teil II, Kapitel 4).

Ein drängendes Thema der Nachkriegszeit ist gleich zu Beginn die Angst vor dem Dritten Weltkrieg, dem Zusammenprall zwischen West und Ost. Er glaube nicht, sagt Churchill in Fulton, »dass Sowjetrussland Krieg haben will«. Das Land betreibe jedoch eine Politik »unbegrenzter Ausdehnung«, der die Westmächte entgegentreten müssten. Die einzige Sprache, die man in Moskau verstehe, sei die Sprache der Stärke; Nachgiebigkeit werde wie schon einmal in eine Katastrophe münden. Weil er keinesfalls als Kriegstreiber verstanden werden will, betont er: »Eine gute Übereinkunft« sei aus einer Position der Stärke heraus möglich und wünschenswert.

Aber er wird als Kriegstreiber verstanden. Der internationale Wirbel nach seiner Rede ist so groß, dass Truman sich zu der Lüge genötigt sieht, er habe den Inhalt vorher nicht gekannt. Stalin vergleicht ihn mit Hitler. Churchills Worte seien »ein Aufruf zu einem Krieg gegen die UdSSR«, sagt er in einem Interview mit der kommunistischen Parteizeitung *Prawda*.

Der weitere Temperatursturz im Verhältnis der einstigen Bündnispartner ist nicht mehr aufzuhalten. Zentraler Schauplatz ist das Land, ohne dessen Versinken in die Barbarei es nie zu der Ost-West-Allianz gekommen wäre. Deutschland steuert auf eine ungeplante Spaltung zu, bald zieht sich der Eiserne Vorhang mitten durch das einstige Reich und dessen geteilte Hauptstadt. Die unfertige Ordnung von Potsdam friert fest.

Einige Monate nach der Rede in Fulton schwenken die Vereinigten Staaten unter Truman auf Churchills Linie ein; großen Einfluss haben dabei auch die Analysen des Diplomaten George F. Kennan. Die neue außenpolitische Leitidee bekommt den Namen »Truman-Doktrin« und bedeutet, dass Washington weltweit Länder unterstützt, die direkt oder indirekt von Moskau vereinnahmt werden könnten. Der Kalte Krieg mit seiner erbittert ausgetragenen Systemkonkurrenz hat sich damit verhärtet. 1948 versucht Stalin, ganz Berlin unter seine Kontrolle zu bringen, indem er Straßen, Schifffahrtswege, Zugstrecken und Energieleitungen blockiert. Briten und Amerikaner setzen den Anspruch auf ihren Anteil Berlins durch, indem sie die drei westlichen Besatzungszonen mehr als ein Jahr lang aus der Luft versorgen, durch die berühmten »Rosinenbomber«. Die Gründung der NATO lässt nicht lange auf sich warten.

Churchills Feindschaft gegenüber den Deutschen ist seit der Siegesfeier wie weggeblasen. Er sieht viele Gründe, dem kriegszerstörten Land auf die Beine zu helfen, humanitäre, wirtschaftliche, geopolitische. Als Schirmherr auf dem Haager Europa-Kongress im Mai 1948 sorgt er dafür, dass eine deutsche Delegation erstmals wieder offiziell an einer europäischen Versammlung teilnehmen kann. Der französische Wirtschaftspolitiker Jean Monnet, einer der wichtigsten Vermittler auf dem Kontinent, schreibt in sein Tagebuch: »Mancher Teilnehmer war mir gänzlich unbekannt, so ein gewisser Konrad Adenauer oder ein Professor aus Frankfurt, Walter Hallstein.«

Gut ein Jahr später ist Churchill der prominenteste Redner beim ersten Plenum der beratenden Versammlung des Europarats in Straßburg. Auf dem dramaturgischen Höhepunkt blickt er finster umher und ruft in den Saal: »Wo sind die Deutschen?« Der auf dem Gebiet der drei westlichen Besatzungszonen gegründete Teilstaat müsse unverzüglich in den Europarat einbezogen werden, fordert er; vor allem aus Frankreich gibt es Widerstand dagegen. 1950 will er die noch unbewaffnete Bundesrepublik bereits militärisch ins westliche Bündnis integrieren: »Das starke deutsche Volk, das wir und unsere Alliierten in den letzten 40 Jahren zweimal bekämpft und besiegt haben, hat jetzt die Gelegenheit, der Menschheit einen unermesslichen Dienst zu erweisen«, sagt er im Unterhaus.

Als er dort am Rednerpult steht, hat er gerade eine politische Niederlage erlitten, die ihm diesmal wenig ausmacht. Nach der Parlamentswahl im Februar kann Premier Attlee weiter regieren, sein Vorsprung ist jedoch erheblich geschrumpft.[14] Churchill bleibt Oppositionsführer, niemand in der eigenen Partei macht ihm die Position ernsthaft streitig. Acht Mitglieder seines Schattenkabinetts gehören dem von ihm gegründeten *Other Club* an.

Die nächste Wahl findet schon im Oktober 1951 statt, weil Attlee hofft, seine knappe Mehrheit festigen zu können. Das Gegenteil ist der Fall, die Konservativen ziehen an Labour vorbei. Obwohl sie weniger Stimmen erhalten, erobern sie die meisten Parlamentssitze.

Winston Churchill ist fast 77 Jahre alt und hat zum ersten Mal im Leben eine landesweite Wahl gewonnen.

---

14 Lebensmittel sind im Vereinigten Königreich noch immer streng rationiert, die Versorgungslage im britisch, amerikanisch und französisch besetzten Westdeutschland ist mittlerweile erheblich besser. Erst 1954 beendet die Londoner Regierung das Zuteilungsregime. Alles in allem spricht wenig dafür, in der britischen Kriegswirtschaft ein Vorbild zu sehen, wie es die Publizistin Ulrike Herrmann getan hat.

Teil IV

Ruhm und Enttäuschung (1951–1965)

Das grandiose Zeugnis seiner Lebensreise wird freie Geister auf der ganzen Welt beflügeln.

John F. Kennedy (1963 bei der Verleihung der US-Ehrenbürgerschaft an Churchill)

1

»Vereinigte Staaten von Europa«: Zukunftspläne und Nähe zu Adenauer

Angemessen breit und repräsentativ führt im Aachener Rathaus eine Treppe hinauf in den Kaisersaal, unter dessen Gewölbe viele deutsche Herrscher ihr Krönungsmahl hielten. Die Treppe ist relativ neu, sie stammt aus dem 19. Jahrhundert, der Saal ist alt, ein Prunkbau des Mittelalters. Wie das gesamte Rathaus steht er auf den Fundamenten der Königshalle, die Karl der Große einst in Aachen errichten ließ, seiner Lieblingsstadt; nirgends sonst konnte er so entspannen wie beim Bad in den dort sprudelnden heißen Quellen.

An Christi Himmelfahrt des Jahres 1956 wird das Treppenhaus gegen 11 Uhr abgesperrt, um einen älteren Herrn im Gehrock vor neugierigen Blicken zu schützen. Es handelt sich um den zweimaligen britischen Premierminister, Sir Winston Churchill. Der 81-Jährige wurde im Jahr zuvor als großer Europäer und Verteidiger »des höchsten menschlichen Gutes, der Freiheit«, mit dem Aachener Karlspreis ausgezeichnet und nimmt die Ehrung jetzt entgegen. Er ist aber nicht mehr gut zu Fuß, darum haben vier städtische Feuerwehrleute in Abstimmung mit der Bundesregierung den Auftrag erhalten, ihn auf einem gepolsterten Lehnstuhl nach oben zu tragen. »Der Vorgang soll möglichst nicht bekannt werden«, hat das Auswärtige Amt geschrieben, doch das ungewöhnliche Arrangement ist bald kein Geheimnis mehr. Ein Fotoreporter, der sich eingeschlichen hat, wird entdeckt und abgeführt.

In Deutschland ist Churchill seit seiner Abreise aus Potsdam nicht mehr zu Besuch gewesen. Ein gutes Jahrzehnt hat genügt, um das besiegte und vielerorts zertrümmerte Land in ein Gebilde von erstaunlicher Vitalität zu verwandeln. Wenn das Wort »Wirtschaftswunder« fällt, wissen auch die Briten, was gemeint ist. Churchill hat seinen Anteil am Comeback des zweimaligen Weltkriegsgegners, dessen wachsenden Wohlstand viele seiner Landsleute staunend und nicht frei von Neid zur Kenntnis nehmen. Nach 1945 hat er sein immenses internationales Prestige genutzt, um die Deutschen politisch, wirtschaftlich und auch militärisch in Europa zu integrieren – jedenfalls die Westdeutschen. Inzwischen gehören sie der NATO an, was die Bundesrepublik zum größten Frontstaat im Kalten Krieg macht. Auf die Entwicklung im sowjetischen Machtbereich, zu dem die DDR zählt, bleibt der Einfluss Londons und Washingtons gering.

Seit einem Jahr hat Churchill keine politische Funktion mehr außer seinem Abgeordnetenmandat. Seine Gesundheit ist durch mehrere Schlaganfälle geschwächt, was er, so gut es ging, verheimlicht hat, auch vor sich selbst. »Bis ich mit der Arbeit aufgehört habe, wusste ich nicht, wie müde ich bin«, schreibt er Dwight D. Eisenhower, der seit 1953 US-Präsident ist, nach seinem Auszug aus dem Amtssitz der Premierministers.

Nur noch selten nimmt Churchill seine ganze Willenskraft zusammen, um die Welt ein weiteres Mal mit einer politischen Idee zu elektrisieren. Die halbstaatliche Ehrung in Aachen ist der letzte dieser Anlässe; in den Jahren danach zieht er sich weitgehend ins Privatleben zurück und verbringt viel Zeit mit reichen Gönnern und Freunden an der Côte d'Azur.[1]

Seine Rede im Kaisersaal wird von den Journalisten mit Spannung erwartet, sie hoffen auf eine Aussage, die Schlagzeilen macht. Bundeskanzler Konrad Adenauer, der vorne unter den 300 Ehrengästen sitzt, weiß bereits, dass ihre Hoffnungen nicht enttäuscht werden, denn er hat das Manuskript gelesen. Die Einigung Europas, Frieden und Sicherheit sind Churchills Themen, so weit nicht überraschend. Aber dann macht er einen Vorschlag, der aufhorchen lässt:

---

1 Eine späte Freundschaft verbindet ihn mit dem griechischen Reeder Aristoteles Onassis, auf dessen Jacht *Christina* er acht längere Reisen mitmacht.

Moskau habe mit dem Stalinismus abgerechnet; bleibe es bei der Abwendung von dem 1953 gestorbenen Diktator »haben wir es mit einem neuen Russland zu tun«. Und dann spreche alles dafür, eine enge Zusammenarbeit bis hin zur Mitgliedschaft in der NATO anzubieten: »Wir müssen einsehen, wie tief und aufrichtig die russischen Befürchtungen ... gegen eine Invasion von außen sind. In einer wahren Einheit Europas muss Russland eine Rolle erhalten.« In diesen Worten malt Churchill nichts anderes aus als einen Weg zur Beendigungen des Kalten Krieges. Am Ende des Weges könne als Lohn für die Deutschen ihre Wiedervereinigung stehen. Alles andere, warnt er in dramatischen Worten, würde nur zu einer »Einheit von Asche und Tod« führen.

Der Rede folgt »ein bewegtes Echo«, wie die Tageszeitung *Die Welt* schreibt. Mehr allerdings nicht. Mit seiner NATO-Vision steht Churchill im Westen ziemlich allein da. Nicht einmal sein langjähriger Außenminister Anthony Eden, der jetzt die britische Regierung führt, unterstützt ihn. Im Gegenteil: Eden hat ihn schon zwei Jahre vorher im Kabinett vor genau solchen Ideen gewarnt.

Der Bundeskanzler ist ebenfalls strikt dagegen und weist seine Leute an, den Vorschlag zu ignorieren. Adenauer und Churchill haben vieles gemeinsam, beide sind überzeugte Europäer, doch ihre Vorstellungen von Europa unterscheiden sich in einem Punkt fundamental: Für den Briten sind die politischen Umrisse des Kontinents praktisch deckungsgleich mit seiner Geografie, sodass Russland dazugehören sollte. Der Deutsche dagegen glaubt schon Asien zu sehen, wenn er nach Moskau blickt. Er traut keinem, der im Kreml herrscht. Seither haben diese grundverschiedenen Perspektiven die westliche Politik geprägt; mal hat die eine, mal die andere Sichtweise mehr Anhänger. Durch die 2014 beginnende Serie russischer Angriffe auf die Ukraine können sich alle bestätigt fühlen, die Adenauers Skepsis teilen.

In seiner Aachener Laudatio auf Churchill bleibt der Kanzler – Karlspreis-Träger des Jahres 1954 – auf dem sicheren Terrain, das Festreden oft langweilig macht. Den Geehrten lobt er für »zwei menschliche Eigenschaften, die Sie in hervorragender Weise verkörpern ...: Größe des Denkens, Größe des Fühlens«. Der Journalist Robert Strobel kommentiert in der *Zeit*, Churchill sei zwar »ein sehr alter Mann« geworden, neben dem der nur ein gutes Jahr jüngere Deutsche körperlich frisch wirke. Aber in Fragen der geistigen Beweglichkeit verhalte es sich umgekehrt: Adenauer erscheine »starr wie einer, der mit seiner Meinung über die Menschen und die Dinge schon lange fertig ist«. Dagegen habe Churchill noch immer etwas von einem »Sucher« an sich, »den seine Erfahrung misstrauisch an seinen eigenen Erkenntnissen gemacht hat«. Das ist gut beobachtet.

Völlig ignorieren, wie es Adenauer am liebsten wäre, lässt sich die NATO-Vision nicht. In den Reihen der oppositionellen Bonner SPD findet man Churchills Idee »kühn und doch realistisch«. Bundesaußenminister Heinrich von Brentano wehrt jedoch Nachfragen mit den Worten ab: »Man kann diese Rede nicht als einen Vorschlag bezeichnen.« Die Aufregung hält nicht lange an; nach dem anschließenden Wochenende, an dem in Deutschland mehrere Parteitage stattfinden, verschwindet die Karlspreis-Rede aus den Schlagzeilen. Das Preisgeld von 5000 D-Mark spendet Churchill einem Hilfsprojekt für sozial und gesundheitlich benachteiligte Kinder, das auf eine britische Initiative aus der unmittelbaren Nachkriegszeit zurückgeht.

Die Wunden des Krieges sind weder im Stadtbild noch in den Gemütern der Bewohner ganz verheilt. Viele Aachener lehnen die Preisverleihung an Churchill ab und zeigen es mit stillem Protest.[2] Als er im schwarzen Rolls-Royce durch die Stadt gefahren wird, drehen sie ihm schweigend den Rücken zu. Der Dom hat, anders als sonst bei solchen Anlässen, nicht geflaggt, die Glocken bleiben stumm. Hauptsächlicher Grund ist die Erinnerung an die Städtebombardements, von denen auch Aachen schwer getroffen wurde. Eine organisierte Kundgebung findet an der Gedenkstätte für die Opfer der beiden Weltkriege statt, wo sich einige Hundert Heimatvertriebene versammeln, die den Geehrten für ihr Schicksal mitverantwortlich machen.

»Sie mögen mich nicht«, sagt Churchill laut einem *Spiegel*-Bericht zu Clementine, als er vor dem Hotel *Quellenhof*, in dem sie

---

2 Die Dokumente, aus denen die internen Überlegungen bei der Preisvergabe hervorgehen, hat die Stiftung Internationaler Karlspreis zu Aachen nicht freigegeben. Mehrere Anfragen blieben unbeantwortet.

logieren, eine protestierende Gruppe sieht. Seine Frau habe geantwortet: »Wundert dich das, Darling?« Es kann ihn nicht wundern, denn kurz vor seiner Abreise hat er die Zusammenfassung einer Attacke auf ihn gelesen, die in der FDP-nahen Wochenzeitung *Deutsche Zukunft* erschienen ist. In »blindem Hass« habe er die deutschen Städte zertrümmert und den »Teufel Hitler« mit dem »Beelzebub Stalin« ausgetrieben. Lord Moran, sein Leibarzt, hat ihn auf den publizistischen Angriff aufmerksam gemacht, um seine Erwartungen zu dämpfen. Bis dahin glaubt Churchill nämlich, er sei »ein Held in Deutschland«. Tatsächlich? Wie viele der Besiegten sind ihm wirklich dankbar für das Ende der Nazi-Herrschaft? Einer Umfrage zufolge ist 1955 fast die Hälfte im Land der Meinung, Hitler wäre ohne den Krieg einer der größten deutschen Staatsmänner gewesen. In den Festreden kommt das nicht vor.

Nach der Preisverleihung geht es in Adenauers Konvoi nach Bonn (»in halsbrecherischem Tempo«, wie ein Begleiter notiert). Auf dem Weg zur Villa Hammerschmidt, dem Sitz des Bundespräsidenten, trägt Sir Winston zur Freude der Fotografen einen grau schimmernden Zylinderhut aus feinstem Filz. Amtsinhaber Theodor Heuss hält zum späten Frühstück eine peinliche Tischrede. Seinen Gast würdigt er als »bewegende Geschichtsgestalt« der gegenwärtigen Epoche und fügt hinzu: »Sie sind selber mit Ihrer schriftstellerischen Meisterschaft einer ihrer Deuter geworden, mit der schönen Subjektivität, die dem Täter gestattet ist.« Wie Churchill auf die grobe Ansprache als »Täter« reagiert hat, ist nicht überliefert. Abends empfängt ihn Adenauer zu einem Essen im kleinen Kabinettssaal. Am runden Tisch für 16 Personen (um die Sitzordnung kümmert sich Kanzleramtsminister Hans Globke) begrüßt der Kanzler den Engländer als Freund und geht in seinen Ausführungen auch diesmal kein Risiko ein.

Zum Ausklang der Reise erholt sich Churchill im Kreis britischer Soldaten. Er besucht seine alte Truppeneinheit, das in Celle stationierte 4. Husaren-Regiment, lässt sich feiern und fliegt anschließend nach Hause.

Zwei Monate später hält er sich ein letztes Mal in Deutschland auf: Bei der Düsseldorfer Rennwoche hofft er auf den Sieg seines Schimmels *Le Prendant*. Zu Clementines Überraschung und mildem Verdruss hat er während seiner Zeit als Oppositionsführer angefangen, einen Rennstall zu unterhalten. Nach und nach bringt er es auf 38 Pferde und 70 Siege. Als sein grauer Vollblüter *Colonist II* einmal gegen den Favoriten von Kronprinzessin Elizabeth gewinnt, tut es ihm beinah leid.

Churchills Ehrung in Aachen hat eine lange Vorgeschichte. Seit vielen Jahren kreisen seine Gedanken immer wieder um die Zukunft Europas. In einem Zeitungsartikel beklagt er 1930 die Kleinstaaterei auf dem Kontinent, die er als Folge des Versailler Vertrags und dessen »Apotheose des Nationalismus« darstellt. Sein Gegenmodell zu dieser Zersplitterung sind die »Vereinigten Staaten von Europa«. Das Staatenbündnis wäre für ihn ein neuer Ordnungsfaktor, der an die verloren gegangene »Disziplin der großen Reiche« anknüpfen könnte – die Geburt Europas aus dem Geist des Imperialismus. Sein Heimatland, das weiterhin über ein Reich aus vielen Nationen herrscht, verfolge allerdings einen »eigenen Traum«. Die Briten seien »an der Seite Europas«, ohne richtig dazuzugehören: »Wir sind verbunden, aber nicht einbezogen.«

Zehn Jahre danach, während des Krieges, knüpft er an solche Überlegungen an und nimmt viel spätere Ereignisse gedanklich vorweg: Im Gespräch mit Colville skizziert er »die europäische Konföderation, die nach dem Krieg geschaffen werden müsse«. Nur schaudere ihn »bei dem Gedanken an die komplizierten Währungsfragen, die dann auftauchen würden«. Da er davon nichts verstehe, werde er sich heraushalten. An Außenminister Eden schreibt er im Oktober 1942, er freue sich schon »auf die Vereinigten Staaten von Europa, in denen die Schranken zwischen den Nationen auf ein Minimum reduziert werden und ungehindertes Reisen möglich sein wird«. Als künftige Institution nennt er einen »Europarat«. Von einer britischen Sonderrolle ist diesmal nicht die Rede.

Seine berühmteste Europa-Vision breitet Churchill zu einer Zeit aus, in der weite Teile des Kontinents am Boden liegen. Bis in die Morgenstunden hinein hat er an seinem Manuskript gearbeitet, als er am 19. September 1946 in der Aula der Züricher Universität ans Rednerpult tritt. Ein weiteres Mal gelingt es ihm, mit Worten ein

Ereignis zu schaffen. Nach der ernsten Warnung, dass die Schrecken des Krieges zurückkehren können, führt er seinem Publikum »ein Gegenmittel« vor Augen, von dem er sich wahre Wunder erhoffe. Europa könne »so frei und so glücklich werden wie die heutige Schweiz«. Das Mittel dazu: »Wir müssen eine Art Vereinigte Staaten von Europa errichten.« Dabei komme es auf zwei Länder ganz besonders an: Deutschland und Frankreich.

Von heute aus gesehen scheint Churchill etwas Selbstverständliches zu sagen. Nur anderthalb Jahre nach dem Untergang des Hitler-Regimes ist es eine Sensation. »Der erste Schritt zur Wiederherstellung der europäischen Familie muss eine Partnerschaft zwischen Frankreich und Deutschland sein ... Ohne ein geistig großes Frankreich und ein geistig großes Deutschland kann es keine Wiederbelebung Europas geben.« Von Partnerschaft zu sprechen, während viele Franzosen den Rhein generell als Staatsgrenze festschreiben wollen, um nicht ein viertes Mal vom Nachbarn überrollt zu werden, ist kühn. Altbundespräsident Richard von Weizsäcker sagt 2006 in seiner Zürcher Gedenkrede: »Churchills Appell war von singulärer historischer Kraft. Mit ihm legte er den Grundstein für die kommende Zeit.« Deutschland und Frankreich als entscheidende Länder – das geht natürlich nur, wenn Großbritannien auf Distanz bleibt, zusammen mit den USA und eventuell der Sowjetunion im Club der »Freunde und Gönner« (*friends and sponsors*) Europas.

Weil Churchill Frankreich gut kennt, baut er eine rhetorische Verbeugung vor dem kulturellen Führungsanspruch des Landes ein. Ähnlich kurz handelt er die deutschen Verbrechen ab: Die Täter müssten bestraft werden, sicher, aber das werde bald erledigt sein. »Wir alle müssen die Schrecken der Vergangenheit hinter uns lassen«, lautet sein Aufruf. Die Zukunft sei wichtiger als der Blick zurück. – Früher und vehementer ist der Schlussstrich unter die Aufarbeitung der NS-Zeit von unverdächtiger Seite nicht gefordert worden.

Den Zürcher Aufenthalt nutzt Churchill, um Willy Sax zu treffen, einen von vielen Malern geschätzten Hersteller von Künstlerfarben. Nach der ersten Begegnung verschiebt er seinen Rückflug, damit er den Farbenfabrikanten näher kennenlernen kann. Es ist der

Beginn einer jahrelangen Freundschaft. Weil er nach einem kräftigen Himmelblau sucht, mischt Sax für ihn den neuen Farbton *Churchill Blue*, der an einen mediterranen Sommertag erinnert.

Churchill malt mehr als 500 Bilder. Dass er eines davon außerhalb des Familienkreises verschenkt, ist eine große Ausnahme. Die Begehrlichkeiten könnten überhand nehmen, fürchtet er. Roosevelt hat er ein Bild geschenkt, Eisenhower, den er seinerseits zum Malen animiert, bekommt eines, auch die 1953 gekrönte Queen Elizabeth II., die er fest ins Herz geschlossen hat. Ein Deutscher gehört ebenfalls zu dem illustren Kreis: Konrad Adenauer.

Es ist ein Wunsch des Bundeskanzlers, den Churchill ihm erfüllt. Vermutlich als Anspielung auf die gemeinsamen Wurzeln Europas schenkt er ihm eine Ansicht der Parthenon-Ruine in Athen. Das Gemälde hängt heute in Adenauers Haus in Rhöndorf am Rhein, das als Museum seit 1970 öffentlich zugänglich ist. Auf den christlich-konservativen Regierungschef hält Churchill große Stücke. »Er scheint mir der beste Deutsche zu sein, dem wir seit Langem begegnet sind«, lobt er ihn in einem Brief an Eisenhower. Im Unterhaus sagt er, den »vermutlich weisesten deutschen Staatsmann seit Bismarck« bewundere er sehr. Adenauer ist der einzige Deutsche, mit dem ihn über längere Zeit eine freundschaftliche Nähe verbindet.

Den ersten Kontakt zu ihm hat er indirekt durch den konservativen Abgeordneten und begeisterten Europäer Duncan Sandys aufgenommen, der seit 1935 sein Schwiegersohn ist. Churchill schickt ihn gut ein Jahr nach Kriegsende auf eine politische Erkundungsreise ins besetzte Deutschland. In Köln führt Sandys ein langes Gespräch mit dem ehemaligen Oberbürgermeister der Stadt: Der aufstrebende CDU-Politiker Adenauer erzählt von seiner Hoffnung, dass ein freies, föderales Deutschland so bald wie möglich in ein föderales Europa aufgenommen werde. Sandys ist von dem 70-Jährigen beeindruckt, wie er seinem Schwiegervater sicherlich berichtet.

Beim Europakongress in Den Haag begegnen sich die beiden fast gleichaltrigen Politiker zum ersten Mal. Churchill hat im Mai 1948 persönlich bei der niederländischen Regierung interveniert, die sich bis dahin sträubte, den angemeldeten deutschen Teilnehmern die nötigen Visa zu erteilen. Gemeinsam mit sechs weiteren Mitgliedern der Delegation, notiert Adenauer, habe er in Den Haag bloß einige Worte mit dem großen Engländer gewechselt, der »sehr höflich« versichert habe, keinerlei Groll gegen Deutsche zu hegen. Churchill erinnert sich später an »ein angenehmes und für mich denkwürdiges Gespräch«.

Wann immer er sich über Adenauer äußert, ist sein Ton freundlich, respektvoll und manchmal geradezu fürsorglich. Der Kanzler verkörpert für ihn ein Land, wie er es sich immer gewünscht hat, seit er ein halbes Jahrhundert zuvor dem Kaiser begegnet ist, »das neue Deutschland, das Dr. Adenauer errichtet«: Es stellt keine Gefahr mehr dar, ist aber stark genug, der Dominanz eines anderen Staates auf dem Kontinent vorbeugen zu können. »Für meinen Teil begrüße ich es, dass Deutschland wieder zu den großen Mächten der Welt gehört«, sagt er auf einem Parteitag der Tories. Wichtig ist hier der Plural, hinter dem der alte, zentrale Gedanke der *balance of power* auf dem Kontinent steht.

Adenauer erwidert Churchills Zuneigung. Als dessen politisch aktive Zeit längst vorbei ist, besucht er ihn noch im südfranzösischen Roquebrune[3] und daheim in London. Auf die Frage in einem Hintergrundgespräch mit der *New York Times*, wen er für »einen großen Mann« halte, nennt er seinen Namen als einzigen. Anders als der Engländer ist der Deutsche allerdings weniger ein Romantiker, sondern eher ein Zyniker der Macht. Während er öffentlich kein schlechtes Wort über Churchill verliert, lästert er gelegentlich im vertrauten Kreis. Besonders deutlich wird das im Mai 1953: Zwei Monate nach Stalins Tod will Churchill ein Gipfeltreffen einberufen, vergleichbar den Dreimächte-Konferenzen der Weltkriegsjahre, um den Ost-West-Konflikt zu beenden. Die Sache liegt ihm wirklich am Herzen (mehr in Kapitel 2). Adenauer ist nicht nur »sehr überrascht«, wie er in seinen Erinnerungen schreibt, sondern auch ernst-

3 In der dort von Coco Chanel errichteten Villa *La Pausa* hält sich Churchill häufig auf. Seit 1953 gehört sie dem aus Ungarn stammenden Presse- und Verlagsagenten Emery Reves, der Churchills Artikel und Bücher international vermarktet. Die Gemeinde Roquebrune-Cap-Martin ernennt den Ex-Premier 1956 zu ihrem Ehrenbürger.

haft beunruhigt, weil er die Auflösung der aus seiner Sicht lebenswichtigen Westbindung der Bonner Republik befürchtet – ähnlich wie bei den wiederholten Offerten aus Moskau, die einen wiedervereinigten und neutralen Staat als Lösung der »deutschen Frage« in Aussicht stellen.

Zu einem schon länger geplanten Besuch reist Adenauer nach London, wo er dezent seine Meinung kundtun kann. In seinem anschließenden »Bericht zur Lage« im CDU-Bundesvorstand wird der Kanzler und Parteichef deutlich: »Ich glaube, man sollte diesen Ausführungen Churchills keine zu große Bedeutung beilegen. Churchill ist ein sehr emotionaler Mann und, wie Sie alle wissen, ein künstlerisch sehr begabter Mann. Er leidet unter seinem Gehörleiden. Dieses Gehörleiden bringt es mit sich, dass er manchmal doch nicht alles mitbekommt in einer Verhandlung, namentlich dann, wenn er – ungeduldig, wie er ist – sein Maschinchen wegtut.« Es gehört einige Abgebrühtheit dazu, das Anliegen des britischen Premierministers als wirre Idee eines Altersschwachen abzutun.

Aber: Mit seinem kalten Blick auf den weltberühmten Kollegen in London trifft Adenauer einen Punkt. Der 1951 ins Amt zurückgekehrte Churchill ist nicht mehr der Mann von einst. Seine berühmten roten Aufkleber – *Action This Day* – verschwinden sang- und klanglos in der Schublade, nichts hat mehr das Tempo und die Dringlichkeit der Kriegszeit.

Auch Churchills Europabegeisterung lässt merklich nach. Den nicht unwichtigen Zweck, ihm als Oppositionsführer internationale Aufmerksamkeit zu verschaffen, hat die Kampagne seit dem Machtwechsel erfüllt. Als Premierminister knüpft er wieder stärker an seine imperialistischen Wurzeln an. An erster Stelle kommt für ihn das britische *Commonwealth of Nations,* das er am liebsten noch Empire nennt. Die Verbundenheit mit den USA steht an zweiter, die mit Europa an dritter Stelle. Manchmal zeichnet er für Gesprächspartner ein Diagramm dreier, sich überschneidender Kreise, in deren Mitte Großbritannien die glorreiche Schnittmenge bildet.

Hat er falsche Hoffnungen geweckt? Ja, denn immer wieder scheint sein Enthusiasmus kaum noch Grenzen zu kennen. Bei einer Kundgebung in Amsterdam sagt er 1948: »Wir wünschen uns ein

Europa, in dem die Menschen aller Länder sich ebenso sehr als Europäer wie als Angehörige ihres Heimatlandes fühlen, ohne dabei ihre Liebe und Treue zu ihrem Geburtsort zu verlieren … Lassen Sie uns zusammenkommen. Lassen Sie uns gemeinsam arbeiten.« Ohne die Briten explizit auszunehmen, spricht er im selben Jahr davon, »dass Länder durch die Mitgliedschaft in einer Europäischen Union eine erweiterte oder bereicherte Souveränität erhalten«. Wer Churchill so versteht, dass er die Briten unbedingt in die sich formende Staatengemeinschaft führen wolle, hört ihm jedoch nur selektiv zu. In den Europareden weist er regelmäßig auf die besondere Eigenständigkeit seiner Inselnation hin.

Ein halbes Jahrhundert nach seinem Tod machen ihn die Brexit-Befürworter deshalb zu ihrem Schutzpatron. Boris Johnson knüpft als Premierminister von 2019 bis 2022 mit seinem Leitmotiv *Global Britain* an das Weltbild des Drei-Kreise-Diagramms an. Schon zu Churchills Lebzeiten hat sich allerdings die reale Entwicklung nicht nach diesem Modell gerichtet: Statt zurück in den Mittelpunkt des Weltgeschehens wandert das Vereinigte Königreich während der Fünfziger- und Sechzigerjahre in jedem der Kreise weiter an den Rand.

Dass Churchill von vielen Seiten vereinnahmt wird, liegt daran, dass er vor allem ein Möglichkeitsmensch ist. Nur wenige seiner Entscheidungen sind völlig vorhersehbar. Sein Leben lang lotet er Potenziale aus, lässt Ideen fliegen und geht Risiken ein, anstatt seine Spielräume von vornherein zu beschränken. Mit Churchill-Zitaten lassen sich darum ganz unterschiedliche Positionen begründen. Zu Clementine sagt er einmal, Morans Überlieferung zufolge: »Wäre ich zehn Jahre jünger, könnte ich der erste Präsident der Vereinigten Staaten von Europa werden.« Ein Isolationist würde so etwas nicht einmal in Erwägung ziehen.

Wenn sich die heutige Europäische Union auf ihn beruft, hat sie dafür keine schlechteren Gründe als Johnson und die Brexiteers. Seit 1980 steht am Sitz des EU-Parlaments in Straßburg das neunstöckige Winston-Churchill-Haus, vor dem die Flaggen aller Mitgliedsländer wehen. Die britische fehlt bekanntlich seit einiger Zeit.

2

»Eine Konferenz auf höchster Ebene«: Der letzte große Traum

Ein Mittwochmorgen in Görlitz, der Stadt an der Lausitzer Neiße, die jetzt an Polen grenzt. Streikende Arbeiter sind im »Arbeiter- und Bauern-Staat« DDR zwar nicht vorgesehen – doch im Waggonwerk »ist der Teufel los«, meldet ein SED-Mitglied seinem Kreissekretär. Die wütende Menge verlangt dort »freie Wahlen« und den Rücktritt der Regierung. Rasch gerät die ganze Stadt in Aufruhr, rund 40 000 der 100 000 Einwohner gehen auf die Straße, sie setzen den Bürgermeister ab, befreien alle 417 Häftlinge aus den Gefängnissen und stürmen die Zentrale der Staatssicherheit. Im benachbarten Niesky sperren Aufständische den örtlichen Stasichef und drei seiner Leute in den Hundezwinger ihrer Dienststelle und setzen ihnen Fressnäpfe vor.

An jenem 17. Juni 1953 bricht überall in der DDR ein Volksaufstand los, mit dem weder die SED-Führung um Walter Ulbricht noch die sowjetischen Aufpasser oder die westlichen Geheimdienste gerechnet haben. Nirgends, auch nicht in der Hauptstadt Ostberlin, treiben es die rebellierenden Menschen so schnell so weit wie in Görlitz und Umgebung. Der Freiheitsdrang und das Verlangen nach besseren Lebensbedingungen sind riesig, zwischen Ostsee und Erzgebirge scheint sich eine Revolution anzubahnen. Bis der Kreml eingreift. Sowjetische Panzer fahren auf, Rotarmisten schießen scharf. Die Revolte bricht zusammen, ehe die Aufständischen ganz begreifen können, was sie da eigentlich tun.

Kaum weniger denkwürdig als die plötzliche Erhebung ist die westliche Reaktion darauf. Die Regierungen in Washington, London, Paris und Bonn sind offenkundig heilfroh, dass der Kreml einen

Umsturz in der DDR gewaltsam verhindert hat. Aus verschiedenen Gründen ist ihnen die fortdauernde Teilung Deutschlands lieber als die Aussicht auf einen wiedervereinigten Staat in der Mitte Europas. Auch Churchill, der große Prediger der Freiheit, hat an der Freiheit der Ostdeutschen gerade kein Interesse. Wenige Wochen vorher hat er noch »das riesige Elend« in der DDR angeprangert, doch das zählt jetzt nicht mehr. Hätten die Sowjets etwa tatenlos zusehen sollen, wie ihre Besatzungszone »in Anarchie und Chaos versinkt«, fragt er. Die Rote Armee sei völlig korrekt vorgegangen, denn nach seinem Eindruck habe man »angesichts der zunehmenden Unordnung mit recht großer Zurückhaltung« reagiert. Anstatt den Ruf nach Selbstbestimmung zu unterstützen, stellt er sich auf die Seite der Unterdrücker.

Was denkt er sich dabei?

Churchill verfolgt seinen letzten großen Traum und will dabei nicht gestört werden. Einen Monat vor der plötzlich aufflackernden Rebellion der Deutschen in der DDR hat er im Alleingang seine Initiative für »eine Konferenz auf höchster Ebene« präsentiert. Teilnehmer: der sowjetische Regierungschef, der US-Präsident und er. Der Premierminister setzt darauf, dass mit Stalins Herrschaft auch der Stalinismus geendet hat und eine Verständigung mit Moskau möglich wird. Der Kalte Krieg würde beendet, die Gefahr eines atomaren Schlagabtauschs wäre gebannt. Im Geschichtsbuch hätte er sich damit nicht nur als Kriegsheld verewigt, sondern auch als Friedensstifter.

Das Gelingen seines Plans hängt nicht zuletzt davon ab, dass er seinen westlichen Partnern das Bild einer neuen, konzilianteren Führung im Kreml vermitteln kann. Die Macht liegt dort bis auf Weiteres in mehreren Händen, denen von Nikita Chruschtschow, Georgi Malenkow, Nikolai Bulganin, Lawrenti Beria. Es sind hart gesottene Bolschewisten, die sich unter Stalin durchgesetzt und sein Regime mitgetragen haben. Dennoch: Churchill ahnt richtig voraus, dass die Zeit der größten Grausamkeiten nach dem Tod des Diktators vorüber sein wird.

Aufständische in Ostdeutschland, die das Sowjetimperium dazu veranlassen, Panzer gegen Zivilisten aufzufahren, passen ihm jedenfalls nicht ins Konzept. Hier zeigt sich eine gewisse Analogie zu dem geringen Interesse, das er für den deutschen Widerstand gegen Hitler aufgebracht hat. Wollte er damals den absoluten Siegeswillen im Kampf gegen Nazi-Deutschland nicht gefährden, so will er jetzt die Chancen auf ein gutes Einvernehmen mit Moskau nicht schmälern. Es sind andere Zeiten und andere Akteure, aber sein Verhaltensmuster ist ähnlich.

In seiner Leidenschaft für Gipfeldiplomatie kommen mehrere Motive zusammen. Churchill will dem Weltfrieden dienen, seinen persönlichen Ruhm mehren, der Langeweile des Tagesgeschäfts entfliehen und außerdem die Stellung seines Landes stärken. Denn im Kalten Krieg hat sich die Konstellation der letzten Kriegsjahre verfestigt; die beiden Supermächte USA und Sowjetunion beherrschen die Weltpolitik. Wenn sich der alles überwölbende Konflikt zwischen den Blöcken auflöst, könnten die Briten ihre verlorene Bedeutung wenigstens teilweise zurückgewinnen. Allerdings ist Bundeskanzler Adenauer nicht der Einzige, der Churchills Vorschlag kritisiert. US-Präsident Eisenhower fragt sich, was er zu gewinnen hätte, und wartet ab. Er spürt: »Winston versucht, die Zeit des Zweiten Weltkriegs wieder aufleben zu lassen.« In Paris ist man empört, weil Churchill nach dem Modell von Potsdam, Jalta und Teheran an eine Dreimächtekonferenz denkt, bei der Frankreich bloß am Katzentisch sitzen würde. Die Londoner Regierung steht keineswegs geschlossen hinter ihrem Premier, im Gegenteil. Das unabgestimmte Vorgehen des Alten, der im Übrigen die laufende Regierungsarbeit vernachlässigt, kommt im Kreis der Minister und Spitzenbeamten nicht gut an.

Was wollen die Moskowiter? Wie üblich weiß das niemand genau. Mehr als alles andere halten interne Machtkämpfe die KP-Führung in Atem: Der von vielen gefürchtete Geheimdienstchef Beria wird verhaftet, zum Tod verurteilt und erschossen. Bis Chruschtschow die Zügel schließlich allein in der Hand hält, vergehen mehrere Jahre.

Durch einen Schlaganfall Ende Juni 1953 wird Churchill zeitweilig gebremst. Es ist nicht der erste, aber der bis dahin schwerste. Seine linke Körperhälfte zeigt erhebliche Lähmungserscheinungen. Er zieht sich nach Chartwell zurück, seine Freunde unter den Pressebaronen sorgen dafür, dass nichts an die Öffentlichkeit dringt. Als er nach einigen Tagen einen Besucher empfängt, sitzt er im Rollstuhl, lässt es sich aber nicht nehmen, mit erheblicher Mühe aufzustehen. Dann raucht er seine Zigarre weiter.

Während die Erkrankung wie ein Staatsgeheimnis behandelt wird, schafft es der 78-Jährige, sich halbwegs zu erholen. Seinen ersten großen Auftritt hat er beim alljährlichen Tory-Parteitag in Margate, einem Badeort im englischen Südosten. Seine Vorbereitung ist in jeder Hinsicht gründlich, da er die Partei weniger steuern kann als sein Kabinett. Lord Moran verabreicht ihm Amphetamin, das seine aufputschende Wirkung tut (und noch bei anderen Gelegenheiten tun wird). Die eher Churchill-kritische *Times* nennt seine Rede »einen persönlichen Triumph«. Beendet hat er sie mit einigen Worten zu der Frage, die im inneren Kreis der Tories lebhaft diskutiert worden ist: Soll er im Amt bleiben oder Platz für einen Jüngeren machen? Um letzte Zweifel an seinem Durchhaltewillen auszuräumen, sagt Churchill, er mache »nicht aus Machthunger« weiter, sondern weil er aufgrund seiner Erfahrung viel zu einem »sicheren und dauerhaften Frieden« beitragen könne. So muss ein Politiker sprechen, ob es wahr ist oder nicht.

Seine Tochter Mary Soames kommentiert später: »Natürlich war da auch der Widerwille eines alten Mannes, seine Macht abzugeben... Sein langes, abwechslungsreiches und glanzvolles öffentliches Leben würde zu Ende sein, und die Aussicht, über der verglimmenden Glut zu brüten, gefiel ihm nicht.« Anthony Eden, dem Churchill die Nachfolge schon viele Male versprochen hat, muss weiter warten, was ihm schwerfällt.

Einige Tage nach der Parteiversammlung erreicht den Premier eine Nachricht aus Stockholm: Er werde mit dem Literaturnobelpreis ausgezeichnet. Es ist das erste und bis heute einzige Mal, dass ein weltweit bekannter Politiker diese Ehrung erhält – »für seine Meisterschaft in der historischen und biografischen Darstellung sowie für die glänzende Redekunst, mit welcher er als Verteidiger von höchsten menschlichen Werten hervortritt«. Seit Jahren ist Churchill in der engeren Auswahl. 1953 setzt er sich gegen 23 andere Kandidaten durch, alle männlich, unter ihnen die deutschen Schriftsteller Gottfried Benn und Werner Bergengruen. Sein neuer Privatsekretär Anthony Montague Browne hat den ambivalenten Moment der Bekanntgabe festgehalten: »Ich erinnere mich lebhaft an seine anfängliche und rührende Freude, die in Gleichgültigkeit umschlug, als er erfuhr, dass es um Literatur und nicht um Frieden ging.« Deutlicher wird nie, dass er seine Formulierungsgabe perfektioniert hat, um etwas Außerliterarisches zu erreichen: politischen Einfluss und finanzielle Unabhängigkeit. Die Schwelle zur künstlerischen Sprache überschreitet er nicht, daran hat er kein Interesse. So gesehen ist die Preisvergabe an Churchill eine Fehlentscheidung. Thomas Mann, Literaturnobelpreisträger 1929, teilt seinem Bruder Heinrich einmal mit: »Churchill schreibt zwar eine gute Prosa, hat aber doch eingestandenermaßen nur eine aristokratische Leutnantsbildung und ist ein naiver Autodidakt.« Der Regierungschef hält es denn auch nicht für zwingend, die Auszeichnung persönlich entgegenzunehmen, ein politischer Termin ist ihm wichtiger. Clementine fährt an seiner Stelle nach Schweden. Er tröstet sich mit dem Preisgeld: »12 100 Pfund, steuerfrei. Gar nicht übel.« Für den ersehnten Friedensnobelpreis kommt Churchill nur am Rande in Betracht, 1945 und 1950.

Davon abgesehen mangelt es ihm nicht an besonderen Ehrungen. Zu seinem 80. Geburtstag würdigt ihn das Parlament wie nie einen amtierenden Premierminister zuvor. Parteiübergreifend beauftragt das Unterhaus den Maler Graham Sutherland mit einem Churchill-Porträt. Konservative Abgeordnete beider Kammern sammeln für den Kauf zweier Silberkrüge, die einst dem Bruder des ersten Herzogs von Marlborough gehörten. Im Schmuck seiner schimmernden Orden (Montague Browne spricht flapsig vom »Obstsalat« an der Brust) sagt Churchill bei der Sondersitzung am 30. November 1954: »Dies ist für mich das denkwürdigste öffentliche Ereignis meines Lebens.« Als Einziger unter den Abgeordneten gehörte er dem Parlament schon zur Zeit von Queen Victoria an.

Aus dem In- und Ausland gehen 30 000 Grußkarten und 900 Geschenke für ihn ein. Um das Geschenk aus Bonn kümmert sich Konrad Adenauer persönlich: eine schwere Silberschale mit dem Wappen der Churchills in Gold. Das Geburtstagskind findet sie

»lovely«. Inhaltlich bedeutsamer ist die Widmung des Philosophen Karl Popper, der in ein Exemplar seines Buchs *Die offene Gesellschaft und ihre Feinde* schreibt: »Dem Verteidiger der offenen Gesellschaft als Zeichen der Dankbarkeit.« Eine angemessene Verneigung, allen Schwächen und Beschränkungen Churchills zum Trotz.

Beim Anblick von Sutherlands Gemälde muss Churchill sich zurückhalten; das schonungslose Porträt findet er grässlich. Er sehe darauf aus wie ein obdachloser Trinker, »den man aus der Gosse gefischt hat«. Erst verschwindet das Bild in einer Abstellkammer, dann lässt Clementine es zerschneiden und verbrennen.

Der nächste gesellschaftliche Höhepunkt geht mit seinem Rücktritt einher, zu dem er sich im Frühjahr 1955 durchringt. Zum Zeichen der besonderen Wertschätzung begibt sich die Königin mit Prinz Philip zu ihrem scheidenden Premier in die Downing Street, um an einem Galadiner teilzunehmen. Durch ihren Privatsekretär hat sie ihm vorher schon ausrichten lassen, wie sehr sie die wöchentlichen Audienzen mit ihm vermissen werde, da die Gespräche unter vier Augen nicht nur ungemein lehrreich, sondern auch »so unterhaltsam« gewesen seien.

Als Eden die Amtsgeschäfte schließlich übernommen hat, fällt Churchill wie befürchtet in ein mentales Loch. »Er scheint von Tag zu Tag langsamer und schläfriger zu werden«, schreibt seine Tochter Mary in ihr Tagebuch. »Mich bedrückt die Traurigkeit des hohen Alters.«

Die letzte außergewöhnliche Ehrung verleiht ihm einer seiner großen politischen Anhänger, John F. Kennedy. Der 1917 geborene US-Präsident hat nicht erst während seiner Studienzeit Churchills Politik bewundert (siehe Teil II, Kapitel 4), sondern schon als 15-Jähriger dessen mehrbändiges Werk über den Ersten Weltkrieg gelesen und dann jedes Buch und jeden Aufsatz des Engländers verschlungen. In vielen Reden und Aussagen Kennedys schimmert die Churchill'sche Rhetorik durch. Oft zitiert er ihn auch direkt.

1963 erklärt der US-Kongress per Gesetz, der Präsident möge Churchill die Ehrenbürgerschaft der Vereinigten Staaten von Amerika verleihen. Kennedy tut nichts lieber, als zum ersten Mal in der

Geschichte seines Landes diesen Akt zu vollziehen.[4] »Wann und wo auch immer sich die Tyrannei erhob, er stand stets auf der Seite der Freiheit«, sagt er zur Unterzeichnung der Urkunde, die Randolph für seinen nicht mehr reisefähigen Vater im Weißen Haus entgegennimmt. Ob ihn die beispiellosen Würdigungen darüber hinwegtrösten, dass sein Traum von der Beendigung des Kalten Krieges geplatzt ist? Vermutlich hängt es von der Tagesform ab. Bis in die letzten Lebensjahre hinein kann er seine Umgebung weiterhin durch seine Formulierungskunst und sein Gedächtnis beeindrucken. Dann wieder sackt er in sich zusammen und wünscht sich, wie sein Leibarzt notiert, den Tod herbei.

Das vielleicht Erstaunlichste an seiner Friedensinitiative von 1953 ist, dass sie ihn noch zwei Jahre lang durch das Amt des Premierministers trägt, obwohl er mit der Idee eines Dreiergipfels ohne spezifische Tagesordnung von Anfang an auf verlorenem Posten steht. Zur Vorbereitung plant er im Juli 1954 ein Tête-à-tête mit Malenkow in Moskau. Nach heftigen Protesten in seiner Regierung muss er einen Rückzieher machen, aber stattdessen bringt er Stockholm, Wien oder Bern als neutrale Orte ins Gespräch. Seinem »lieben Freund« Eisenhower schreibt er, »die ganze Welt« wünsche sich ein Treffen zu dritt. Künftige Generationen würden den Kopf schütteln, sollte die Chance, durch ein Gespräch unter vernünftigen Männern Frieden zu schaffen, vertan werden. Bis ins Frühjahr 1955 hinein gelingt es Churchill, seinen Traum am Leben zu erhalten, dann gibt er auf. Die Ironie der Geschichte will es, dass ein Vierteljahr nach seinem Rücktritt tatsächlich eine Gipfelkonferenz stattfindet, wenn auch anders, als Churchill sie sich ausgemalt hat.

Eisenhower schickt ihm vorher einen einfühlsamen Brief, in dem er seine »Traurigkeit« darüber ausdrückt, dass der langjährige Weggefährte nun nicht mehr dabei sein kann. »Ihr Mut und Ihre Weitsicht werden uns fehlen.« In seiner Antwort zeigt sich Churchill frei von Bitterkeit. Er habe nie geglaubt, die politische Entwicklung auf

4 Der französische Marquis de Lafayette, der im Unabhängigkeitskrieg gekämpft hatte, erhielt 1784 die US-Staatsbürgerschaft, aber nicht die Ehrenbürgerschaft. Diese wurde ihm postum 2002 verliehen.

einen Schlag verändern zu können. Es sollte jedoch möglich sein, mit den Menschen in Russland und der Moskauer Führung friedlich zusammenzuleben.

An der Runde in Genf nehmen auch die Franzosen teil; Anlass sind die Pariser Verträge zwischen den Westmächten und Bonn, mit denen die Bundesrepublik ihre weitgehende Souveränität erlangt hat. Aus den drei Hohen Kommissaren werden Botschafter, der Weg des deutschen Teilstaats in die NATO ist frei. Auf dem Genfer Vierergipfel stehen Rüstungskontrolle, Handelsbeziehungen und mögliche Schritte zur Wiedervereinigung Deutschlands auf der Tagesordnung. Die Ergebnisse bleiben vage, konkrete Übereinkünfte sollen später die Außenminister erzielen. Der Kalte Krieg wird noch lange dauern.

3

»Respektlosigkeit unseren Toten gegenüber«: Churchill, ein Kriegsverbrecher?

Zu Churchills 90. Geburtstag versammelt sich vor seinem Londoner Anwesen (Hyde Park Gate 27 und 28) eine Schar Gratulanten. Sie singen »Happy Birthday«, und als er sich sorgfältig angezogen am Fenster zeigt, klatschen sie und jubeln ihm zu. Worte findet er keine mehr für sie. »In unseren Herzen spürten wir, dass das Ende nicht fern sein konnte«, schreibt Mary Soames, seine Tochter. Sein letzter Termin ist ein Abendessen in der vertrauten Runde des *Other Club*, den er einst mitgegründet hat.

Zwei Monate später, am 24. Januar 1965, auf den Tag genau 70 Jahre nach dem Tod seines Vaters, ist das Ende erreicht. Als Ursachen übermittelt Moran dem Sterberegister von Kensington-Süd: zerebrale Thrombose, zerebrale Arteriosklerose, Lungenstauung. In die Rubrik »Beschäftigung« schreibt der zuständige Beamte »Staatsmann«. Churchills Leichnam wird einbalsamiert und in einen seidenen Pyjama gekleidet.

Im Jahr seiner Geburt war England noch längst nicht elektrifiziert. Wenige Wochen nach seinem Tod verkabeln die Rolling Stones im Studio ihre Instrumente und nehmen »(I Can't Get No) Satisfaction« auf.

Beerdigt wird Churchill in Bladon, einem Dorf am Rand des ummauerten Parks von *Blenheim Palace*. Die Beisetzung findet ohne Pomp im kleinen Kreis statt; einen der beiden Kränze legt Clementine ab, den anderen schickt die Queen. Wie von ihm gewünscht folgt er seinen Eltern und seinem Bruder auf den Friedhof der kleinen Pfarrkirche *St Martin*, zu deren Gemeinde auch der nahe Palast gehört, sein Geburtshaus. Mit der schlichten Beerdigung endet eine Trauerzeremonie, die allerdings grandioser nicht hätte sein können. »Das war kein Begräbnis, das war ein Triumph«, sagt Clementine, ehe sie abends erschöpft ins Bett geht.

Nach dem Herzog von Wellington, dem Sieger über Napoleon und zweimaligen Regierungschef, sowie dem viermaligen Amtsinhaber William Gladstone ist Churchill der dritte Premierminister, der ein Staatsbegräbnis bekommt. Kein anderes ist bis dahin größer. Die BBC hat 36 Kameras an der Route positioniert, auf der sein in den *Union Jack* eingeschlagener und mit dem Hosenbandorden geschmückter Sarg von Westminster in die *St Paul's Cathedral* und dann über die Themse zum Bahnhof Waterloo transportiert wird. Von dort fährt ein Sonderzug in Richtung Bladon, während Kampfjets den Himmel entlangdonnern. Rund eine Million Menschen säumen die Straßen und das Flussufer, geschätzte 350 Millionen weltweit schalten die vierstündige Liveübertragung ein. Bis zuletzt setzt er Maßstäbe. Die Königin nimmt an der kirchlichen Trauerfeier teil und schaut sich abends im Fernsehen die Zusammenfassung des ganzen Spektakels an.

Zwei Jahre später stirbt Konrad Adenauer mit 91 Jahren in seinem Rhöndorfer Haus. Für den christdemokratischen Patriarchen, der Westdeutschland in vier Amtszeiten als Bundeskanzler geprägt hat wie wohl niemand sonst, wird das aufwendigste deutsche Staatsbegräbnis seit dem Tod von Kaiser Wilhelm I. vorbereitet. Churchills Beerdigungsfeier dient als Vorbild. Zur Inspiration lassen sich die mit der Planung beauftragten Beamten einen Farbfilm des Londoner Staatsakts zeigen. Der Weg, der den Toten zum Bonner Kanzleramt, in den Kölner Dom und von dort auf dem Fluss zurück zum Wohnort führt, wo die Beisetzung stattfindet, ist dem britischen Schauspiel genauso nachempfunden wie das lautstarke Geleit durch zwölf *Starfighter* am Himmel über dem Rhein.

Nicht alle Deutschen schätzen Churchill so sehr wie die Spitzen der politischen Klasse. Ihre bis zu offenem Hass gehende Ablehnung äußern einige der Kritiker in Briefen, die sie nach Bonn schicken. Die im Bundespräsidialamt und im Bundesinnenministerium gesammelten Schreiben liegen heute im Koblenzer Bundesarchiv, zusammen mit den jeweiligen amtlichen Vorgängen.

Churchills 90. Geburtstag ist der erste Anlass für den Bürgerprotest. Die Zuschriften richten sich an Heinrich Lübke, den Bundespräsidenten, der sein Glückwunschtelegramm mit dem Satz begonnen hat: »An Ihrem Geburtstage gedenkt das ganze deutsche Volk Ihrer in aufrichtiger Bewunderung« (das »ganze« hat Lübke in den Entwurf eingefügt). Ein Absender aus Hannover, der sich zur »jungen Generation« zählt, hält ihm vor, dass durch britische Bomben »viele Hunderttausend deutsche Kinder, Frauen und Greise unter schrecklichen Qualen sterben mussten oder für den traurigen Rest ihres Lebens verstümmelt wurden … Meinen Sie, dass die Kriegsverbrechen des britischen Premiers zu rechtfertigen sind durch die Untaten der deutschen Kriegsführer?« Durch sämtliche Briefe zieht sich der Vorwurf, Churchill habe schwere Schuld auf sich geladen. Er sei »nach Hitler und Stalin zu den größten Kriegsverbrechern dieses Jahrhunderts« zu rechnen, meint jemand aus Minden.

Eine Antwort erhalten die Briefschreiber nur auf Rückfrage; die mit dem Auswärtigen Amt abgestimmte Vorlage erklärt, in seinem Glückwunsch habe der Bundespräsident »des großen Menschen und Politikers Churchill gedacht, der nach dem Kriege einen wesentlichen Beitrag zur Versöhnung der Völker geleistet hat«. Im Begleitschreiben heißt es, »eine Kontroverse über die Rolle Churchills im Kriege« sei zu vermeiden.

Weiteren Unmut erregt nach dem Tod Churchills die Entscheidung der Bundesregierung, den Verstorbenen durch Halbmast-Beflaggung auf staatlichen Gebäuden im Raum Bonn zu würdigen.[5] In einem drei Seiten langen Vermerk des Innenministeriums wird die Ehrenbezeugung vorbereitet. Sie sei, gibt der Referent zu bedenken, von der Gesetzeslage her nur für Staatsoberhäupter angezeigt; allerdings gebe es bereits drei Ausnahmen: John Foster Dulles, Dag Hammarskjöld, Robert Schuman. Bei Ex-Premier Churchill handle

5 In den USA lässt Präsident Lyndon B. Johnson die Nationalflaggen auf halbmast setzen, zum ersten Mal für einen Politiker aus einem anderen Land.

es sich um einen schwierigen Fall, da seine Amtszeit schon lange zurückliege. Zudem sei »sein Verhältnis zu Deutschland nicht derart«, dass eine Ausnahme bedenkenlos infrage komme. Ein handschriftlicher Vermerk schafft Klarheit: Mit dem Staatssekretär im Auswärtigen Amt Karl Carstens (dem späteren Bundespräsidenten) ist demnach abgesprochen, »dass wir am Beisetzungstag flaggen«.

Der verantwortliche Bundesinnenminister Hermann Höcherl bekommt nun einiges von aufgebrachten Bürgern zu hören, zum Beispiel aus Düsseldorf: »Sind Sie des Teufels?... Der größte Teil des deutschen Volks sieht in Churchill einen notorischen Feind Deutschlands... beantragen Sie die britische Staatsbürgerschaft.« Ein Überlebender aus dem besonders schwer zerstörten Pforzheim schreibt: »Gegen diese Anordnung protestiere ich aufs Heftigste. Dieser Mann war letzthin der Initiator der Bombardierung Deutschlands. Ich selbst habe bei solchen Angriffen fünf Angehörige verloren.« Churchills Ehrung sei »eine Respektlosigkeit unseren Toten gegenüber«. Der Vizevorsitzende der Bremer CDU-Bürgerschaftsfraktion berichtet, er sei »von vielen Seiten angesprochen worden«, und er teile das »tiefe Befremden« darüber, »dass man ausgerechnet den Mann, der als Initiator des uneingeschränkten Bombenterrors gegen die Zivilbevölkerung namenloses Leid über unser Volk gebracht hat,... in Deutschland ehren will«. Ein Anonymus aus Remscheid bezeichnet Churchill als »Kriegsverbrecher Nr. 1«.

Ist der oft erhobene Vorwurf berechtigt, hat Churchill sich schuldig gemacht?

Ein juristisches Verfahren wegen möglicher Kriegsverbrechen hat es nie gegen ihn gegeben, auch keine Simulation, kein inszeniertes Tribunal. Von moralischen Bewertungen abgesehen – auf welcher Basis hätte ein Prozess geführt werden können? Wie war die Rechtslage zur Zeit des Zweiten Weltkriegs?

Eine spezielle Übereinkunft zum Luftkrieg, analog zu den Land- und Seekriegsordnungen, liegt damals nicht vor. Darum behauptet Bomberchef Harris später: »Im Völkerrecht findet man stets Pro- und Kontra-Argumente, aber was nun gerade die Verwendung von Flugzeugen im Krieg betrifft, gibt es überhaupt kein Völkerrecht.«

Harris' Verweis auf das Fehlen ratifizierter Rechtsartikel ist allerdings bloß eine bequeme Ausrede und juristisch unhaltbar. Denn das Völkerrecht beruht in erheblicher Weise auf Konventionen und Erklärungen, die von Staaten auch ohne abschließende Ausformulierung und förmliche Inkraftsetzung anerkannt werden. Hinsichtlich des Bombenkriegs bestand an solchen Grundlagen kein Mangel, wie zuletzt der Völkerrechtler Enno Mensching gezeigt hat.

Auf der ersten internationalen Friedenskonferenz in Den Haag 1899 wurden Luftangriffe durch Ballons und Ähnliches für zunächst fünf Jahre vollständig verboten. Das Verbot wird 1907 erneuert, aber im Ersten Weltkrieg hält sich niemand daran. Unter dem Eindruck der militärischen Willkür erarbeitet eine internationale Kommission die sogenannten Haager Luftkriegsregeln von 1923, ohne dass jedoch die Staatengemeinschaft den in 62 Artikel gefassten Kodex verabschiedet. Ihre Bedeutung haben die Regeln dennoch. Untersagt ist es nach Artikel 22, durch Luftangriffe die Zivilbevölkerung zu terrorisieren. Nach Artikel 24 ist lediglich die Bombardierung militärischer Ziele erlaubt; wie weit Kollateralschäden verursacht werden dürfen, wird im Einzelnen erläutert.

Dass diese Grundsätze die herrschende Rechtsauffassung der Zwischenkriegszeit widerspiegeln, zeigt zum Beispiel die Rede, die Churchills Vorgänger Chamberlain im Juni 1938 im Unterhaus hält. Der Premierminister spricht von »Prinzipien des Völkerrechts, die für den Krieg aus der Luft genauso anwendbar sind wie für den Krieg auf See oder an Land«, er äußert sich differenziert und geht auf die Probleme ein, die sich bei der Unterscheidung zwischen militärischen Zielen und Zivilisten stellen können. Aber es bestehe kein Zweifel, dass Bombenangriffe mit der Absicht, durch Terror die Widerstandskraft der Bevölkerung zu brechen, »absolut gegen das Völkerrecht verstoßen«. Ein Vierteljahr später wirkt die britische Regierung darauf hin, dass der Völkerbund eine entsprechende Resolution verabschiedet.

US-Präsident Roosevelt denkt ganz ähnlich wie Chamberlain. Als die Deutschen am 1. September 1939 Polen überfallen, meldet er sich aus Washington mit dem »dringenden Appell« zu Wort, dass die europäischen Kriegsparteien »unter keinen Umständen Bombardierungen aus der Luft auf die Zivilbevölkerung oder auf unbefestigte Städte unternehmen«. Tags darauf bringen die Regierungen in London und Paris ihre »tiefe Befriedigung« über Roosevelts Appell zum Ausdruck. Gleichzeitig geben sie bekannt, dass sie ihre Streitkräfte schon einige Zeit zuvor angewiesen haben, sich bei etwaigen Bombardierungen streng auf militärische Ziele zu beschränken. Eine Reihe ähnlicher Befehle erteilen die Briten während der ersten Kriegszeit.

Diese von humanitären Erwägungen bestimmte Haltung weicht jedoch allmählich auf. Führende Militärs sehen sich etwa durch die deutschen Bomben auf Warschau von der strikten Beschränkung ihrer Zielvorgaben entbunden; Gleiches müsse mit Gleichem vergolten werden. Als Churchill die Regierungsgeschäfte übernimmt, beschleunigt sich der Prozess. Bald spricht er mit denselben Worten wie seine Kommandeure davon, »die Samthandschuhe auszuziehen«. Der Feind habe damit angefangen, lautet die Begründung. Weitere Begründungen werden folgen (siehe Teil III, Kapitel 4).

Das erste britische Flächenbombardement geht in der Nacht zum 17. Dezember 1940 über Mannheim nieder. Viele Eskalationsstufen und bombentechnische Experimente (wie die Zerstörung der Lübecker Altstadt durch Brandsätze) schließen sich an. Über die völkerrechtlichen Bestimmungen, denen sich die Briten zu Beginn des Krieges verpflichtet fühlten, walzt die militärische Praxis mit wachsender Härte hinweg. Die Verantwortlichen begehen, so könnte ein Völkerrechtstribunal urteilen, Kriegsverbrechen. An ihrer Spitze steht der Verteidigungsminister und Regierungschef, Winston Churchill.

Oder ist im gerechten Kampf gegen das Böse, das in Deutschland herrscht, alles erlaubt? Auch dies ist ein Argument, das mehr oder minder offen ausgesprochen wird. Für Churchill und seine Militärs ist der schrankenlose Luftkrieg ein notwendiges und im Grunde widerwillig angewandtes Übel, ein Mittel, die Nazis in die Knie zu zwingen, aber kein Selbstzweck. Darin liegt der wichtigste Unterschied zum antisemitischen und rassistischen Vernichtungsfuror der Deutschen unter Hitler.

Manche im britischen Regierungsapparat halten allerdings noch am rechtlichen Prinzip fest, Zivilisten zu verschonen. Als Charles

Portal, Chef der *Royal Air Force*, in einem Strategiepapier die erwarteten Opfer der anglo-amerikanischen Angriffe auflistet,[6] wendet das Luftfahrtministerium ein: »Es ist unnötig und unerwünscht, in einem Dokument über unsere Bombenpolitik den Aspekt zu betonen, der den Grundsätzen des Völkerrechts widerspricht, wie sie nun einmal sind, und außerdem im Widerspruch zu der vor einiger Zeit vom Premierminister abgegebenen Erklärung steht, dass wir unsere Bombardements nicht zur Terrorisierung der Zivilbevölkerung einsetzen sollten, auch nicht zur Vergeltung.« In seiner umständlichen Sprache bewahrt dieser Satz geradezu körperlich spürbar das Unbehagen auf, das die nicht zu unterdrückenden Widersprüche bereiten.

Das Unbehagen – oder ist es Schuldbewusstsein? – überdauert den Krieg.

Die Nürnberger Kriegsverbrecherprozesse schreiben Rechtsgeschichte. In ihren Ermittlungen gegen die deutschen Verantwortlichen tragen die Alliierten gigantische Mengen Beweismaterial zusammen, und sie legen viel Wert auf ein formal faires Verfahren. Frei von Mängeln sind die Prozesse nicht, ein Hauch von Siegerjustiz ist deutlich zu spüren. Unter anderem fällt auf, dass die Ankläger keinem einzigen Kommandeur des NS-Regimes die von deutscher Seite begangenen Städtebombardements anlasten. Nicht einmal Reichsmarschall Göring, Oberbefehlshaber der Luftwaffe, wird wegen der Angriffe auf die Zivilbevölkerung in Warschau, Rotterdam, London oder Coventry belangt.

Es handelt sich um eine bewusste Entscheidung. US-Präsident Truman hat von Robert H. Jackson, dem Nürnberger Chefankläger der Vereinigten Staaten, vorab den Hinweis erhalten, dass die Alliierten »einige der Dinge, die wir den Deutschen vorwerfen, ganz genauso getan haben oder noch tun«. In ihrer Prozessführung nehmen die Sieger darauf entsprechend Rücksicht. Auf Anraten des Londoner Außenministeriums verschwindet die Bombardierung

6 Portal nennt am 3. November 1942 folgende Zahlen für Deutschland: rund 900 000 Tote und eine Million Verletzte, dazu ungefähr 25 Millionen, die voraussichtlich ihre Häuser und Wohnungen verlieren werden.

von Zivilisten aus der Liste der Anklagepunkte. Jacksons Nachfolger Telford Taylor begründet die Nichtverfolgung der Luftangriffe in seinem Abschlussbericht 1949 so: »Die Bombardierung von Städten und Fabriken ist zu einem anerkannten Bestandteil der modernen Kriegsführung sämtlicher Staaten geworden.« Der zu Kriegsbeginn emphatisch vertretene Grundsatz, dass unterschiedslose Städtebombardements verboten sind, hätte sich demnach spurlos aufgelöst. Aber das stimmt nicht.

Mit großer Gewissheit lässt sich folglich sagen, dass es unparteiischen Strafverfolgern nach dem Krieg nicht schwer gefallen wäre, wenn sie den Bombenkrieg hätten verfolgen wollen, auch Churchill als Kriegsverbrecher auf die Anklagebank zu setzen. Die Beweismittel und die Rechtslage hätten für einen Prozess ausgereicht. Mit welchem Ergebnis? Wer möchte, kann sich darüber ein eigenes Urteil bilden.

4

»Niemals verzweifeln«: Sein Vermächtnis

Churchills letzte Worte hat Christopher Soames überliefert, der Mann seiner jüngsten Tochter Mary: »Es ist alles so langweilig.« In der Dämmerstunde eines überlebensgroßen Lebens ein verständliches Gefühl. Ein halbes Jahr vorher hat er sich aus dem Parlament verabschiedet, das mehr als sechs Jahrzehnte lang seine politische Heimat gewesen ist. Nur noch selten hat er dort nach seinem Rücktritt als Premierminister etwas gesagt. Am 27. Juli 1964 sitzt er eine Weile stumm auf dem Ehrenplatz des Ältesten (*Father of the House*), dann verlässt er, gestützt auf zwei Abgeordnete und mit einer kurzen Verbeugung vor dem *Speaker*, den Plenarsaal des Unterhauses und kehrt nie wieder zurück.

Sein politisches Finale haben die Abgeordneten neun Jahre zuvor miterlebt. Am Ende einer langen Rede über die Logik der Abschreckung im Zeitalter der Wasserstoffbombe steuert er auf einen Appell zu, als wäre noch Krieg: Die Briten sollen »niemals zurückweichen, niemals ermatten, niemals verzweifeln (*never flinch, never weary, never despair*)«. Durchhalteparolen kann nach wie vor keiner besser formulieren als er. Aber während der späteren Lebensjahre ist Churchill dann bereits zu schwach, um seinem Vermächtnis inhaltlich oder rhetorisch noch irgendetwas hinzuzufügen. Die wichtigste Entscheidung im Hinblick auf sein Nachleben fällt er 1960: Er beauftragt Randolph, seine Biografie zu schreiben.

Niemand hat sich die Entscheidung leicht gemacht. Das Verhältnis zwischen Vater und Sohn ist seit Langem schwierig, Konflikte und Schreiereien sind keine Seltenheit. Als Probelauf beginnt Randolph Mitte der Fünfzigerjahre, eine ausführliche Biografie des zweimaligen britischen Kriegsministers Lord Derby (1865–1948) zu verfassen. Über die erste Version schreibt der Oxford-Historiker Robert Blake an Churchills Freund und Berater Cherwell, der Text sei »praktisch unlesbar«. Er habe »größte Bedenken, die wirklich anspruchsvolle Aufgabe, Winstons Biografie zu schreiben, Randolph anzuvertrauen«. Als das überarbeitete Buch drei Jahre später schließlich erscheint, erteilt Churchill seinem Sohn schriftlich den Segen: »Deine Derby-Biografie ist ein beachtliches Werk, und ich wäre glücklich, wenn Du zu gegebener Zeit meine offizielle Biografie schreiben würdest.« Mindestens fünf Jahre müssten nach seinem Tod vergehen, ehe etwas davon erscheinen dürfe. Allerdings wird der erste Band dann doch schon 1966 veröffentlicht, unter maßgeblicher Beteiligung des Historikers Martin Gilbert (siehe Quellen).

Was bleibt von einem Leben, dessen offizielle Biografen in jahrzehntelanger Arbeit 31 Bände gefüllt haben, Abertausende Seiten über innere und äußere Kämpfe, Selbstentfaltung und Selbstüberwindung, eine große Erzählung von Abenteuern in der Politik und auf dem Schlachtfeld, erlebt von einem Menschen, der Geschichte beschrieben und Geschichte gemacht hat?

Vor allen Bewertungen kommt bei Churchill vielleicht das Staunen über die schiere Fülle und Vielschichtigkeit seines Daseins, ein Staunen auch über all das Dunkle. Alan Brooke, der als Spitzenmilitär während des Zweiten Weltkriegs viele harte Auseinandersetzungen mit dem Premierminister durchzustehen hatte (»einige der schwierigsten und anstrengendsten Jahre meines Lebens«), resümierte in den Wochen nach dem Sieg: »Ich danke Gott, dass ich an der Seite eines solchen Mannes arbeiten durfte und mir die Augen dafür geöffnet wurden, dass es solche Übermenschen manchmal auf Erden gibt.«

Der Kriegspremier, der den Kampf gegen Hitler-Deutschland aufnahm, ist die überragende Inkarnation von Churchills Persönlichkeit. Er selbst und die Umstände haben sie erschaffen.

Während der Zeit, als die Briten alles, was sie hatten, in die Schlacht werfen mussten, begründete Churchill durch rhetorische Glanztaten seinen Ruhm. Weit weniger bekannt sind seine militärischen Entscheidungen. Seiner Ansicht nach stehen sie zu Unrecht im Schatten der großen Reden, doch das bleibt eine Minderheitenmeinung. Eine seiner berühmten Formulierungen wird häufig ohne den letzten Satz zitiert: »Es waren die Nation und ihre Menschen in aller Welt, die das Löwenherz besaßen. Ich hatte das Glück, das Brüllen beisteuern zu dürfen. Ich hoffe auch, dass ich dem Löwen manchmal die richtigen Stellen gezeigt habe, seine Krallen einzusetzen.«

Entscheidend dürfte das Gesamtpaket gewesen sein, seine besondere Fähigkeit, Widerstandsgeist zu verkörpern und in anderen zu wecken. Mit Rhetorik allein war das genauso wenig getan wie mit Schlachtplänen. Beides musste sich zu einer Haltung verbinden, die aus persönlicher Glaubwürdigkeit, Stimmigkeit, Authentizität und auch Emotionalität hervorging. Nichts davon lässt sich ohne Weiteres nachahmen, schon gar nicht künstlich erzeugen. Womit die eingangs gestellte Frage, was man von Churchill lernen kann, zum Teil schon beantwortet ist. Als es darauf ankam, der deutschen Diktatur die Stirn zu bieten, zeigte er sich in seiner Haltung über jeden Zweifel erhaben. Darin kann er heute noch ein Vorbild sein, allerdings keines, das leicht zu imitieren wäre.

Von seiner inspirierenden Kraft zeugt eine unauffällige Inschrift auf dem Friedhof von *St Martin's* in Bladon. An diesem Ort des Understatements erinnert sonst nichts an seine Lebensleistung. Auf einem Mauerstein gegenüber seiner hellgrauen Grabplatte ist zu lesen: »Die dänische Widerstandsbewegung ehrt das Andenken Sir Winston Churchills.« Dass er an der Peripherie der Katastrophe manchen Menschen so viel bedeutet hat, erzählt einiges über seine Ausstrahlung und seine Größe. Die erste jener Widerstandsgruppen, Schüler in Aalborg, die den deutschen Besatzern 1940 den Kampf ansagten, ging unter dem Namen *Churchill-klubben* (Churchill Club) ans Werk.

An seinem außerordentlich starken Freiheitswillen hat er nie einen Zweifel gelassen. Er selbst kam dabei immer an erster Stelle. England betrachtete er wie eine Erweiterung und Ergänzung seiner Person. Alles andere – Polen, Frankreich, der Westen, Europa, die Menschheit – hatte sich dahinter einzureihen, und wenn sich eine Kongruenz der Interessen ergab, umso besser. In schönster Anglozentrik sagte er einmal über das Unterhaus: »Diese kleine Kammer ist der Schrein aller Freiheit in der Welt.« Die Menschheit, Europa, der Westen und nicht zuletzt Deutschland verdanken ihm viel. Aber eben nicht nur ihm, sondern auch dem glücklichen Umstand, dass die nationalen Interessen Großbritanniens damals für das demokratische Prinzip in großen Teilen der Welt standen. Sogar jene Teile der Welt, die er für zweitklassig hielt, profitierten während der Dekolonisierung wie durch eine List der Vernunft von den Wellen, die sein Freiheitspathos geschlagen hatte.

Der Philosoph Isaiah Berlin, ein Bewunderer Churchills, hat »das Wesen der Freiheit« einmal in Worten umrissen, die wie auf ihn gemünzt erscheinen: »Zu wählen, was man möchte, weil man es so möchte, ohne Zwang, ohne Druck und ohne von irgendeinem System verschluckt zu werden.« Dazu komme »das Recht, Widerstand zu leisten, unpopulär zu sein, für seine Überzeugungen einzustehen, nur weil es die eigenen Überzeugungen sind«. Aufschlussreich an Berlins individualistischer Definition ist gerade in Bezug auf Churchill das, was darin nicht vorkommt: die materiellen und sozialen Grundlagen der persönlichen Entfaltung. Formuliert wird hier ein stolzer und fordernder, aber auch enger und einsamer Freiheitsbegriff.

Ein offeneres Programm hat Churchills Weggefährte vorgelegt, der enigmatische US-Präsident Roosevelt. Als er sein Land zum »Arsenal der Demokratie« ausbaute, definierte er die »vier wesentlichen menschlichen Freiheiten«, auf denen seine Vorstellung einer humanen Gesellschaft beruhte. Im Januar 1941 sprach er darüber zum ersten Mal, er wollte die Amerikaner zur Verteidigungsbereitschaft inspirieren und die Notwendigkeit der Aufrüstung begründen. Gleichzeitig gelang ihm viel mehr, in kurzen, klaren Worten. Meinungs- und Religionsfreiheit nannte er als Erste, diese beiden sollen den Einzelnen vor staatlicher Willkür und ideologischen Übergriffen abschirmen. Dazu kommen die »Freiheit von Not«, das heißt, die sichere wirtschaftliche Existenzgrundlage, und die »Freiheit von Furcht«, der Schutz vor militärischen Angreifern. Roosevelts vier Freiheiten gingen 1948 in die Allgemeine Erklärung der Menschenrechte ein, eine der wichtigsten Grundlagen der Vereinten Nationen. Mit der Vision einer Weltgemeinschaft konnte Churchill, der sich als »Kind des viktorianischen Zeitalters« begriff, hingegen wenig anfangen, da sie seinem Ideal der britisch-imperialen Sonderstellung zuwiderlief. Dieses Ideal war seine Energiequelle.

Seine größte Einzelleistung vollbrachte er im Mai 1940 in der Auseinandersetzung mit Lord Halifax, dem Außenminister. Als frisch installierter Premier besaß er keine Machtmittel, sondern nur die Kraft der Gedanken und Worte, um seine harte Linie gegenüber Deutschland im Kriegskabinett durchzusetzen. Ihn anhand der Protokolle dabei zu begleiten, wie er im Arkanum der Staatsregierung drei Tage lang argumentiert und Gegenargumente abwehrt, ist auch heute noch ein Erlebnis. Ohne Übertreibung kann man sagen, dass die Zukunft Europas auf dem Spiel stand, vielleicht sogar mehr. Es war Churchills *finest hour*.

Lange Zeit davor, während eines Feldzugs gegen aufständische Paschtunen, hatte er als 22-jähriger Leutnant seiner Mutter geschrieben: »Ich spiele um einen hohen Einsatz.« Für alle Augen sichtbar wollte er am Hindukusch seinen persönlichen Mut beweisen, was ihm auf tollkühne Weise gelang. Während seine Kameraden in Deckung lagen, ritt er dreimal auf seinem hellgrauen Pferd die Gefechtslinie entlang, wobei er ein gutes Ziel für feindliche Kugeln abgab. Erst beim dritten Mal wurde, wie erhofft, ein Vorgesetzter auf ihn aufmerksam.

Den Mut und die Risikofreude hat er nie verloren. Ohne das Rüstzeug des ehrgeizigen Kämpfers – und des erfahrenen Spielers – hätte er sich nach seiner Ernennung wohl kaum an der Spitze der Regierung halten können. Denn seine Aufgabe bestand damals im Wesentlichen darin, eine Expedition ins Ungewisse anzuführen, und zwar so, dass alle glauben sollten, er kenne den Weg.

Auch in dieser Hinsicht muss man sagen: Churchill, der Kriegspremier, eignet sich nicht besonders gut als Vorbild. Wer sich darauf einlässt, bei ihm Orientierung zu suchen, begibt sich an den Rand der Tollkühnheit. Die wichtigste Lehre wird wohl darin bestehen, die Gefahr des Scheiterns sehr ernst zu nehmen.

Dass Churchill ein Mensch mit Makeln war, ist hier an vielen Stellen deutlich geworden. Gerade in seinem Heimatland ist die Heroisierung jedoch so weit getrieben worden, dass noch zu Beginn des

Jubiläumsjahres 2024 ein Buch über seinen Rassismus einen Überraschungseffekt erzielen konnte, Walter Reids *Fighting Retreat*. Sein Leben und Handeln kann als Bestätigung einer einfachen Tatsache dienen: Große Leistungen und große Schwächen können in einer Person zusammenkommen.

Aus seiner Haltung gegenüber Deutschland lässt sich noch etwas anderes ableiten: Die althergebrachte Vorstellung, dass bedeutende Individuen manchmal den Gang der Geschichte bestimmen, ist nicht ganz falsch. Der Churchill des Jahres 1940 leistete zum Sieg über die Nazis einen Beitrag, den niemand sonst hätte erbringen können. Danach, in den Jahren der Anti-Hitler-Allianz, wurde die militärische Schlagkraft Washingtons und Moskaus zwar immer wichtiger, was der Premier in London an seinem Bedeutungsverlust ablesen konnte. Aber mit den Eigenheiten der drei obersten Entscheider hatte diese Dynamik wenig zu tun. Hitler hatte die Sowjetunion überfallen und Amerika den Krieg erklärt, das schränkte den Handlungsspielraum ein. In Roosevelt und Stalin bündelten sich die Interessen beider Länder, eine grundsätzliche Alternative zu deren Strategie war nicht zu sehen. Geopolitische und wirtschaftliche Gegebenheiten bestimmten die großen Linien jetzt viel mehr als die Frage, wer im Weißen Haus oder im Kreml regierte. Im Gesamtbild bleibt darum als Tatsache stehen: Am gemeinsamen Sieg hatte Churchill von allen Kriegsteilnehmern den größten persönlichen Anteil.

Eine eigene Sicht formulierte er im Oktober 1941 in Harrow vor den versammelten Schülern seiner alten Lehranstalt: » Gebt niemals nach, gebt niemals nach, nie, nie, nie, nie – in nichts, ob groß oder klein, bedeutend oder gering. Gebt niemals nach außer gegenüber den Geboten der Ehre und Vernunft. Weicht niemals der Gewalt; weicht niemals der vermeintlich überwältigenden Macht des Feindes. « Beeindruckende Worte in der konkreten Situation jener Zeit, als die Briten das Schlimmste hinter sich hatten; davon abgelöst sind sie mit Vorsicht zu genießen. Niemals nachgeben ist ein zweifelhaftes Lebensmotto. In dem Mann, der ein halbes Jahrhundert nach dem Ende seiner Schulzeit nach Harrow zurückkehrte, schlug wieder das Herz des romantischen Draufgängers von einst.

Die Spuren, die er in Deutschland hinterließ, sind bis heute erkennbar, weit über die Zerschlagung des NS-Regimes hinaus. Zur Niederlage der Wehrmacht trugen die exzessiven Bombardements deutscher Städte zwar wenig bei. Aber die Erfahrung infernalischer Gewalt und der Zwang zur bedingungslosen Kapitulation veränderten das Land grundlegend und dauerhaft. Der seit vielen Jahrzehnten, im Fall Preußens seit Jahrhunderten verwurzelte Militarismus fand sein Ende. Auch dieses Kriegsziel haben Churchill und seine Verbündeten erreicht.[7] Ob es dafür andere, weniger fragwürdige Methoden gegeben hätte, lässt sich schwer sagen.

Der Schriftsteller Carl Zuckmayer, der im Exil die schweizerische und die US-amerikanische Staatsbürgerschaft erworben hatte, hielt es für ein Glück, dass die deutsche Widerstandsbewegung gescheitert war. Damit gab er Churchill im Nachhinein recht. »Ich glaube, dass ein gütiges Geschick diesen Aufstand vorm Gelingen bewahrt hat«, sagte Zuckmayer in seiner Festrede zum 25. Jahrestag des Stauffenberg-Attentats auf Hitler. Nur die brutale Niederlage unter nationalsozialistischer Führung habe einen wirklichen Neubeginn ermöglicht: »Ohne dieses Schreckensende hätte der Sturz des Regimes keine volle Glaubwürdigkeit besessen.«

Die Langzeitwirkung zeigt sich noch ein Menschenalter danach: Deutschland im ersten Viertel des 21. Jahrhunderts ist ein geistig entmilitarisiertes Land. Seinen Bewohnern wurde die Kampfmoral gründlich ausgetrieben, so gründlich, dass sie mittlerweile in vielen Ländern Europas vermisst wird. Denn die Wehrhaftigkeit ging zum großen Teil gleich mit verloren. In Churchills Interesse war dies nicht, wie sein frühes Werben für die deutsche Wiederbewaffnung zu Beginn der Fünfzigerjahre zeigte. Bei aller persönlichen Emo-

---

7 Siehe Teil III, Kapitel 1. Bemerkenswert ist auch die Mitteilung des US-Luftwaffengenerals Frederick L. Anderson Anfang 1945: »Nach unserer Erwartung wird die Tatsache, dass Deutschland überall getroffen wurde, vom Vater an den Sohn und von ihm an den Enkel weitergegeben werden. Dies wird sicherlich eine abschreckende Wirkung auf die künftige Kriegsbereitschaft haben und im Widerwillen resultieren, sich an einer Organisation zu beteiligen, deren oberste Bestimmung der Krieg ist.«

tionalität bereitete es ihm keine Mühe, die Schrecken des Zweiten Weltkriegs hinter sich zu lassen und strategisch kühl nach vorne zu blicken.

Die Bundeswehr erfüllte im westlichen Bündnis ihren vorgegebenen Zweck, genau wie die NVA im Warschauer Pakt. Gesellschaftliche Wurzeln konnte das Soldatentum in Deutschland aber nicht mehr schlagen. Die Veteranen des Weltkriegs zu ehren – anderswo eine Selbstverständlichkeit – war kaum möglich, erst recht, seit die letzten Illusionen über die Wehrmacht durch die viel diskutierte Ausstellung über deren Verbrechen verloren gingen. Als nach dem Ende des Kalten Krieges der äußere Druck wegfiel, stellte sich heraus, wie froh die meisten waren, all das abzuwerfen, was bloß noch militärischer Ballast zu sein schien. Ihre konsensuale Nische fand die Bundeswehr unter Begriffen wie »Friedensmission« oder »Wiederaufbauhilfe«.

Die neue Leitidee trägt den Namen »Zeitenwende«. Sie bedeutet, zugespitzt formuliert, den Übergang von der gewohnten Nachkriegs- zu einer diffusen Vorkriegszeit. Der Übergang kommt abrupt und macht Angst, verständlicherweise. »Nie wieder«, bezogen nicht auf die deutschen Verbrechen, sondern auf den Krieg, ist darum häufig die Antwort – eine Antwort, die mehr für bequeme Nostalgie als für politisches Problembewusstsein steht. Die weitere Entwicklung ist offen und wird wohl vom Ausmaß der russischen Aggressivität abhängen, außerdem von der Frage, wie sehr sich die USA und ihr Präsident an die NATO gebunden fühlen. Deutsche Geschichte wird weiterhin zu einem nicht geringen Teil in Washington und Moskau geschrieben.

Was würde Churchill tun? Gibt es, bei aller Vorsicht, eine Anregung, einen Denkanstoß von bleibendem Wert? Aufs Ganze gesehen hat er sich länger mit der Vermeidung von Krieg beschäftigt als mit dessen Führung.

Nach dem epochalen Sieg von 1945 kreiste sein Denken immer wieder um das alte Problem des Appeasements. Und tatsächlich gelangte er zu Überlegungen, die zu seinen klügsten und differenziertesten gehören. Friedenssehnsucht allein führt nicht zu Entscheidungen, die den Frieden fördern; das ist die eine Lehre, die er gezogen hat. Seiner Erfahrung nach müssen Konflikte jederzeit einkalkuliert werden, denn, wie die Philosophin Hannah Arendt im Exil während des Zweiten Weltkriegs geschrieben hat: »Frieden ist eben kein Inhalt, sondern ein Mittel der Politik.« Churchills andere, überraschendere Einsicht lautet: Eine Politik der Beschwichtigung ist meist besser als Bellizismus. Dabei dachte er an Situationen, die spannungsgeladen sind, aber vielleicht noch beherrschbar: Im Konflikt mit einem aggressiven Gegner hielt er Verhandlungen und Kompromisse, um die weitere Eskalation zu vermeiden, für möglich, sinnvoll und geboten. Unter einer Bedingung: Die Gespräche müssen aus einer Position der Stärke heraus erfolgen.

»Wie viele Kriege wurden durch Geduld und beharrlichen guten Willen abgewendet!«, schrieb er in einem längeren Rückblick auf 1938, ohne die damaligen Fehler zu beschönigen. Aber, sagte er einmal im Unterhaus: »Appeasement aus Schwäche und Furcht ist ebenso vergeblich wie fatal.« Es dürfte nicht schwer sein, diese Gedanken auf unsere Gegenwart zu beziehen.

Doch was lässt sich wirklich vorhersehen? Ein Student, der seinen Rat wollte, bekam von Churchill zu hören: »Studieren Sie Geschichte. In der Geschichte liegen alle Geheimnisse der Staatskunst.« So konkret das erst einmal klingt, es bleibt im Grunde ungreifbar. Vielleicht besteht die wichtigste Lehre aus der Geschichte nicht darin, Handlungsmodelle zu finden, sondern vieles für möglich zu halten und auf alles gefasst zu sein.

Dank

Viele Passagen des Buchs gehen auf Informationen und Material zurück, die ich durch freundliche Hinweise erhalten habe. Besonders bedanken möchte ich mich bei:

Sarvenaz Ayooghi, Suermondt-Ludwig-Museum, Aachen
Sebastian Borger, London
Lori Curtis, Sir Martin Gilbert Document Library, Hillsdale College, Michigan
Peter Franz, Bundesarchiv Koblenz
Esther Gilbert, https://www.martingilbert.com
Dr. Matthias Hartwig, Max-Planck-Institut für ausländisches öffentliches Recht und Völkerrecht, Heidelberg
Remigiusz Kazimierczak, Staatsarchiv Wrocław
Sylvia Naylor, National Archives and Records Administration, College Park, Maryland
Stefan Obermeier, Hanns-Seidel-Stiftung, Archiv für Christlich-Soziale Politik, München
Dr. Pauline Puppel, Geheimes Staatsarchiv Preußischer Kulturbesitz, Berlin
Emma Quinlan, Nuffield College Library Archives, Oxford
Katharine Thomson, Churchill Archives Centre, Cambridge
Karola Wagner, Bundesarchiv Berlin
Annegret Wilke, Politisches Archiv des Auswärtigen Amts, Berlin
Birgit Wilke, Stiftung Internationaler Karlspreis zu Aachen

Bildnachweis

[1], [15], [16] Archiv Autor
[2], [3], [4], [6], [7], [8], [10], [11], [12], [13] Wikimedia Commons
[5] Imperial War Museums (ZZZ 5426F)
[9] Frank Scherschel/The LIFE Picture Collection/Shutterstock
[14] F. A. Z.-Foto/Fritz Fenzl

Quellen

1. Grundlegendes

Schon zu Churchills Lebzeiten begann sein Sohn Randolph wie oben beschrieben mit einer von der Familie autorisierten Biografie. Nach Randolphs Tod 1968 hat dessen Mitarbeiter, der Historiker Martin Gilbert, das Werk fortgesetzt und dazu in großem Umfang Regierungsakten, Briefe, Tagebucheinträge und andere Dokumente herausgegeben, Privates wie Politisches. Die dicken roten und blauen Bände – acht für die erzählte Biografie, 23 für die Dokumente – bilden die Grundlage jeder weiteren Churchill-Darstellung. Mehr als tausend Menschen haben an dem Werk mitgearbeitet, Historiker und Historikerinnen, Studierende, Archivarinnen, Bibliothekare.

Die letzten Dokumentenbände hat Larry P. Arnn herausgegeben, Präsident des Hillsdale College im US-Bundesstaat Michigan und langjähriger Assistent Gilberts. 2019, vier Jahre nach Gilberts Tod, ging der 23. Band in Druck. »Die wahrscheinlich umfangreichste Biografie, die je geschrieben wurde« (Arnn), ist damit nach fast sechs Jahrzehnten beendet. Deutsche Bibliotheken besitzen den größten Teil des Gesamtwerks. Vollständig steht es im Churchill Archives Centre in Cambridge zur Verfügung.

Aus Churchills Büchern, Aufsätzen, Reden und Briefen habe ich durchweg nach dem Original in eigenen Übersetzungen zitiert. Die für meine Darstellung relevanten Werke sind:

Lord Randolph Churchill, 2 Bände, 1906
The World Crisis, 5 bzw. 6 Bände, 1923–1931
My Early Life (US-Titel: A Roving Commission), 1930

Thoughts and Adventures, 1932
Marlborough, His Life and Times, 4 Bände, 1933–1938
Great Contemporaries, 1937
Arms and the Covenant (US-Titel: While England Slept), 1938
Step by Step, 1939
The Second World War, 6 Bände, 1948–1954
David Lough (Hg.): Darling Winston. Forty Years of Letters Between Winston Churchill and His Mother. London 2018
Robert Rhodes James (Hg.): Churchill Speaks, Winston S. Churchill in Peace and War, Collected Speeches, 1897–1963. Leicester 1981
Mary Soames (Hg.): Speaking For Themselves. The Personal Letters of Winston and Clementine Churchill. London u. a. 1998

2. Archivmaterial

Deutschland

Kaisermanöver und Churchills Deutschlandreisen 1906 und 1909: Geheimes Staatsarchiv Preußischer Kulturbesitz, Rep. 113 Nr. 305 Politisches Archiv des Auswärtigen Amts, RZ 201/5932 und RZ 201/5936
Prozess wegen Spionage auf Borkum 1910: Politisches Archiv des Auswärtigen Amts, RAV 152/1319
Gesprächsprotokoll Gesandtschaftsrat Bismarck 1930: Politisches Archiv des Auswärtigen Amts, London RAV 152/1262
Adenauer 1953 im CDU-Bundesvorstand: https://www.kas.de/documents/252038/253252/Bundesvorstandsprotokolle_530422.pdf/7223243d-edf5-6085-aa7a-a93e6b385b57
Karlspreis-Verleihung: Bundesarchiv B 136/3578 und N 1221/16 Pressearchiv der Stiftung Internationaler Karlspreis zu Aachen
Proteste wegen Churchill-Ehrungen 1964 und 1965: Bundesarchiv B 122/5526 und B 106/103820

Großbritannien, Schweden, USA

Britische Kabinettsprotokolle: https://www.nationalarchives.gov.uk/education/resources/cabinet-papers-1915-1984/

Auseinandersetzung Churchill/Halifax im Kriegskabinett: War Cabinet. Conclusions. W.M. (40) 109 – W.M. (40) 188. May-June 1940. Confidential Annexes. Vol. V., Blatt 138ff.
Britische Parlamentsprotokolle: https://hansard.parliament.uk/
Churchill empfiehlt Lindemann als Bombenexperte: Papers of F. A. Lindemann, Viscount Cherwell in Nuffield College Library, K 63/8
Deutschlandreise 1932 mit Lindemann: Papers of F. A. Lindemann, Viscount Cherwell in Nuffield College Library, K 65/6–10
Zeitzeugen-Interview Sir Frank Roberts (*British Diplomatic Oral History Programme*): https://oa.churchillarchives.libnova.com/view/1699
Nobelpreis-Nominierungen: https://www.nobelprize.org/nomination/archive/show_people.php?id=1797
https://www.nobelprize.org/nomination/archive/list.php?prize=4&year=1953
Ribbentrops Plan, Churchill zu bestechen: National Archives Collection of World War II War Crimes Records, Record Group 238, US Evidence Files, Box 99, 1169-PS
US-Liste der »400 wichtigsten Nazis« und Roosevelt-Skizze zur Aufteilung Deutschlands: Franklin D. Roosevelt, Papers as President: The President's Secretary's File, FDR Presidential Library & Museum. Series 1: Safe File – Box 3, Germany July 1941–1944 (digitalisiert)
Bericht der *US Air Force* zur Bombardierung Dresdens: https://media.defense.gov/2011/Feb/08/2001329907/-1/-1/0/Bombings%20of%20Dresden.pdf

3. Bücher, Aufsätze, Online-Publikationen, Radio- und TV-Dokumentationen

Paul Addison: Churchill. The Unexpected Hero. Oxford 2005
Konrad Adenauer: Erinnerungen 1953–1955. Stuttgart 1966
Konrad Adenauer: Teegespräche 1955–1958. Bearbeitet von Hanns Jürgen Küsters. Berlin 1986

Lord Alanbrooke (Alan Brooke): War Diaries, 1939–1945. London 2001
Peter Alter: Winston Churchill (1874–1965). Leben und Überleben. Stuttgart 2006
Anonym: Die deutschen Kaisermanöver. In: Allgemeine Schweizerische Militärzeitung, Organ der schweizerischen Armee 52, 43 (Oktober 1906)
Anonym: Churchill. Sieg über die Kinder Enak. In: Der Spiegel 6/1965
Jonathan Asbury: Churchill War Rooms Guidebook. London 2023
Wilfred Attenborough: Churchill and the »Black Dog« of Depression. Reassessing the Biographical Evidence of Psychological Disorder. London 2014
The Earl of Avon (Anthony Eden): The Eden Memoirs. The Reckoning. London 1965
Todd W. Van Beck: The Death and State Funeral of Sir Winston Leonard Spencer-Churchill. In: Canadian Funeral News 10/2012
Peter Bardehle: Churchills größtes Spiel. Die schwierigsten Stunden im Leben der englischen Galionsfigur. Dokumentarfilm, Deutschland 2012
John Bennett: Reaping the Whirlwind. The Norm of Reciprocity and the Law of Aerial Bombardment During World War II. In: Melbourne Journal of International Law 20, 2 (2019)
Michael Bess: Choices under Fire. Moral Dimensions of World War II. New York 2006
Robert Blake, Wm. Roger Louis: Churchill. Oxford/New York 1993
Herbert Blankenhorn: Verständnis und Verständigung. Blätter eines politischen Tagebuchs, 1949 bis 1979. Frankfurt/Berlin/Wien 1980
Rainer A. Blasius: Für Großdeutschland – gegen den großen Krieg. Staatssekretär Ernst Frhr. von Weizsäcker in den Krisen um die Tschechoslowakei und Polen 1938/39. Köln 1981
Michael Bloch: Ribbentrop. London u. a. 1992
Tim Bouverie: Mit Hitler reden. Der Weg vom Appeasement zum Zweiten Weltkrieg. Hamburg 2021

Jerome S. Bruner: Mandate From the People. New York 1944
Paul Bruppacher: Adolf Hitler und die Geschichte der NSDAP. Eine Chronik. Teil I 1889–1937. Norderstedt 2018
Lamar Cecil: Albert Ballin. Wirtschaft und Politik im deutschen Kaiserreich 1888–1918. Hamburg 1969
Ron Chernow: Die Warburgs. Odyssee einer Familie. Berlin 1994
Winston Spencer-Churchill: His Father's Son. The Life of Randolph Churchill. London 1996
Christopher Clark: Die Schlafwandler. Wie Europa in den Ersten Weltkrieg zog. München 2013
Peter Clarke: Mr. Churchill's Profession. The Statesman as Author and the Book That Defined the »Special Relationship«. New York 2012
Frank Close: Trinity. The Treachery and Pursuit of the Most Dangerous Spy in History. London 2019
Michael J. Cohen, Churchill and the Jews, 1900–1948. London 2003
John Colville: Downing Street Tagebücher, 1939–1945. Berlin 1988
John Colville: The Fringes of Power. Downing Street Diaries 2, 1941–1955. London 1987
John T. Correll: How the Luftwaffe Lost the Battle of Britain. In: Air & Space Forces Magazine 8/2008
Gordon Corrigan: Blood, Sweat and Arrogance – and the Myths of Churchill's War. London 2006
Robert Dallek: Franklin D. Roosevelt and American Foreign Policy, 1932–1945. Oxford/New York 1995
David Dilks (Hg.): The Diaries of Sir Alexander Cadogan, 1938–1945. London 1971
Yoram Dinstein: Air Warfare. In: Anne Peters (Hg.): Max Planck Encyclopedia of Public International Law, Heidelberg o.J. (fortlaufende digitale Publikation)
Herbert von Dirksen: Moskau, Tokio, London. Erinnerungen und Betrachtungen zu 20 Jahren deutscher Außenpolitik, 1919–1939. Stuttgart 1949
Anthony Dix: The Norway Campaign and the Rise of Churchill 1940. Barnsley 2014

Lindsey Dodd, Andrew Knapp: »How Many Frenchmen Did You Kill?« British Bombing Policy Towards France (1940–1945). In: French History 22, 4 (2008)
Max Domarus: Hitler. Reden und Proklamationen 1932–1945. 4 Bände. Leonberg 1973, 1987
Norman Domeier: Die »Lochner-Version« der Hitler-Rede vom 22. August 1939 als Schlüsseldokument nationalsozialistischer Weltanschauung. In: Zeitschrift für Geschichtswissenschaft 70, 6 (2022)
Freeman Dyson: Weapons and Hope. New York 1984
Charles Eade (Hg.): Churchill by his Contemporaries. London 1953
Klaus Eichler: Albert Ballin. Vater, Unternehmer, Visionär. Hamburg 2018
Joachim Fest: Staatsstreich. Der lange Weg zum 20. Juli. Berlin 1994
Steven Fielding, Bill Schwarz, Richard Toye: The Churchill Myths. Oxford 2020
Bernard Fergusson (Hg.): The Business of War. The War Narrative of Major-General Sir John Kennedy. New York 1958
Jörg Friedrich: Der Brand. Deutschland im Bombenkrieg 1940–1945. München 2002
Karl-Heinz Frieser: Blitzkrieg-Legende. Der Westfeldzug 1940 (Operationen des Zweiten Weltkriegs, Band 2, hg. v. Militärgeschichtlichen Forschungsamt). München 2005
Elke Fröhlich (Hg.): Die Tagebücher von Joseph Goebbels. München 1987 bis 2008
Stephen A. Garrett: Ethics and Airpower in World War II. The British Bombing of German Cities. New York 1993
Charles de Gaulle: The Complete War Memoirs. New York 1967
Johannes Gerhardt: Albert Ballin. Hamburg 2009
Martin Gilbert: Churchill, A Life. New York 1991 (Zusammenfassung der offiziellen Biografie, siehe oben)
Martin Gilbert: In Search of Churchill. A Historian's Journey. London 1994
Martin Gilbert: Winston Churchill, The Wilderness Years. Boston 1982

Hans Bernd Gisevius: Bis zum bitteren Ende. Vom Reichstagsbrand bis zum 20. Juli 1944. Hamburg 1960
Rebecca Grant: The War on the Rails. In: Air & Space Forces Magazine 8/2007
Heinz Guderian: Erinnerungen eines Soldaten. Heidelberg 1951
Christoph Gunkel: »Die größte Freude meines Lebens.« Überall im Land rebellierten die Menschen am 17. Juni 1953 gegen die kommunistische Diktatur. Für kurze Zeit wurde Görlitz zur freiesten Stadt der DDR. In: Spiegel Geschichte 3/2015
Philipp Gut: Champagner mit Churchill. Der Zürcher Farbenfabrikant Willy Sax und der malende Premierminister. Bern 2016
Sebastian Haffner: Churchill. Eine Biografie. Berlin 2001 (zuerst Hamburg 1967)
Sebastian Haffner: Germany – Jekyll and Hyde. London 2008 (zuerst 1940)
Ernst Hanfstaengl: Zwischen Weißem und Braunem Haus. Memoiren eines politischen Außenseiters. München 1970
Ernst (»Putzi«) Hanfstaengl: Hitler. The Missing Years. London 1957
Arthur Harris: Bomber Offensive. London/Novato 1990
Robert Harris, Jeremy Paxman: Eine höhere Form des Tötens. Die geheime Geschichte der B- und C-Waffen. Düsseldorf/Wien 1983
Duff Hart-Davis (Hg.): King's Counsellor. Abdication and War: The Diaries of Sir Alan Lascelles. London 2006
Christian Hartmann u. a. (Hg.): Hitler, Mein Kampf. Eine kritische Edition. Band 1. München/Berlin 2016
Max Hastings: Winston's War. Churchill, 1940–1945. New York 2010
Waldo Heinrichs: Threshold of War. Franklin D. Roosevelt and American Entry into World War II. New York/Oxford 1988
Arthur Herman: Gandhi & Churchill. The Epic Rivalry that Destroyed an Empire and Forged Our Age. New York 2009
Ulrike Herrmann: Das Ende des Kapitalismus. Warum Wachstum und Klimaschutz nicht vereinbar sind – und wie wir in Zukunft leben werden. Köln 2022

Tom Hickman: Churchill's Bodyguard. London 2005
Adolf Hitler: Monologe im Führerhauptquartier 1941–1944. Die Aufzeichnungen Heinrich Heims (hg. v. Werner Jochmann): Hamburg 1980
Emrys Hughes: Winston Churchill, British Bulldog. His Career in War and Peace. New York 1955
Bernhard Huldermann: Alfred Ballin. Eine Biografie von den Anfängen bis nach dem Ersten Weltkrieg. o.O. 2018 (zuerst 1922)
Harold L. Ickes: The Secret Diary of Harold L. Ickes. Vol. II, The Inside Struggle 1936–1939. New York 1954
Hans-Adolf Jacobsen (Hg.): Dokumente zur Vorgeschichte des Westfeldzugs. Göttingen 1957
David A. Janicki: The British Blockade During World War I: The Weapon of Deprivation. In: Inquiries 6, 6 (2014)
Roy Jenkins: Churchill, A Biography. New York 2001
Boris Johnson: The Churchill Factor. How One Man Made History. London 2014
John F. Kennedy: Why England Slept. New York 1961 (zuerst 1940)
Ian Kershaw: Hitler. Band 1: 1889–1936, Band 2: 1936–1945, Band 3: Register. München 2002
Ian Kershaw: Hitlers Freunde in England. Lord Londonderry und der Weg in den Krieg. München 2005
Ian Kershaw: Höllensturz: Europa 1914 bis 1949. München 2016
Ian Kershaw: Wendepunkte. Schlüsselentscheidungen im Zweiten Weltkrieg 1940/41. München 2010
Lothar Kettenacker (Hg.): Das »Andere Deutschland« im Zweiten Weltkrieg. Emigration und Widerstand in internationaler Perspektive. Stuttgart 1977
Lothar Kettenacker (Hg.): Ein Volk von Opfern? Die neue Debatte um den Bombenkrieg 1940–45. Berlin 2003
Lothar Kettenacker: Krieg zur Friedenssicherung. Die Deutschlandplanung der britischen Regierung während des Zweiten Weltkriegs. Göttingen/Zürich 1989
Thomas Kielinger: Winston Churchill. Der späte Held. München 2020 (zuerst 2014)
Klemens von Klemperer: Die verlassenen Verschwörer. Der deutsche

Widerstand auf der Suche nach Verbündeten 1938–1945. Berlin 1994
Felix Klos: Churchill's Last Stand. The Struggle to Unite Europe. London/New York 2018
Monika Köpcke: Die Zukunft Europas auf dem »Haager Kongress«. Deutschlandfunk 7. Mai 2018
Rudolf Krafft: Zu den Kaisermanövern. In: Volkswacht für Schlesien, Posen und die Nachbargebiete, 18. September 1906
Alan Kramer: Dynamic of Destruction. Culture and Mass Killing in the First World War. Oxford/New York 2007
Christian Graf von Krockow: Winston Churchill. Eine Biografie des 20. Jahrhunderts. Hamburg 2018 (zuerst 1999)
Carsten Krohn: Mies van der Rohe. Das gebaute Werk. Basel 2014
Hanns Jürgen Küsters, Hans Peter Mensing: Konrad Adenauer zur politischen Lage 1946–1949. Aus den Berichten des schweizerischen Generalkonsuls in Köln, Franz Rudolf v. Weiss. In: Vierteljahreshefte für Zeitgeschichte 32, 2 (1984)
William L. Langer, S. Everett Gleason: The Challenge to Isolation, 1937–1940. New York 1952
Richard M. Langworth: Winston Churchill, Myth and Reality. What He Actually Did and Said. Jefferson 2017
Klaus Larres: Churchill's Cold War. The Politics of Personal Diplomacy. New Haven und London 2002
Klaus Larres: Großbritannien und der 17. Juni 1953. Die deutsche Frage und das Scheitern von Churchills Entspannungspolitik nach Stalins Tod. In: Christoph Kleßmann, Bernd Stöver (Hg.): 1953 – Krisenjahr des Kalten Krieges in Europa. Böhlau/Köln 1999
Barbara Leaming: Jack Kennedy. The Making of a President. London 2007
Robert H. Lieshout: Britain and the Arab Middle East. World War I and its Aftermath. London/New York 2016
James Leutze (Hg.): The London Observer. The Journal of General Raymond E. Lee 1940–1941. London 1972
Louise London: Whitehall and the Jews. British Immigration Policy, Jewish Refugees and the Holocaus. Cambridge 2000

Wm. Roger Louis: In the Name of God, Go! Leo Amery and the British Empire in the Age of Churchill. New York/London 1992
Jürgen Luh (Hg.): Potsdamer Konferenz 1945. Die Neuordnung der Welt. Dresden 2020
John Lukacs: Five Days in London, May 1940. New Haven/London 2001
Margaret MacMillan: Die Friedensmacher. Wie der Versailler Vertrag die Welt verändert. Berlin 2015
Klaus A. Maier, Horst Rohde, Bernd Stegemann, Hans Umbreit: Die Errichtung der Hegemonie auf dem europäischen Kontinent (Das Deutsche Reich und der Zweite Weltkrieg, hg. vom Militärgeschichtlichen Forschungsamt, Band 2). Stuttgart 1979
Iwan M. Maiski: Memoiren eines sowjetischen Botschafters. Berlin 1973
William Manchester: Winston Churchill. Band 1: Der Traum vom Ruhm, 1874–1932. München 1990
Heinrich Mann: Zur Zeit von Winston Churchill. Frankfurt 2004
Thomas Mann, Heinrich Mann: Briefwechsel 1900–1949, hg. v. Hans Wysling. Frankfurt 1995
Erich v. Manstein: Verlorene Siege. Bonn 1955
Wolfgang Marienfeld: Konferenzen über Deutschland. Die alliierte Deutschlandplanung und -politik 1941–1949, 2 Bände. Hannover 1962
Ernest R. May: Strange Victory. Hitler's Conquest of France. London/New York 2011
Leo McKinstry: Attlee and Churchill. Allies in War, Adversaries in Peace. London 2019
Walter Russell Mead: In the Long Run: Keynes and the Legacy of British Liberalism. In: Foreign Affairs 1/2002
Charles L. Mee jun.: Die Teilung der Beute. Die Potsdamer Konferenz 1945. Wien u. a. 1977
Patricia Meehan: The Unnecessary War. Whitehall and the German Resistance to Hitler. London 1992
Enno Mensching: Luftkrieg und Recht. Zur historischen Rolle des Humanitären Völkerrechts in der Einhegung der Luftkriegsführung. Baden-Baden 2022

Thomas Meyer: Hannah Arendt. Die Biografie. München 2023
Anthony Montague Browne: Long Sunset. Memoirs of Winston Churchill's Last Private Secretary. London 1995
Lord Moran: Winston Churchill. The Struggle for Survival, 1940–1965. London 1966
Louis Morton: Strategy and Command. United States Army in World War II. The War in the Pacific. Washington 2000 (zuerst 1962)
Klaus-Jürgen Müller: Der deutsche Widerstand und das Ausland. Band 29 der Beiträge zum Widerstand 1933–1945. Berlin 1986
Mario H. Müller: Fabian von Schlabrendorff. Ein Leben im Widerstand gegen Hitler und für Gerechtigkeit in Deutschland. Berlin 2023
Rolf-Dieter Müller: Der Bombenkrieg 1939–1945. Berlin 2004
Herfried Münkler: Der Große Krieg. Die Welt 1914 bis 1918. Berlin 2013
Herfried Münkler: Essay über Churchills Rede am 13. Mai 1940 im Unterhaus. In: Winston Churchill: Blut, Schweiß und Tränen. Hamburg 1995
Madhusree Mukerjee: Churchill's Secret War. The British Empire and the Ravaging of India During World War II. New York 2010
Gerald Mund: Herbert von Dirksen (1882–1955): Ein deutscher Diplomat in Kaiserreich, Weimarer Republik und Drittem Reich. Eine Biografie. Berlin 2003
Michael Neiberg: Potsdam. The End of World War II and the Remaking of Europe. New York 2015
Michael Neufeld, Michael Berenbaum (Hg.): The Bombing of Auschwitz. Should the Allies Have Attempted It? Lawrence 2003
Michael O'Brien: John F. Kennedy. A Biography. New York 2005
Richard Overy: Der Bombenkrieg. Europa 1939 bis 1945. Berlin 2014
R.J. Overy: Hermann Göring. Machtgier und Eitelkeit. München 1986
Richard Overy: Weltenbrand. Der große imperiale Krieg, 1931–1945. Berlin 2023

Allen Packwood (Hg.): The Cambridge Companion to Winston Churchill. Cambridge 2023
Norbert F. Pötzl: Casablanca 1943. Das geheime Treffen, der Film und die Wende des Krieges. München 2017
Walter Reid: Fighting Retreat. Churchill and India. London 2024
Michael Reitz: Winston Churchill – Staatsmann der Widersprüche. Südwestrundfunk 23. Januar 2015
David Reynolds: In Command of History. Churchill Fighting and Writing the Second World War. New York 2005
Condoleezza Rice: No Higher Honor: A Memoir of My Years in Washington. New York 2012
Leni Riefenstahl: Memoiren. München/Hamburg 1987
Robert Rhodes James: A Spirit Undaunted. The Political Role of George VI. London 1998
Robert Rhodes James (Hg.): Chips. The Diaries of Sir Henry Channon. London 1967
Robert Rhodes James: Churchill. A Study in Failure 1900–1939. London 1970
M. A. Riff (Hg.): Dictionary of Modern Political Ideologies. Manchester 1987
Andrew Roberts: Churchill. Walking with Destiny. London 2018
Andrew Roberts: Churchill und seine Zeit. München 1998
Andrew Roberts: Hitler and Churchill. Secrets of Leadership. London 2003
John C. G. Röhl: Wilhelm II. Der Weg in den Abgrund, 1900–1941. München 2008
Elliott Roosevelt: As He Saw It. Connecticut 1974 (zuerst New York 1946)
Jill Rose: Nursing Churchill: Wartime Life from the Private Letters of Winston Churchill's Nurse. Stroud 2018
William D. Rubinstein: The Myth of Rescue. Why the Democracies Could not Have Saved More Jews from the Nazis. London/New York 1997
Douglas S. Russel: The Orders, Decorations and Medals of Sir Winston Churchill. o.O. 1990

Celia Sandys: Chasing Churchill. The Travels of Winston Churchill by his Granddaughter. London 2003
Harald Sandner: Hitler – das Itinerar. Aufenthaltsorte und Reisen von 1889 bis 1945. Berlin 2016
Dudley Saward: »Bomber« Harris. The Story of Marshal of the Royal Air Force Sir Arthur Harris. London 1984
Ronald Schaffer: Wings of Judgement. American Bombing in World War II. Oxford/New York 1985
Stefan Scheil: Ribbentrop. Oder: Die Verlockung des nationalen Aufbruchs. Eine politische Biografie. Berlin 2013
Sabine Schicketanz: Die Geschichte der Villa Urbig in Potsdam. In: Tagesspiegel, 25. Oktober 2021
Wolfgang Schieder: Mythos Mussolini. Deutsche in Audienz beim Duce. München 2013
Karl Schindler: Winston Churchill 1906 in Breslau. In: Jahrbuch der Schlesischen Friedrich-Wilhelms-Universität zu Breslau. Band XVII, Berlin 1972
Rainer F. Schmidt: Der Hess-Flug und das Kabinett Churchill. Vierteljahreshefte für Zeitgeschichte 42, 1 (1994)
Jonathan Schneer: The Balfour Declaration. The Origins of the Arab-Israeli Conflict. London u. a. 2010
Christa Schroeder: Er war mein Chef. Aus dem Nachlass der Sekretärin von Adolf Hitler. München/Wien 1985
Hans-Peter Schwarz: Adenauer. Der Staatsmann: 1952–1967. Stuttgart 1991
Alice Schwarzer: Marion Dönhoff. Ein widerständiges Leben. Köln 2008
Simon Sebag Montefiore: Stalin. Am Hof des roten Zaren. Frankfurt 2006
Tom Segev: Es war einmal ein Palästina. Juden und Araber vor der Staatsgründung Israels. München 2005
Robert Self: Neville Chamberlain. A Biography. Aldershot/Burlington 2006
Robert Self (Hg.): The Neville Chamberlain Diary Letters. Vol. 4, The Downing Street Years, 1934–1940. Aldershot/Burlington 2005

Nicholas Shakespeare: Six Minutes in May. How Churchill Unexpectedly Became Prime Minister. London 2017
Michael Shelden: Young Titan. The Making of Winston Churchill. New York 2013
John F. Shortal: Code Name Arcadia. The First Wartime Conference of Churchill and Roosevelt. College Station 2021
Matthias Simmich: Sternstunden eines Schlosses – die Welt schaut auf einen Landsitz der Hohenzollern in Potsdam. In: Research Center Sanssouci, Texte des RECS 29 (2021)
Mary Soames: Clementine Churchill. London 1979
David Stafford: Churchill and Secret Service. New York 1997
Richard W. Steele: American Popular Opinion and the War Against Germany: The Issue of Negotiated Peace, 1942. In: The Journal of American History 65, 3 (1978)
Cita Stelzer: Dinner with Churchill. Policy-Making at the Dinner Table. London 2011
Robert Strobel: Churchill war kein Festredner. In: Die Zeit 17. Mai 1956
David Talbot: The Devil's Chessboard. Allen Dulles, the CIA, and the Rise of America's Secret Government. New York 2015
Frederick Taylor: Der Krieg, den keiner wollte. Briten und Deutsche: Eine andere Geschichte des Jahres 1939. München 2019
Frederick Taylor: Dresden, Dienstag, 13. Februar 1945. Militärische Logik oder blanker Terror? München 2004
Laurence Thompson: 1940. Year of Legend, Year of History. London 1966
Barrett Tillman: Hard Targets. An Attempt to Destroy German U-Boats in their Pens. In: Air Force Magazine 2/2015
Richard Toye: Churchill's Empire. The World that Made Him and the World He Made. London 2010
Richard Toye: The Roar of the Lion. The Untold Story of Churchill's World War II Speeches. Oxford 2013
Harvey B. Tress: Churchill, the First Berlin Raids, and the Blitz: A New Interpretation. In: Militärgeschichtliche Mitteilungen 32 (1982)

Wilhelm Treue (Hg.): Rede Hitlers vor der deutschen Presse. In: Vierteljahreshefte für Zeitgeschichte 6, 2 (1958)
W. G. Truchanowski: Winston Churchill. Eine politische Biografie. Berlin (Ost) 1974
Volker Ullrich: Adolf Hitler. Biografie, Band 1: Die Jahre des Aufstiegs 1889–1939. Frankfurt 2013
Jonathan Walker: Operation Unthinkable. Churchill's Plan for World War Three. Vortrag am 28. April 2014 (Ausschrift: National Archives, London)
Thomas Weber: Hitlers erster Krieg. Der Gefreite Hitler im Weltkrieg – Mythos und Wahrheit. Berlin 2011
Charles Webster, Noble Frankland: The Strategic Air Offensive Against Germany, 1939–1945. 4 Bände (Preparation; Endeavour; Victory; Annexes and Appendices). London 1961
Gerhard L. Weinberg: The Foreign Policy of Hitler's Germany. Diplomatic Revolution in Europe 1933–36. Chicago 1970
Geoffrey Wheatcroft: Churchill's Shadow: An Astonishing Life and a Dangerous Legacy. London 2021
Flint Whitlock: Why America Participated in the Allied Bombing of France in WWII. In: warfarehistorynetwork.com (zuerst 2015)
Wilhelm Widenmann: Marine-Attaché an der kaiserlich-deutschen Botschaft in London 1907–1912. Göttingen 1952
Klaus Wiegrefe: Sieg um jeden Preis. In: Der Spiegel 23/2004
Philip Williamson: National Crisis and National Government. British Politics, the Economy and Empire, 1926–1932. Cambridge 1992
Philip Williamson, Edward Baldwin (Hg.): Baldwin Papers. A Conservative Statesman, 1908–1947. Cambridge 2004
Theodore A. Wilson: The First Summit. Roosevelt and Churchill at Placentia Bay, 1941. Lawrence 1991
P. R. J. Winter: Churchill, British Intelligence and the German Opposition Question. In: War in History 14, 1 (2007)
Hans Woller: Churchill und Mussolini. Offene Konfrontation und geheime Kooperation? In: Vierteljahreshefte für Zeitgeschichte 49, 4 (2001)

Henric L. Wuermeling: Adam von Trott zu Solz. Schlüsselfigur im Widerstand gegen Hitler. München 2009
Alfred M. de Zayas: Die Angloamerikaner und die Vertreibung der Deutschen. Berlin 1996
Ina Zweiniger-Bargielowska: Austerity in Britain. Rationing, Controls, and Consumption, 1939–1955. Oxford/New York 2000

*

https://www.bbc.com/historyofthebbc/anniversaries/january/state-funeral-of-sir-winston-churchill/
https://www.nationalchurchillmuseum.org/citizen-of-the-united-states.html
https://www.parliament.uk/about/living-heritage/transformingsociety/private-lives/yourcountry/collections/churchillexhibition/churchill-death/queens-letter/
https://www.qrhmuseum.com/churchill-the-greatest-hussar
https://www.senate.gov/pagelayout/reference/three_column_table/HonoraryCitizens_US.htm
https://tattooedladyhistory.tumblr.com/post/125616270914/jennie-churchill-and-her-fabled-tattoo

*

Da ich bei aller Sorgfalt nicht ausschließen kann, dass mir Fehler unterlaufen sind, bin ich für sachliche Hinweise und Korrekturvorschläge dankbar: dp@dietmarpieper.de

Register

I

J

K

L